Hans Joachim Schröder

Erwin Chargaff

Ein zweites Leben

Autobiographische
und andere Texte

Klett-Cotta

Für Vera Chargaff

Inhalt

I

1. Ein zweites Leben 11
   - A. Später Abend 11
   - B. Schlaglichter 34
     - α. Über das Schaudern in der Nacht 34
     - β. Über das Recht nicht zu wissen 41
     - γ. Mein Gang nach dem Eisenhammer 52

II

2. Über die Vergeblichkeit des Widerspruchs 63
3. Segen des Unerklärlichen 83
4. Zweierlei Trauer 100
5. Über das Verschwinden fester Formen 113
6. Wann ist unsere Welt verlorengegangen? 134

III

7. Der Besuch des alten Herrn – Über Friedrich Dürrenmatt als Essayisten 151
8. König Agenors Urenkel – Über den Begriff des Europäers 165
9. Seltsamkeit des Wortes Selbsthaß 182

IV

10. Was ist Natur? 197
11. Vorschußlorbeeren – Betrachtungen über die Naturwissenschaften in Amerika 220
12. Über die ethische Kurzsichtigkeit der Naturwissenschaften 232
13. Über das Fieber der Vernunft 243
14. »Kannibal ante portas!« – Gegen die übertriebene Förderung der Naturforschung durch den Staat 251

Register 274

Die Kapitel 1, 5 und 9 sind ungedruckt. Die Kapitel 2, 3, 10 und 14 sind in der Zeitschrift »Scheidewege« erschienen, die Kapitel 4 und 6 in »Sinn und Form«, die Kapitel 7, 8 und 12 in der Frankfurter Allgemeinen, Kapitel 11 in der »Neuen Rundschau« und Kapitel 13 in der Berliner »Wochenpost«.

I

Ein zweites Leben

Man lebt nicht einmal einmal.
KARL KRAUS

A. Später Abend

Ein kurzes Alphabet

Wer A sagt lebt meistens nicht lang genug, um B zu sagen. Dennoch will ich es versuchen, aber es wird ein sehr kleines b sein. Bevor ich das tue, muß ich jedoch betonen, daß diese Zeilen nicht den Anspruch erheben wollen, es handle sich um eine zweite Autobiographie. Wie in der Literatur gibt es auch im Leben keine gelungenen Fortsetzungen. In meinem englisch geschriebenen Buch *Heraclitean Fire* (1978), das ich später ins Deutsche umschrieb als *Das Feuer des Heraklit* (1979), habe ich mein Leben innerhalb und außerhalb der Wissenschaft – soweit ich konnte, so kurz ich konnte – skizziert.

Selbstbetrachtung ist ein verlorenes Geschäft; die delphische Forderung ist nur erhoben worden, um die Menschen zu ärgern. Wer sich selbst erkennen will, jagt die Schmetterlinge des vergangenen Jahres. Einmal in der Geschichte, in den glühenden Perioden einer späten lateinischen Sprache, hat das unruhige Herz, *cor inquietum,* eines Heiligen sich aussprechen und ewige Ruhe finden können. Ich glaube nicht, daß seit Augustinus, der sich selbst erkannte, weil er Gott erkannt hat, es irgendeinem andern gelungen ist. Seit die Welt aufgehört hat, ein Beichtstuhl zu sein, haben öffentliche Beichten, gedruckt und illustriert, etwas höchst Suspektes. Sie sind eine Branche des Publizitätsgewerbes. Das einzige Echte an diesen Menschen, die sich selbst beschreiben oder von anderen beschreiben lassen, sind ihre falschen Zähne.

Ich beginne also (hier ist das versprochene kleine b) mit jenem Herbsttag, als ich nach vierzig Jahren an der Columbia

University in New York meinen Rücktritt nehmen mußte; und
zwar beginne ich mit einem Zitat aus meinem früher erwähnten Buch.

> Am 20. November 1975 kamen die Packer. Manche
> Sachen mußten zurückbleiben, denn sie erforderten spezielle Aufmerksamkeit, besonders ein Schrank voll
> meiner eigenen Präparate. Als wir zurückkehrten, konnten wir nicht mehr in unsere alten Laboratorien. Irgendwer, so sagte man uns, hatte den Auftrag gegeben, alle
> Schlösser zu ersetzen. (1)

Man hatte mir nämlich etwas Platz für Laboratorium und Büro
im Roosevelt-Spital angeboten, das, obwohl in einem andern
Teil New Yorks gelegen, mit der medizinischen Fakultät meiner Universität verbunden ist. Ich hatte die Einladung angenommen, denn ich wußte eigentlich nicht, was ich mit mir anfangen sollte. Nach mehr als 50 Jahren in der Wissenschaft und
40 Jahren an derselben Universität, als ein gestempelter und
geprägter Biochemiker, mit einigen nicht abgeschlossenen Forschungsarbeiten, mit mehreren Mitarbeitern, die mitkommen
wollten: wie kann man da über Nacht den Laborkittel ausziehen, um das Vegetieren eines amerikanischen Zittergreises anzutreten?

Es ist schwer, »Auf Nimmerwiedersehen« zu sagen; nur der
Tod gestattet es mit unerwarteter Eleganz. Je älter du wirst,
um so schwerer lastest du auf einem Boden, der gleichzeitig
versucht dich abzuschütteln. So ist das Altwerden ein Kampf
um das Recht, lebendig zu bleiben in der Arbeit, die man immer
getan hat. Fünfzig Jahre in einer Naturwissenschaft sind eine
lange Zeit, eine Zeit zunehmender Abschließung von der entfernt werdenden bunten, herrlich gewöhnlichen Welt. Man hat
sich tief unterirdisch ein schmales Tunnel gegraben, und plötzlich ist es eine Sackgasse geworden, aus der die meisten nie wieder zurückfinden. Sie bleiben sitzen, wo sie steckengeblieben
sind, und behaupten, sie seien am Ziel.

Ich hatte nie die Absicht gehabt, in meinem Loch sitzenzubleiben, bis man mich hinaustrug. Nur fand ich es anständiger, die mir gegebenen Forschungsgelder bis zum Ablauf der Kredite zu verwenden und den mit mir übersiedelten jungen Kollegen Gelegenheit zu geben, sich in dem bereits damals unerträglich gewordenen Wissenschaftsrummel etwas deutlicher zu bewähren. Ich mußte jedoch bald einsehen, daß ich – ganz gegen meine Natur – zu optimistisch gewesen war. Selbst in großen Universitäten waren die medizinischen Fakultäten selten für wirklich gute Grundlagenforschung geeignet, denn die dort vorherrschenden Mediziner waren unzureichend geschult in den exakten Naturwissenschaften. Columbia war zu meiner Zeit eher eine lobenswerte Ausnahme. Aber dort, wohin ich übergesiedelt war, im großen Spital, erwiesen sich die Schwierigkeiten bald als unüberwindlich: die Mitarbeiter verloren die Lust und entfernten sich. Ich erkannte die Notwendigkeit, mein Laboratorium zu schließen und die mir bewilligten Gelder zurückzugeben. Zu jener Zeit war ich schon 73 Jahre alt, hatte so etwas wie 350 wissenschaftliche Arbeiten veröffentlicht, und konnte mir sagen, Schluß zu machen sei keine Katastrophe.

Das ist also der Vordergrund, aber wie so oft ist der kaum sichtbare Hintergrund lehrreicher. Hier zeigt sich jedoch ein Dilemma, auf dessen beiden Hörnern man gleichzeitig zu sitzen gezwungen ist: 1) wer seine Erlebnisse schildern will muß über sich reden; 2) er will aber nicht über sich reden. Ich werde einen Mittelweg versuchen müssen.

Das Wort Naturforschung wird in so vielen Bedeutungen angewendet, daß es in jedem Einzelfall schwer ist zu entscheiden, ob man es überhaupt mit einem Naturforscher zu tun hat. Schon die Begriffe von Natur und Forschung würden in unserer geschwätzigen Zeit viele Bände erfordern, und die Zusammensetzung aus den beiden Wörtern noch viel mehr. Um es einfach zu machen: ich war zeit meines Lebens experimenteller Chemiker gewesen, und zwar nannte man mich einen Biochemiker, weil ich über die Chemie der Bestandteile lebender (also eigentlich lebendig gewesener) Zellen arbeitete. Das bedeutet, daß ich ein gut ausgestattetes Laboratorium, tüchtige Mitarbeiter und eine sehr reichhaltige Bibliothek benötigte.* Ich mußte jedoch, wie schon angedeutet, bald erkennen, daß ich das dort, wohin ich gegangen war, nicht gefunden hatte. Hätte ich es anderswo gefunden?

Daß es dazu nicht gekommen ist, wird jeder, der Amerika kennt, gut verstehen. Als mein Rücktritt bekannt wurde, erhielt ich mehrere Angebote von drei oder vier Stellen in Europa, aber kein einziges von einer amerikanischen Universität. Selbstverständlich hatte ich diesen mangelnden Enthusiasmus, mich in der Nähe zu haben, mir selbst zuzuschreiben. Die amerikanische Wissenschaft läuft in Rudeln, und ich hatte es immer vermieden, mich einem solchen anzuschließen. Ich entbehre der Bonhomie; ich »ertrage die Narren nicht gerne« – im Gegensatz zum Zweiten Korintherbrief (11,19) –; ich bin was die Franzosen *un mauvais caractère* nennen; ich bin ein Querdenker, »ein Außenseiter auf der Innenseite«; mit einem Worte, schwer zu ertragen. Kann man erwarten, daß Leute, und noch dazu Amerikaner, sich ein künstliches Hühnerauge in den Schuh legen?

Ich bin froh, daß die Versuchung, den alten Weg weiterzugehen, nicht groß war, denn der alte Weg war nicht mehr zu erkennen. Mein letztes großes Forschungsgebiet, die Chemie der Nukleinsäuren, war, seit dank Crick und Watson die Reklame sich seiner bemächtigt hatte, dem New Yorker Stock Ex-

---

* Wie liebenswert vorsintflutlich das in den Ohren eines Molekularbiologen klingen muß! Um solchen Leuten verständlich zu sein, hätte dieser Satz lauten müssen: »Das bedeutet, daß ich mittels e-mail einen lebhaften Verkehr mit zahlreichen Konkurrenten und fachlichen Nichtstuern herzustellen imstande war, daß ich sogenannte Mitarbeiter in Island, Israel und Zambia unterhielt, mit denen ich zweimal im Tag per Fax in Verbindung war, und daß alle meine Computer für CD-ROM eingerichtet waren.« Ob heutzutage noch wirkliche Experimente ausgeführt werden, weiß ich nicht. Allerdings kann man annehmen, daß die meisten Resultate, die von ihren Urhebern als falsch oder erschwindelt zurückgenommen werden, ursprünglich auf fehlerhaften oder vorgetäuschten Experimenten basierten.

change, der Börse, immer ähnlicher geworden. Ich habe in den letzten Jahren so viel darüber gesagt, daß ich mich hier nicht wiederholen will.

Die Glocken im Himmel

Schon im *Feuer des Heraklit* habe ich den entsetzlichen Eindruck beschrieben, den der Abwurf der beiden Atombomben im Jahre 1945 auf mich gemacht hatte. Mein Glaube an die Naturwissenschaft wurde bereits damals erschüttert; ein Glaube, der wahrscheinlich schon vorher nicht so fest gewesen war wie bei den »Hundertprozentigen«. Das war auch der Zeitpunkt, an dem ich zuerst sozusagen den Austritt aus meiner Wissenschaft, ja aus der Menschheit zu erwägen begann, wozu später die Mondlandung und das Jahrmarktsgeschrei um die Doppelhelix beitrugen. Viele einzelnen Menschen tun mir unendlich leid, aber uns ist nicht zu helfen: wir sind verloren geboren.

Nicht daß ich mir jemals leid getan hätte. Ich gehöre nämlich zu den Glücklichen, die so konstituiert sind, daß sie immer auch anders können. Diese Art von Menschen habe ich einmal Polymanen genannt. Schon als Bub hatte ich zu mir gesagt: »Unzählige Glocken hängen im Himmel, eine jede mit ihrem Ton, und du kannst viele davon läuten.«

Auf einer dieser Glocken stand »Sprache« geschrieben und auf einer andern »Dichtung«. Auch ein Glöckchen hing da herum, auf dem stand »Wissenschaft«, aber meine Kinderaugen hatten es noch nicht erspäht. Hätte ich für die Wahl meines Studiums völlig freie Hand gehabt, so hätte ich wahrscheinlich Sprachen, Literatur und vielleicht auch Philosophie gewählt. Aber das Elend der Nachkriegs- und Inflationsjahre machte das unmöglich, und so mußte ich mir ausrechnen, daß nur die Chemie es mir erlauben könnte, mich schon mit 23 Jahren selbst zu erhalten. (Das stellte sich dann, wenigstens für die Chemie, als wahr heraus.) Und so studierte ich Chemie, und machte meinen Doktor in dieser Wissenschaft, die im Jahre

1923, als ich begann, moralisch neutraler erschien als sie es jetzt täte.

Als Immer-auch-anders-Könner hatte ich anfangs einen wahnwitzigen Plan ausgeheckt. Ich wollte gleichzeitig Chemieingenieur an der Technischen Hochschule werden und Dr. phil. in Literatur und Anglistik an der Universität. Dieser lächerliche Versuch, ein zweischneidiges akademisches Schwert zu schmieden, scheiterte glücklicherweise bereits nach einem Jahr des Doppelstudiums. Und so bin ich denn ein Chemiker geworden (1928) und es fünfzig Jahre geblieben. Fast alles weitere findet sich in meinem bereits erwähnten Buch.

Auch nach 1978 habe ich meine Wissenschaft nicht ganz verlassen, denn ich blieb viele Jahre ein Beobachter und Kritiker der Vorgänge und Veränderungen. Mit Kritik hatte ich schon früher angefangen, lang bevor ich mein Laboratorium, das »Cell Chemistry Laboratory«, zumachte. Von Karl Kraus hatte ich gelernt, wie wichtig der Beruf des Nörglers sein kann. Die ursprüngliche englische Fassung meiner Selbstbiographie (2) enthält auf den Seiten 229 bis 252 eine vollständige Bibliographie meiner Veröffentlichungen bis 1977; eine Liste, die ich manchmal mit der Wehmut eines ausrangierten Rennpferdes, wenn es den Kapriolen des Nachwuchses zuschaut, betrachte. So enthält bereits ein dort unter 1963 angeführtes Buch manches Kritische (3). Ein späteres Buch (4) faßt eine Anzahl kultur- und wissenschaftskritischer Essays zusammen, insbesondere eine Reihe von Dialogen, von welchen das Buch seinen Titel bezog. Um die Aufzählung meiner auf englisch geschriebenen Bücher zu vervollständigen, nenne ich noch eine mehrere Jahre später erfolgte Veröffentlichung eines Essaybuches mit vielen kurzen Texten (5).

Mir ist oft von nicht sehr zuständigen Seiten versichert worden, daß ich ein gutes Englisch schreibe, mit dem gelegentlichen Zusatz, ich sei der Nabokow der amerikanischen Biochemie. Dieses komische Lob erinnerte mich immer an den »Nestor unter den Pferdefleischhauern«, dessen Tod, Geburtstag oder was immer in einer Wiener Zeitungsnotiz aus meiner Kinderzeit gefeiert worden war. Die *accolade* erschien mir höchst drollig, aber gleichzeitig fühlte ich mich geehrt, denn ich hatte schon in meiner Jugend einen großen Respekt vor Wörtern und Sprachen gehabt; eine Haltung, die durch meine Lehrjahre unter Karl Kraus nur gefestigt werden konnte. Ehrfurcht kommt gleich nach Liebe, und Sprache ist der einzige Vorzug, den die Menschen vor den Tieren voraushaben, obwohl mir das Bellen eines Hundes mit tiefer Baßstimme besser gefällt als die Rede eines Politikers.

Und da wir gerade bei der Sprache und dem Reden sind, so erinnere ich mich, daß ich in den Jahren 1933 und 1934 oft im Radio Hitler zugehört habe. Daß ein ganzes großes Volk durch diese Stimme – dem in Wien Lebenden sofort als autodidaktische Pülcherstimme erkennbar –, daß also das deutsche Volk sich durch solche Reden, durch eine solche Stimme in einen tausendjährigen Bann schlagen ließ, zeigte mir, wie wenig ich von den Menschen verstehe. »So klingt es, wenn der Teufel sich überschreit«, dachte ich mir und schauderte. Selbst jetzt, durch weitere sechzig Jahre klüger und schwächer geworden, bin ich davon überzeugt, daß ein zweiter Sendbote der Hölle eine ähnliche Wirkung auf das deutsche Volk haben wird. Die Deutschen hatten die schönsten Märchen und die schönste Musik, davon ist wenig übrig. Was ihnen immer gefehlt hat und noch immer fehlt, ist jener feste Wille, sich nicht blöd machen zu lassen, der andern großen Völkern innezuwohnen scheint. Skeptizismus hat schon manches wilde Tier und manche zivilisierte Nation vor dem Ärgsten bewahrt, während wilde Nationen gerne in Götterdämmerungen untergehen. Die *nostalgie de la boue* ist eine gefährliche ansteckende Krankheit, wie es sich gerade jetzt im epidemischen Aufflackern des Faschismus in Italien und des Nationalsozialismus in Deutschland erweist.

Leicht getränkter Tantalus

Ich war also an die siebzig, die Wissenschaft und ich hatten voneinander Abschied genommen, und ich mußte beschließen, was ich in Zukunft tun wolle. Die Aufgabe bestand darin, ein zweites Leben zu beginnen, denn für *otium* fehlte mir die *dignitas*. Ich war viel zu ruhelos, um mir vorzustellen, ich könne mich damit begnügen, den ganzen Tag Bachkantaten und Mozartsonaten anzuhören oder in meinen Büchern zu lesen. Da mir das Komponieren von Sätzen immer Freude gemacht hatte und ich ein Bewunderer der englischen Sprache war, lag es nahe, an eine zweite Karriere als englischer Essayist zu denken.

England ist das Erzland des Essays als Kunstform, obwohl diese selbst vom großen Montaigne ihren Namen erhielt. Mit Bacon, Dryden, dem *Spectator* von Addison und Steele, Swift und Dr. Johnson, und vollends mit dem ausgezeichneten Hazlitt ist die führende Stellung Englands hinreichend erklärt. Dabei ist der Essay, so zwischen der Skylla »Abhandlung« und der Charybdis »Feuilleton«, nicht leicht zu definieren. Das heißt also, daß der Essay uns weder alles noch nichts mitteilen darf; er muß den schmalen Grat zwischen erschöpfender Belehrung und verdummender Zerstreuung beschreiten; er darf nicht langweilen; und vor allem, er muß gut geschrieben sein. Der Verfasser des ersten groß angelegten englischen Wörterbuchs, Samuel Johnson, der von Boswell unsterblich gemachte »Dr. Johnson«, war mit seinem *Rambler* und mit seinem *Idler* selbst ein bedeutender Essayist; aber die Erklärung dieses Ausdrucks in seinem berühmten Wörterbuch zeigt, daß die Kunstform des Essays sich damals noch nicht völlig durchgesetzt hatte. »*Essay:* a loose sally of the mind; an irregular indigested piece; not a regular and orderly composition.« (»*Essay:* Ein lockerer geistiger Einfall; ein unregelmäßiges unverdautes Stück, nicht ein regelmäßiger und ordentlicher Aufsatz.«)

Ich ließ mich nicht davon abhalten, daß der Tanzmeister selbst den Tanz nicht beschreiben konnte, und schrieb eine ganze Reihe englischer Essays, von denen die meisten in Buchform gesammelt vorliegen oder, besser gesagt, noch jetzt vorliegen würden, wären sie nicht den Weg alles Amerikanischen gegangen: mit Geschrei geboren, nachts im Mistkorb bestattet. (Ich übertreibe: auch bei der Geburt war wenig Geschrei.) Aber etwas ging nicht recht vonstatten, das merkte ich bald. Ich hatte zunehmende Mühe, Zeitschriften zu finden, die bereit waren zu drucken, was ich schrieb. Amerika, das Land unzähliger kleiner kompakter Cliquen, alle jedoch unter dem ehernen Gesetz von Angebot und Nachfrage operierend, ist kein freundliches Land für den individuellen Denker: er muß – unter der Knute einer keineswegs freien kapitalistischen Marktwirtschaft – eine eiserne Front durchbrechen. Dabei nahm die Zahl der in Betracht kommenden kleinen Zeitschriften dauernd ab. Selbst der Rufer in der Wüste muß bald aufhören, wenn er keine Ohren findet; tut er das nicht, kommt er ins Irrenhaus. Aber die Gehirne der wenigen Amerikaner, die noch wirklich lesen können, wurden zunehmend verklebt vom Kleister des Rundfunks und des Fernsehens.

Noch größer, fast unüberwindlich, schien die Schwierigkeit, einen Verleger für die Bücher, die ich schreiben wollte, zu finden. Das Manuskript von *Heraclitean Fire* wurde von einem bedeutenden New Yorker Verlag als nicht publizierbar zurückgewiesen. Glücklicherweise fand sich schließlich ein sehr kleiner Universitätsverlag, der das Buch herausbrachte (2). Selbst an diesem kleinen Fetzen Papier erwies sich die Tragik eines großen unglücklichen Landes, das zu verstehen ich mich mein Leben lang bemüht habe (6). Es ist ein Land, über das man sehr viel Verschiedenes sagen kann, alles immer nur halb zutreffend. An ihm wird jeder Betrachter, vielleicht mit Ausnahme des großen Tocqueville, ein Odysseus, der Ithaka, seine Heimat, nie erreichen wird, weil es sie nicht mehr gibt.

So mußte ich denn eines Tages dazu übergehen, meine Texte, wenn sie veröffentlicht werden sollten, auf deutsch zu verfassen. Wer hinter die Kulissen blicken könnte, würde sehen, daß das kein abrupter Entschluß gewesen ist, keine unvermittelte Rückkehr zu meiner Muttersprache. Zu Hause, mit meiner Frau, hatte ich sie immer gesprochen. Auch hatte ich nie aufgehört, mich ihrer zum Schreiben zu bedienen; aber was ich in den langen Jahren zusammenbrachte ist fast nicht gedruckt worden, und zwar aus völlig uninteressanten Gründen, nämlich weil man nichts drucken lassen soll, was niemand, also wirklich niemand lesen will.

Wie oft auf dieser rätselhaften Welt war es ein Zufall – ob ein glücklicher Zufall weiß ich nicht –, der es möglich machte, daß ich, ein Nichtdeutscher, als deutscher Schriftsteller auftreten und sozusagen ein zweites Metier ausüben konnte. Tatsächlich waren es zwei Umstände: 1) das Vorhandensein einer ungewöhnlichen Zeitschrift, der von F. G. Jünger und M. Himmelheber begründeten *Scheidewege*; und 2) die Bereitwilligkeit eines großen Verlags, die von mir selbst hergestellte deutsche Bearbeitung meiner Autobiographie (1) zu publizieren. Alles weitere ergab sich mit der Automatik eines weißhaarigen zweiten Lebens.

Unprosaisches über Prosa

Daß der Duden das Adjektiv »prosaisch« im übertragenen Sinn als »nüchtern« verdeutscht, sagt eigentlich alles was nötig ist. Auch andere Sprachen dekretieren einen Gegensatz zwischen »prosaisch« und »dichterisch«. So schreibt Voltaire in einem Brief vom 25. September 1751 an den Grafen d'Argental: »In einer Tragödie muß es gewisse Verse geben, die prosaisch erscheinen, um die anderen Verse zu erhöhen.« (7)* Mit dieser naiven Unterscheidung zwischen Dichtung und Prosa hat spätestens die Romantik Schluß gemacht. Tatsächlich glaube ich je-

---

* Dazu paßt auch, daß der Duden in ein und demselben Absatz »Kunstprosa« und »Kunsthonig« anführt. Unsere Zeit steht häufig auf dem Kopf, ohne zu merken, daß sie keinen hat, denn Kunsthonig ist sichtlich weniger gut als Honig, während das komische Wort Kunstprosa etwas Feineres ausdrücken soll als Prosa. Antike Schriftsteller, ob Platon, ob Tacitus oder Augustinus, wären erstaunt zu hören, daß sie Kunstprosa schreiben.

doch nicht, daß echte Dichter sie jemals akzeptiert haben. Sie haben, hoffe ich, sich nie zu fragen gebraucht, ob sie jetzt eine Prosa schreiben, wie Molières Monsieur Jourdain sie spricht, oder die andere, wie wir sie in den Wahlverwandtschaften, im Siebenkäs, im Hochwald antreffen. Unter Umständen kann ein einziges Wort eine große Dichtung sein. Ein, wie fast alles, was er geschrieben hat, in unserer schäbigen Zeit verschollener Aufsatz von Karl Kraus heißt *Die Wortgestalt* (8). Darin lautet der erste Satz:

> Als das stärkste Beispiel, wie im hingestellten Wort zugleich eine Situation mit ihrem ganzen Hintergrund dasteht und der sie beherrschende Charakter mit allen Schauern, die von ihm in alle Entwicklung und dramatische Fortsetzung ausgehen, schwebt mir eine Stelle aus dem Schluß des III. Teils von Heinrich dem Sechsten vor.

Es handelt sich um die 5. Szene des 5. Aktes, eine blutige Szene, in der die von Gloucester, dem zukünftigen König Richard dem Dritten, ausgerufenen Worte: »The Tower! the Tower!« den weiten und unheilvollen Ausblick auf die kommenden Gemetzel eröffnen.

Ich kann mir keine andere Sprache vorstellen, deren Sprecher so ein Wort wie »Kunstprosa« zulassen oder benötigen würden. Der Deutsche, glaube ich, hat immer eine gespannte, gezwungene Haltung zu seiner reichen, tiefsinnigen und unzähliger Schattierungen fähigen Sprache gehabt. Nur das 18. Jahrhundert, das auch sonst viel ungewöhnlich »Undeutsches« in seiner Literatur aufzuweisen hat, bildet vielleicht eine Ausnahme. Es ist eine Sprache, die für den Denker denkt, für den Dichter dichtet, was sie natürlich von andern Sprachen nicht unterscheidet, nur ist der Deutsche hilfloser und sorgloser gegenüber seiner Sprache als andere Völker. Infolgedessen wundert es mich nicht, daß er auch gegenüber seiner Literatur eine Unbekümmertheit und Gleichgültigkeit zur Schau trägt, wie man sie in anderen Nationen selten finden mag. Wer zum Beispiel mit einem Russen spricht – es braucht kein »gebildeter« zu sein –, wird staunen über die Wärme, die Intensität, mit der die Dichter seines Volks in seinem Bewußtsein lebendig sind. Ähnliches findet man bei den Franzosen, den Engländern und, weniger intensiv, bei den Italienern. Die Probe aufs Exempel zu machen ist leicht: man vergleiche die Erhältlichkeit von sorgfältigen Texten aus der alten Zeit auf dem Büchermarkt verschiedener Länder. Was Deutschland betrifft, war die Lage viel besser während der Weimarer Republik und teilweise in der DDR.

Für mich gibt es drei Merkmale, um den Zivilisationsstand eines Volks zu ermitteln: (1) wie es seine Bäume behandelt;* (2) wie es mit seinen Kindern und seinen alten Leuten verfährt; (3) wie es zu seiner Sprache steht. Ich trete also für Respekt vor der Hilflosigkeit ein; und die Sprache ist vielleicht das Hilfsbedürftigste. Wenn man mir als mildernden Umstand entgegenhält, daß die Deutschen das einzige Volk sind, das in seiner jüngsten Vergangenheit dazu verurteilt war, dreizehn Jahre mit dem Messer im Mund herumzulaufen, muß ich antworten, daß die Misere der deutschen Sprache nicht von gestern ist. Vielleicht war es sogar die Verwahrlosung der Sprache, die das Aufkommen des Nationalsozialismus erleichterte. Die Haruspices, die aus den Eingeweiden der Sprache eine schlimme Zukunft vorhersagten, haben vielleicht recht gehabt.

Wenn man liebt, geht man sorgsam um mit dem Gegenstand dieser Liebe. Das war mein Fall gegenüber der Sprache, in der meine Mutter, zuerst zu mir gesprochen hat. Daß sie, meine geliebte Mutter von den Leuten, die angeblich die gleiche Sprache sprachen, daß sie wie ein nasser Fetzen gehetzt und ermordet wurde, hätte jeden normalen Menschen bewogen, sich mit ihnen nur mehr auf botokudisch zu verständigen. Daß ich anders beschlossen habe, bleibt eine Schuld, die ich hier nicht besprechen will.

Die Sprachen sind das »heilig Herz der Völker«, aller Völker, und nicht nur der Deutschen, an die Hölderlins Ode sich wendet. Ich hoffe, es ist mir nicht allzu oft widerfahren, dieses Herz mit meiner Nicht-Kunstprosa zu verletzen. Außer in Zei-

---

* Da wäre Spanien schlecht dran.

ten des euphuistischen Bombasts gibt es nämlich keine Kunstprosa. Man sagt klar was man sagen will, und das ist alles. Warum andere große Völker so viel reicher sind an bedeutenden Prosaschreibern, habe ich mich oft gefragt. Das Fehlen eines wachen, dankbaren und aufnahmefreudigen Publikums muß viel dazu beigetragen haben, aber auch die ungewöhnlich wichtige Rolle, die im deutschen Sprachraum die lokalen Dialekte spielen. Es gibt wahrscheinlich Angaben – aber sie sind mir nicht zugänglich – über den Prozentsatz von Franzosen, Deutschen, Engländern, die sich im täglichen Leben der Hochsprache bedienen. Ich wäre nicht überrascht, wenn bei den Deutschen dieser Anteil viel geringer wäre als anderswo.

Was also ist große Prosa? Die einzige Antwort, die ich geben kann, könnte direkt aus dem Dickens'schen Circumlocution Office stammen, dem Herumrednereibüro, dem Umschweifamt, denn ich kann nur sagen, daß große Prosa ein Gebilde ist, das auf den Leser und Hörer ebenso wirkt wie ein schönes Gedicht. Also der bekannte Schauer im Rücken, Zusammenziehen der Kehle, Wasser in den Augen: Housmans von mir schon früher erwähnte Kriterien (9).

Man erkennt den Fachmann daran, daß er sagt, sein eigenes Fach sei zu riesengroß, um definiert zu werden. Ähnlich würde ich behaupten, daß es keine Definition der Schönheit oder der geistigen Größe geben könne. Das ist eben das Unglück: die Sprache deckt sich mit dem Durchschnitt des Volkes, nicht mit dem einzelnen Sprecher. Ein jeder muß dasselbe Wort verwenden, versteht es aber nicht in dem gleichen Sinn. Wenn jedoch sehr viele Menschen »dasselbe Wort in dem gleichen Sinn« verstehen, haben wir dann ein großes Kunstwerk vor uns? Nein, im Gegenteil, wir haben meistens einen Mist vor uns, bestenfalls einen Bestseller. Es ist nämlich leider so, wie der große Tolstoi in seiner Schrift *Was ist Kunst?* es nicht wahr haben wollte (10): zum Erkennen der Schönheit braucht man eine Art von Führerschein, eine Lizenz, auf die man sich vorbereiten muß; es sei denn, man gehörte zu den wenigen, die mit Geschmack geboren sind. Wir bewegen uns in einer höchst undemokratischen Region, wo die Verwendung des Wortes »elitär« verboten ist.

Um das Urteil eines vielleicht nicht vernünftigen, aber genialen Mannes vorzustellen, will ich hier eine bekannte Stelle (Nr. 109) aus *Menschliches, Allzumenschliches II* zitieren:

> *Der Schatz der deutschen Prosa* – Wenn man von Goethe's Schriften absieht, und namentlich von Goethe's Unterhaltungen mit Eckermann, dem besten deutschen Buche, das es giebt: was bleibt eigentlich von der deutschen Prosa-Literatur übrig, das es verdiente, wieder und wieder gelesen zu werden? Lichtenberg's Aphorismen, das erste Buch von Jung-Stilling's Lebensgeschichte, Adalbert Stifter's Nachsommer und Gottfried Keller's Leute von Seldwyla, – und damit wird es einstweilen am Ende sein. (11)

In einem Fragment aus dem Nachlaß von 1888 schreibt Nietzsche, der Nachsommer sei »im Grunde das einzige deutsche Buch *nach* Goethe, das für mich Zauber hat«. (12) Auf ihn, einen mindestens so unruhigen Mann wie Friedrich Hebbel, übte »das Komma im Frack« einen einzigartigen Zauber aus, etwa den Zauber eines späten Sommernachmittags, wenn die Sonne sich über eine stille Landschaft senkt. Die Gemessenheit, die Gelassenheit, die Ruhe, mit der Wort an Wort gereiht wird, mit der die Sätze wachsen, wie eine Blüte wächst unter einem unausgesprochenen Gesetz des Maßes, in dem alles wird, wie es werden muß, geboren und entboren: das ist aber nur eine Art von großer Prosa. Knospe zu Blüte zu Frucht ist nicht der einzige Weg, wenn es auch der Weg ist, den, sagen wir, La Bruyère gegangen ist oder Henry James. Dichterische Prosa kann auch in gewaltiger Unruhe entstehen, in nicht zurückzuhaltender Erregung über Unrecht und Elend, über die Schlechtigkeit der Menschen, über ihre Blindheit. Da senkt sich keine späte Sonne über eine stille Wiese; nein, es liegt ein heißes Brüten auf der zugedeckten Welt, bald wird es blitzen. So hat Jonathan Swift geschrieben, de Maistre oder Karl Kraus, aber auch Bernanos und Céline, oder, in einer stilleren Zeit, Paul-Louis Courier. Satire und Polemik bieten viele Beispiele einer explosiven Prosa von großen Ausmaßen. Es gibt aber auch eine atmosphärische Zwischenwelt der Dichtung in Prosa: um bei der deutschen Literatur zu bleiben, hätten vielleicht J. P. Hebels Kalendergeschichten und Kleists Novellen Nietzsches Aufmerksamkeit ebenfalls verdient, und in unserem Jahrhundert Franz Kafka.

»Der Gesichtspunkt für meine Wirksamkeit als Schriftsteller«

Die Anführungszeichen, die den Titel dieses Abschnitts einrahmen, sollen zeigen, daß er selbst ein Zitat ist. Er stammt von Kierkegaard, der eine 1851 erschienene Schrift so nannte. Bis auf *meine* Bewunderung für ihn haben er und ich nichts gemeinsam: er war sich seiner Bedeutung bewußt. Wenn ich einmal eine gute Meinung von mir – wissenschaftlich, schriftstellerisch – hatte, ist sie mir längst vergangen. Wie man alt wird, wird man bescheiden, drückt sich an den Wänden entlang, entschuldigt sich, daß man noch lebt. Es sei denn, man habe sich als langbärtiger Prophet reinkarniert wie Herr Solschenizyn, der vor kurzem als Nemo-Propheta in seine Patria zurückgekehrt ist.

Ich war also, halb gezogen, halb hingesunken, ein deutscher Schriftsteller und noch dazu ein Essayist geworden; eine Beschäftigung, für die es in Deutschland niemals viel Publikum gegeben hat. Für diesen Mangel gibt es mannigfache Gründe. *Erstens:* die Deutschen sind ein ledern gründliches Volk und wollen etwas Festes zum Anhalten. Je dicker ein Buch, um so besser das Gewissen, es nicht ganz gelesen zu haben. Aber schon auf der zweiten Seite eines zwölf Seiten langen Texts steckengeblieben zu sein ist beschämend. – *Zweitens:* man liest aus streng sittlichen oder streng unsittlichen Gründen; wenn nicht ohne Anstrengung belehrend, so lieber gleich Ulk oder Pornographie. Wer etwas Gutes liest, weil es ihm Vergnügen macht, tut besser sich zu verstecken. – *Drittens:* Essays, also kurze oder mittellange Texte, die sich mit allem, was den Menschen bewegt, befassen, wachsen nicht am Gartenzaun; sie müssen Zeitschriften finden, die sie abdrucken und dazu noch genug Abonnenten finden, um existieren zu können. An beidem fehlt es in zunehmendem Maße. Ohne Publikum verschwinden die Schriftsteller, und ohne diese geht die Literatur ein. Mir fehlen numerische Nachweise, aber ich zweifle, daß irgendeine deutsche literarische Zeitschrift, die sich halbwegs auf unlederne Art ernst nimmt, mehr als ein paar hundert Leser hat. Ich denke dabei natürlich nicht an Fachzeitschriften. Was in deutscher Sprache geschriebene Revuen betrifft, so kenne ich jetzt keine, die ich gut nennen kann. (*Sinn und Form* war vielleicht in frühen DDR-Zeiten eine Ausnahme, obwohl Übersetzungen einen zu großen Platz einnahmen.) Als Beispiele dafür was ich gute Zeitschriften nennen möchte, kann ich nur altehrwürdige Namen anführen, wie die *Edinburgh Review,* die *Revue des deux Mondes,* den *Mercure de France,* die *Nouvelle Revue Française,* aber auch den noch in meinen frühen Jahren existierenden Insbrucker *Brenner. Viertens und letztens:* Seit 1914 hat sich das geistige Potential der Völker fast ausschließlich den Naturwissenschaften zugewandt. Die eine halbe Generation vor mir Geborenen, also um 1890, waren die letzten, die in den Künsten, in der Musik, in der Dichtung Großes vollbracht haben. Seither sind nur wenige Blitze zu verzeichnen, die um so deutlicher zeigen, wie dunkel es auf der Welt geworden ist.

Aus diesem Gefühl zunehmender Verdunkelung ist meine literarische Arbeit entstanden. Es ist ein Dunkelwerden bei hellstem Neonlicht, auf allen Gipfeln technischer Vollendung. Der Niedergang ist begleitet von der mir noch immer unglaublich erscheinenden Informationsexplosion: Alles was der Mensch wissen soll, wird ihm ins Haus geliefert, die Medien und die verschiedenen elektronischen Kanäle verstopfen sein Gehirn mit einer Überfülle von ungefiltertem Wissensstoff, wovon die

Aufhellung düster. Nacht

Leistungen der nimmermüden Naturforschung das einzige Ernstzunehmende sind. Der einzelne ist müde geworden, apathisch, lethargisch, ein Hälmchen, umhergeworfen von unwiderstehlichen Katarakten. Geburt und Tod sind ihres Sinnes beraubt, ein Tastendruck in einer nie abgeschlossenen Computerbilanz.

Ich war schon vierzig Jahre alt und seit langem ein behördlich gesalbter Naturforscher, als mir das wahre Wesen der Forschung, wie man sie bereits zu jener Zeit betrieb, zuerst klar wurde, nämlich als der Pakt, den Faust mit Mephistopheles geschlossen hatte. Es schien mir, daß dies eine Wette war, die Faust – also die Menschheit – ohne das Eingreifen der Opernkräfte des Zweiten Teils verlieren mußte und also verloren hatte, denn die als Pater Ecstaticus und Pater Seraphicus verkleideten Reklameagenten für die Naturwissenschaften haben mir nie imponiert.

Was seit jener Zeit in mir kochte kam schließlich zum Ausbruch, als die Mißhandlung des Zellkerns ein Gewerbe, und noch dazu ein gewinnbringendes Gewerbe, wurde. In diese Zeit fallen meine ersten kritischen Arbeiten, zuerst auf englisch, später auf deutsch. Ich scheine das erste Mitglied der Gilde gewesen zu sein, das Augen und Mund weiter aufmachte, als die Zunftregeln gestatteten. In unserer Zeit darf man so extrem sein, wie man will, solange es allen klargemacht wird, daß man es nicht wirklich meint. »Die Welt als Schmiere«, hat ein anderes Zeitalter als unseres diesen Namen verdient?

Symptome sind oft Krankheiten, und so war es mir von Anfang an nicht klar, ob die verhängnisvolle Rolle der Naturwissenschaften ein Symptom des allgemeinen kulturellen und gesellschaftlichen Zusammenbruchs war oder eine seiner Ursachen. Jetzt glaube ich, sie ist beides. Jedenfalls lag es nahe, von einer Kritik der Wissenschaft zu einer allgemeinen Kulturkritik weiterzugehen, und das ist es, was ich in den letzten zwanzig Jahren getan habe. Von mir kann man nicht sagen, daß ich nur niederreißen, aber nicht aufbauen kann, wie man es von besseren Männern der Vergangenheit gesagt hat. Ich kann nicht einmal niederreißen; ich kann nur Zeuge sein, und was ich gesehen und erkannt habe hat mir weh getan. Ich bin wie Nestroys Hohepriester, der durch die Straßen geht, nichts als Wehe! Wehe! rufend, womit er vorgibt, Balsam in die Herzen zu träufeln. Daß mein Balsam nicht viel gefragt ist, macht nichts; so ist etwas davon noch übrig, und jeder Tropfen hat noch immer sein Herz gefunden.

Wenn ich in einem Schlagwort zusammenfassen will, womit ich mich im letzten Viertel meines Lebens befaßt habe, fällt mir der Titel eines Aufsatzes in einem meiner Bücher ein: *Dialektik des Untergangs.* (13) Der Untergang eines Zeitalters ist ein geheimnisvoller Vorgang, der zu der Zeit, in der er stattfindet, nur mit den Augen einer Kassandra, eines Teiresias erkannt werden kann. Die wirkliche Integration einer Unzahl von Ereignissen, Gefühlen, Schicksalen kann erst in einer fernen Zukunft vorgenommen werden. Wenn man mir von einem guten Schriftsteller sagt, er sei überholt, weiß ich, daß er zu früh gekommen ist. Die Ernte alles dessen, was wert ist zu überleben, wird immer sehr spät eingebracht. Lichter, die die Zeitgenossen blenden, sind fast immer falsche Lichter. Natürlich gibt es Ausnahmen: Dante, Montaigne, Cervantes, Shakespeare, Goethe.

»Cuncta stricte discussurus«

Als der Autor der unsterblichen Sequenz *Dies irae,* der Franziskaner Thomas von Celano, in der Mitte des 13. Jahrhunderts diese Verse schrieb, wird er selbst gezittert haben. Es war ein einfaches Zeitalter: man schrieb, wie man fühlte. »*Quantus tremor est futurus,*« – »Wie groß wird das Beben sein,« – »*Quando iudex est venturus,*« – »Wenn der Richter erscheinen wird,« – »*Cuncta stricte discussurus.*« – »Um alles genau zu untersuchen.« Ich muß gestehen, daß ich selbst gezittert habe, als ich zum ersten Mal diese Zeilen gesungen hörte, in Mozarts auf ewig unvollendbarem Requiem. Molekulare Klugschwätzer würden sagen, auch ich habe das Gen für Apokalypse mitbekommen.* Es hat immer ein paar Menschen gegeben, die das Klirren einer zerbrechenden Welt vernommen haben, und immer haben sie recht gehabt, weshalb ihre Zeit nicht auf sie gehört hat. Die Unsichtbarkeit des Sehers, die Unhörbarkeit des Rufers sind ein Teil des Erbguts der Menschheit. Es dürfte in der Geschichte nur sehr wenige Fälle gegeben haben, in denen berechtigte Warnungen von den Zeitgenossen erhört wurden. So ist die Wirkungslosigkeit jeglicher Warnung vor den unheilvollen Folgen der abergläubischen Aufblasung und der megalomanischen Aufgeblasenheit der Naturforschung und der Technik nicht unerwartet. Für jede Kassandra hat sich eine Klytaimnestra gefunden, die sie erschlagen hat.

Mir wird vielleicht einmal zuerkannt werden, daß ich am Tanz um das goldene Kalb nie teilgenommen habe; ich erkannte schon früh, daß es mit geronnenem Blut ganz beschmiert war. Um so weniger erstaunlich die fast völlige Echolosigkeit meiner Schriften. Das gegenwärtige Buch ist das dreizehnte der in den letzten zwanzig Jahren auf deutsch geschriebenen Werke. Außer den bereits erwähnten Büchern (1, 6, 9, 13) will ich auch die anderen in den Anmerkungen anführen (14–21). Dazu kommt noch eine Anzahl ungesammelter Texte. Mit allen diesen Anstrengungen bin ich nicht einmal Stadtschreiber von Bückeburg geworden. Daran war es mir weiß Gott nicht gelegen. Als ich mich in der Mitte der siebziger Jahre nach fast fünf Jahrzehnten biochemischer Forschung von dieser zurückzog, war dies das Resultat eines langen Lern- und Leidensprozesses. Ich hatte Jahre gebraucht, um zu erkennen, daß die Liebe zur Natur und die Liebe zur Naturforschung zwei ganz verschiedene Dinge sind, und daß diese, wie sie jetzt gehandhabt wird – es war nicht immer so gewesen –, eine gefährliche gewohnheitsbildende Droge geworden ist, welche die ihr Verfallenen immer tiefer in einen

---

* Das wäre natürlich positivistischer Plunder. Es ist höchst unwahrscheinlich, daß der genetische Apparat etwas mit bedeutenden geistigen Fähigkeiten zu tun hat.

Blut- und Geldrausch der Ruhmsucht und der Habsucht hineinzieht. Der Wissensdrang und die Hilfe für die leidende Menschheit sind zu schamlosen Slogans degradiert worden, während nackte Korruption sich nicht nur hinter den Kulissen breitmacht, sondern bereits die angeblichen Ergebnisse der Forschung beschmutzt. Die epiphanische Rolle, die die Atomspaltung und das Gemetzel von Hiroshima und Nagasaki in meinen Überlegungen spielten, habe ich im »Feuer des Heraklit« geschildert.

Was Kierkegaard am 8. Mai 1849 in sein Tagebuch schrieb, »Finster sieht es aus, und doch bin ich so ruhig« (22), hätte auch ich sagen können, denn ich denke nicht, daß ich während der schmerzvollen Lehrjahre viel Schaum vor dem Mund gezeigt habe. Ich hatte keine Angst – erst die »postmodernen« Wissenschaften haben mich das Fürchten gelehrt –, ich habe meinen Schülern ein halbwegs anständiges Gelehrtenleben vorgelebt; keines meiner Forschungsziele hätte zu einem Angriff auf die Natur geführt; mein Laboratorium war keine Goldgrube; ich habe nie ein Patent beantragt oder erhalten.

Öffentliche Beichten sind zu vermeiden, obwohl sie seit Rousseaus Konfessionen zur Mode geworden sind. Wer sich reinzuwaschen versucht zeigt, daß er schmutzig ist. Auch das erhobene Haupt des Rechthabers ist keine empfehlenswerte Pose, wenn sie auch, als seltene Ausnahme, dem großen Karl Kraus zugestanden werden mußte. Zwischen recht haben und recht bekommen liegen Hunderte von Jahren; ein Weg, der durch einen endlosen Jahrmarkt der Nichtigkeiten führt.

So will ich nur sagen, daß eine Gewißheit mein Leben erfüllt hat, nämlich, daß das ewige Graben nach Wissen den Abgrund unendlich vertieft hat, der sich vor jedem Menschen während seines Lebens eröffnet. Die Entartung der Naturforschung in unserem bald zu Ende gehenden Jahrhundert war der hauptsächliche Ursprung dieser Gewißheit. Tiefere Geister hatten es schon früher gespürt. Im Jahre 1846 schrieb Kierkegaard in sein Tagebuch, und er unterstrich den Satz: *»Alles Verderben wird zuletzt von den Naturwissenschaften kommen.«* (23) Aus der gleichen Zeit stammt auch der Ausspruch: »Die Heuchelei ist nämlich die, daß es heißt, die Naturwissenschaften führen zu Gott.« (24) Ich kann mir nichts Schamloseres vorstellen als den Versuch, die Existenz Gottes mit Hilfe der Physik oder der Biologie zu beweisen oder zu widerlegen. Der Glaube an Gott kann durch die Naturforschung ebensowenig vernichtet werden wie der Glaube an die Naturforschung durch den Gottesglauben. Die beiden Feldzüge finden auf derart verschiedenen Ebenen statt, daß es niemals zu einem Zusammenstoß kommen kann. Die Suche nach Gott vermittels der Naturwissenschaft ist ein Unsinn. Gott ist nicht etwas, was man finden kann wie einen verlorenen Knopf; er ist das ewig Unauffindbare, das ewig Unaussprechliche, vor dem unsere Sprachen, unsere Grammatiken versagen müssen. In der umschreibenden Ehrfurcht der Thora spiegelt sich diese gewaltige Scheu auch nur vor der Nennung Gottes.*

Ich habe nicht das Recht, vom Glauben zu sprechen, kann aber sagen, daß ich zeit meines Lebens von einer tragischen Vision des menschlichen Schicksals erfüllt worden bin. Für mich war *Deus* immer *absconditus,* jener verborgene Gott, der in Pascals *Pensées* so häufig vorkommt.** Was mich betrifft, so weiß ich nicht recht, wie ich es zum Ausdruck bringen kann, daß mein ganzes Leben von einer tiefen Trauer umschattet gewesen ist, die, wie ich früh erkannte, vom Denken und Forschen vielleicht gelindert, aber niemals aufgehoben werden konnte. Das furchtbare *nil inultum remanebit* des Kirchenlieds war mir immer gegenwärtig.

So ist es still geworden im Haus. Die Freunde sind längst gestorben. Was die Menschen ersehnen, die Worte in ihrem Mund, der Glanz in ihren Augen, alles ist anders und unverständlich

---

* Ganz im Gegensatz dazu lese ich in den Schriften einiger theoretischen Physiker, die Gott entdeckt haben, weil man ihnen das Geld zum Weiterbau des gigantischen Partikelzertrümmerers verweigert hat, daß sie hoffen, sich dieser Tage mit Gott an einen Tisch zu setzen und alles in Ruhe zu besprechen.
** Diesem *Dieu caché*, dem er in den Werken Pascals und Racines nachspürt, hat Lucien Goldmann ein schwieriges und wichtiges Buch gewidmet. (25)

geworden. Die Zeit hat Blut auf ihren Klauen. Das Wunder des Lebens ist eine Ware geworden, mit der die Mörder und die Forscher schachern. Das Wissen ist ein stinkendes Rinnsal geworden, die Straßen finster vor stummem Schrecken. Das Gewicht der Welt ruht auf den Rücken hilfloser hungernder Zwerge. Aus viertausend Jahren menschlicher Größe ist ein Schleim und ein Spülicht geworden.

Ich hatte mir einmal die folgende Notiz aufgeschrieben. »Im Häßlichen die Schönheit zu sehen, im Bösen die Güte, im Falschen die Wahrheit, im Verdammten die Gnade: so weit müßte man kommen, wenn man alt wird.« Dies zu erreichen ist mir, fürchte ich, versagt geblieben.

Anmerkungen

1 E. Chargaff, *Das Feuer des Heraklit*, S. 267 (Stuttgart, 1979).
2 E. Chargaff, *Heraclitean Fire (New York, 1978).*
3 E. Chargaff, *Essays on Nucleic Acids* (Amsterdam, London, New York, 1969).
4 E. Chargaff, *Voices in the Labyrinth* (New York, 1977).
5 E. Chargaff, *Serious Questions – An ABC of Skeptical Reflections* (Boston, Basel, Stuttgart, 1986).
6 E. Chargaff, *Armes Amerika – Arme Welt* (Stuttgart, 1994).
7 Voltaire, *Correspondance* (Hrsg. Th. Besterman), 3. Bd. S. 488 (Paris, Pléiade, 1975).
8 Karl Kraus, in *Die Fackel*, Nr. 572–576, S. 69 (1921). – Auch in *Die Sprache*, S. 298 (Wien, 1937).
9 E. Chargaff, *Zeugenschaft*, S. 16 f. (Stuttgart, 1985).
10 Wie in Anm. 9, S. 19 ff.).
11 F. Nietzsche, *Sämtliche Werke*, Kritische Studienausgabe (Hrsg. Colli und Montinari), 2. Bd. S. 599 (DTV – de Gruyter, 1980).
12 Wie in Anm. 11, 13. Bd. S. 634.
13 E. Chargaff, *Alphabetische Anschläge*, S. 44 (Stuttgart, 1989).
14 E. Chargaff, *Unbegreifliches Geheimnis* (Stuttgart, 1980).
15 E. Chargaff, *Bemerkungen* (Stuttgart, 1981).
16 E. Chargaff, *Warnungstafeln* (Stuttgart, 1982).
17 E. Chargaff, *Kritik der Zukunft* (Stuttgart, 1983).
18 E. Chargaff, *Abscheu vor der Weltgeschichte* (Stuttgart, 1988).
19 E. Chargaff, *Vorläufiges Ende* (Stuttgart, 1990).

20 E. Chargaff, *Vermächtnis* (Stuttgart, 1992).
21 E. Chargaff, *Über das Lebendige* (Stuttgart, 1993).
22 Kierkegaard, *Die Tagebücher* (Übers. Th. Haecker), 2. Bd., S. 45 (Innsbruck, 1923).
23 Wie in Anm. 22, 1. Bd., S. 194.
24 Wie in Anm. 22, 1. Bd., S. 195.
25 L. Goldmann, *Le Dieu caché* (Paris, 1955).

B. Schlaglichter

Hier folgen drei Texte, die ebenfalls zu dem Bereich des Biographischen gehören, aber in die kurze Fassung dieser Sektion nicht eingeordnet werden konnten.

Über das Schaudern in der Nacht

I

Mir scheint, daß für jeden Menschen, der alt wird, der Augenblick kommt, da er vor lauter und vor lautem Reden mit sich selbst kaum mehr hört, was andere zu ihm sagen. Der Autismus, in den man hineingebohrt wird, gleicht nicht dem Zustand, wie man ihn bei einem »abnormalen« Kind beschreibt; er ist geprägt von den Erlebnissen und den Erträumnissen eines langen Lebens, von den Hin- und Herwürfen einer stolprigen, holprigen Vergangenheit. Wenn man sich nur an Tote erinnern kann, verlischt alles Licht im Gedächtnis. Es ist wie die Mitternachtsmesse, die alten Sagen zufolge die Toten am Altar feiern. Plötzlich werden die Schatten von keiner Sonne geworfen; es ist nicht Nacht geworden um den Alten, vielmehr eine durchsichtige Unbelichtung. Nur Jean Paul, obwohl er nicht alt geworden ist, wäre fähig gewesen, diesen Gefühlen Ausdruck zu geben.

Die Starrköpfigkeit des Nichtzuhörens ist nicht auf den Tag beschränkt, aber in der Nacht nimmt die Eingehülltheit andere Formen an. Die Träume sind blaß geworden, blutlos, unemphatisch; wenn sie erschrecken können, so ist es durch ihre Trivialität. Meistens bleiben sie ganz weg, denn der Schlaf ist ein vielfach zerbrochener Halbschlaf geworden, eine zögernde Dämmerung unter den geistlosen Türmen von Manhattan, zwischen Hupen und Sirenen. Die Wolken, frevelhaft geritzt, bluten grau.

Dazu kommt etwas, was man wiederzuerkennen glaubt als den oft beschriebenen kalten Schauer über den Rücken. Schon in den Gruselmärchen der Kindheit ist man ihm begegnet, aber auch im Theater, wenn der Prinz Hamlet seinen toten Vater trifft oder wenn der Komtur die Einladung des Don Giovanni annimmt. Auch die Schilderungen des Eindrucks, den große Werke der Dichtung, Musik, Kunst auf den Ansprechbaren machen, künden davon. Wenn ich mich jedoch in mich selbst versenke, muß ich sagen, daß das Schaudern in der Nacht, über das ich nachdenken will, etwas ganz anderes ist, denn es erscheint als Wirkung ohne Ursache. Jedenfalls denke ich, daß diese Erscheinung oder dieses Gefühl – ist es ein Gefühl? – etwas ist, auf das der Satz vom zureichenden Grund kaum angewendet werden kann, es sei denn, man fasse *Grund* so auf, wie Meister Eckhart des Wort verwendet, als etwas weit über eine *causa* Hinausgehendes. Aus diesem mystischen Begriff von »Grund« wird dann bald »Abgrund« und bei Jacob Böhme »Ungrund«.

> In der Ewigkeit, als im Ungrunde ausser der Natur, ist nichts als eine Stille ohne Wesen; es hat auch nichts, das etwas gebe, es ist eine ewige Ruhe, und keine Gleiche, ein Ungrund ohne Anfang und Ende: Es ist auch kein Ziel noch Stätte, auch kein Suchen oder Finden, oder etwas, da eine Möglichkeit wäre ... (1)

Selten ist das *Sein* des Nichts so innig beschrieben worden; daß dort, wo nichts ist, immer noch ein unbeschreibliches Etwas vorhanden ist.

II

In der vorletzten Strophe der sechsten Hymne an die Nacht von Novalis lesen wir:

> Unendlich und geheimnisvoll
> Durchströmt uns süßer Schauer –
> Mir deucht, aus tiefen Fernen scholl

Ein Echo unsrer Trauer.
Die Lieben sehnen sich wohl auch
Und sandten uns der Sehnsucht Hauch.

Ob der süße Schauer der Erscheinung ähnelt, von der hier die Rede ist, weiß ich nicht: den Gegenstand meiner Zeilen würde ich nicht süß nennen und irgendwie nicht für geeignet halten, einen zelebratorischen Mittelpunkt zu bilden. Man liegt in einem matten Viertelschlaf, und da kommt es zu einem, wie ein leichter Krampf, wie ein leises Pochen an den Eispanzer des Gewesenseins, ein stimmloses Zeichen. Ob es Warnung ist, Mahnung oder Weckruf, du kannst nicht umhin, sofort eine Art von Übersetzung zu versuchen. »Vergiß mich nicht«, glaubst du zu hören, »vergiß mich nicht, ich bin immer da«. Mit dem Schlafen ist es aus, denn du mußt dich um Erinnerung bemühen, um Wiedererkennen, um Einordnung in das eiserne Gefüge von Vergangenheit und Zukunft, um Unterwerfung.

Viel ist da hineingemischt, und das Ergebnis ist nicht hinreichend bezeichnet mit dem Wort Trauer, das Novalis in den soeben zitierten Versen verwendet. Man weiß nicht, ob die »tiefen Fernen« im Vergangenen liegen, in dem, was noch kommen wird, oder im sich drehenden Kreis, der sich den wehen Augen als unerreichbares Symbol der Ewigkeit vorstellt. (2)

Dann ist der Abgrund da, in den man nicht zu fallen vermeint, sondern zu gleiten, eingesaugt zu werden, und er ist voller Gesichter, die man nie gesehen und immer gekannt zu haben glaubt, Gesichter, die lachen oder weinen, drohen oder fragen, verzweifelte Gesichter, stumpfe Gesichter, ohne Alter, ohne Geschlecht, wie ausgeschnitten aus einem nie gemalten Jüngsten Gericht. Sind es die Gewesenen, sind es die Kommenden, oder hat es sie nie gegeben? Eine kosmogonische Laterna magica wirft dreidimensionale Schatten an die Wand der um Schlaf ringenden Seele. (3)

Wenn ich es in diesem Zustand prüfen will, ist mein Gedächtnis verschwunden. Strenge ich mich sehr an, so kommt es zurück, aber dann ist an Schlaf nicht mehr zu denken. Wenn ich hingegen ohne Anspannung liegen bleibe, so tauchen im Halbbewußtsein kleine Phrasen aus Gedichten auf, zum Teil auch unbekannten, oder kurze Stücke aus Musik, manchmal auch lichtlose Landschaften. Das Wichtigste ist, sich davon abzuhalten, irgend etwas zu agnoszieren, keine Namen zu nennen.

III

Jetzt, da es Schlafkliniken gibt und wüste Mittel, die einen blöd machen, sei betont, daß daran nicht zu denken ist. Der Einbruch der höheren Pharmakünste in das Seelenleben ist zu vermeiden. Man soll Flüchen nicht entgehen wollen; sie erweisen sich bei anderer Beleuchtung oft als Segen. Außerdem kann man echten Flüchen überhaupt nicht entgehen.

Dieses Schaudern in der Nacht ist vielleicht die einzige Brücke, die uns mit dem Unsagbaren, dem Unsäglichen verbindet. Bei Tag, wenn die Autos durch die Straßen donnern, wenn das herzlose Licht durch den Nebel scheint, wenn der Lärm jeden Herzschlag übertönt, vergessen wir, daß der Mensch in seinem Leben, Denken und Hoffen, in seinem Ursprung und in seinem Ende ein ewiges Geheimnis bleiben wird, trotz aller Wissenschaft und allem Geschwätz. Jetzt, da die Dichtung aufgehört hat, Dolmetscherin des Unsagbaren zu sein, ist er seiner eigenen Unfähigkeit überlassen. Er kann sich in die »virtuelle Wirklichkeit« der Elektronik retten, wo er selbst nur ein digitalisierter Schatten ist, den ein Druck auf die Taste auslöscht, oder er kann versuchen, allein und ohne Hilfe zu den »Müttern« zurückzufinden, die nicht im »Cyberspace« weilen, diesem Nirwana der Idiotie, sondern in einer Sphäre, von der kein Computernarr jemals geträumt hat.

In der Nacht kann er sich aber auch in das Schaudern flüchten, das zu ihm mit anderer Zunge spricht. Wenn nur sein Gedächtnis so gut wäre, daß er sich an die rätselhaften Worte jenes geheimnisvollen Kindes Arthur Rimbaud erinnern könnte! Ein paar Zeilen aus *Une saison en enfer* flackern auf:

Elle est retrouvée!
Quoi? l'éternité.
C'est la mer mêlée
Au soleil.

Mon âme éternelle,
Observe ton vœu
Malgré la nuit seule
Et le jour en feu. (4)

Da hatte das ungläubige Kind Gott in der einsamen Nacht wiedergefunden. Die Sprache war noch am Leben, Worte fielen aus einem brennenden oder aus einem kühlen Himmel, und dann blieben sie plötzlich auf ewig weg. Aber das Schaudern in der Nacht war ihm gewiß geblieben, ob in Ägypten oder in Äthiopien.

Wir müssen dankbar sein, wenn uns noch dieses Schaudern geblieben ist, diese Brücke zum Jenseits, aber auch zum Diesseits. Die Zeit, die uns umgibt, ist eine aphatische Zeit; die Worte torkeln in ihrer Beiläufigkeit. Man muß froh sein, wenn sie einem mehr sagen als wieviel Uhr es ist. Wo ich lebe, in Amerika, ist die Beziehung der Menschen zur Sprache gestört, denn ihre Sprachen sind alle ausgeborgt. So sind das Zittern, das Schaudern, die nicht in Worte zu fassenden Ängste noch das Echteste in ihrem Leben.

IV

Es ist unwahrscheinlich, daß es je eine Epoche gegeben hat, die so abgeschnitten war von der Wirklichkeit wie unsere Gegenwart es ist. Diejenigen, die eine Generation vor mir geboren waren, also um 1875, waren es noch nicht. Sie waren schon 40 Jahre alt, als die große Scheide, das Jahr 1914, anbrach. So erscheint es mir als keineswegs ein Zufall, daß das erste Beben – ein Zittern vor dem immer finstrer werdenden Tag – in der Dichtung, der Musik, den Künsten zur Zeit des Ersten Welt-

*Kann Chargaff damit etwas anfangen?

kriegs fühlbar wird, und zwar in den damals entstandenen Werken dieser Generation. Joyces *Ulysses* oder Kafkas *Das Schloss* mögen als Beispiele gelten. Auch ist es mein Eindruck, daß es diese Menschen waren, die noch Werke höchsten Ranges vollbrachten. Später, obwohl es noch weit war zur »virtuellen Wirklichkeit« der Narren, begann das Reich der Narzisse, der Selbstbespiegelung im immer trüber werdenden Spiegel. Alles wurde irgendwie autobiographisch, die Happenings wurden alle Selbstporträts, und diese einander immer ähnlicher, zu Klecksen verschwindend. Seltsamerweise war das aber auch die Zeit, da die Einzelnen – mit großen Anfangsbuchstaben – sich deutlicher vom trüben Hintergrund abheben konnten.

Später ist dann alles ein einziger Brei geworden. Uns wurden die Worte, die klaren, nicht verwechselbaren Worte, aus dem Mund genommen, und dann kamen sie als geistiges Papiergeld schmutzig zu uns zurück. Was uns jedoch geblieben ist, ist die schlaflose Nacht. Sie ist die einzige Mahnung, daß unser angeschwemmtes Wissen ein Schaum ist und ein Scherben. Und noch eines ist uns, den Wenigen, geblieben: dieses Frösteln ohne Hauch, diese Ahnung ohne Grund, die sprachlose Stille, welche zur Stimme wird.

Anmerkungen

1 Jacob Böhme, *De incarnatione verbi*, oder Von der Menschwerdung Christi, 2. Theil, Cap. 1, Par. 8, in Sämtliche Werke (Hrsg. W.-E. Peuckert), Bd. 4, S. 120 f. (Stuttgart, 1957).
2 In den Anfangszeilen des Gedichts *The World* schreibt der große anglowalisische Dichter Henry Vaughan (1621–1695):
    I saw Eternity the other night
    Like a great *Ring* of pure and endless light,
    All calm, as it was bright
(Works, ed. Martin, 2 Bde., Oxford, 1914, S. 466). – »Ich habe Ewigkeit gesehen, wie einen großen Ring aus reinem unendlichen Licht, so völlig still, wie er hell war.«
3 Diese Erscheinungen sind ganz unähnlich denen, die Karl Kraus in seinem langen Gedicht *Hypnagogische Gestalten* beschreibt. (K. Kraus, Worte in

Versen, S. 316 ff., Kösel, München, 1959.) Die erste Strophe dieses Gedichts lautet:
>Ei das ist was Schönes,
>dieses hier und jenes
>zwinkert, lacht und wendet sich zurück.
>Lustige Gemeinde,
>lauter gute Feinde,
>doch durchbohrend dünkt mir jener Blick.

Wie der Titel des Gedichts ausdrückt, handelt es von einem den Schlaf einleitenden Vorgang und nicht davon, was ich zu schildern versuche.

4 Rimbaud, *Œuvres complètes* (Hrsg. A. Adam), S. 110 (Pléiade, Paris, 1972). – »Sie ist wiedergefunden! / Was? die Ewigkeit. / Sie ist das Meer vermischt / mit der Sonne. – / Meine ewige Seele, / halte dein Gelübde. / Trotz der einsamen Nacht / und dem brennenden Tag.«

Über das Recht nicht zu wissen

I

Vor ein paar Jahren, als ich noch an solchen Veranstaltungen teilnahm, war ich Mitglied eines philosophischen Seminars, das an meiner alten Universität, Columbia in New York, stattfand. Einmal sprach man über das Wissen und die Wahrheit, also über einen Gegenstand, den ältere Fachleute lieben, wenn sie sich gerne reden hören. Was ist Wissen, wie wird man seiner zuteil; was ist Wahrheit und wie erkennt man sie? Wie weiß ich, daß ich weiß? Ein langsamer Wortschwall, ein müdes *déjà entendu*. Man bewirft einander mit Wittgensteinzitaten; draußen auf der Gasse schießen die Kinder aufeinander. Hier kogitieren die Alten, ob sie sind.

Da erlaubte ich mir eine bescheidene Intervention und fragte, ob es nicht so etwas gebe wie das Recht nicht zu wissen. Schließlich fühle Amerika sich berufen, der Oberchampion aller Menschenrechte zu sein, und gehöre das Recht, die Ohren zuzumachen nicht auch dazu?

Noch jetzt, nach Jahren, spüre ich die Spritzer von Ekel, die sich auf mich entluden. Ich fühlte mich wie der Kuckuck, der nicht nur sein eigenes Nest beschmutzt hatte, sondern sich sogar weigerte, auf dem von ihm gelegten Ei Platz zu nehmen. So blieb nichts anderes übrig für Herostrat als sich in seine beschämte Chlamys zu hüllen und aus dem Tempel zu schleichen, den er nie wieder betreten hat. Seine Streichhölzer waren ohnedies zu bespuckt, um zu zünden. Die Angreifer waren eben Amerikaner gewesen, also Mitglieder eines Volks, das aus jeder angeblich mit edeln Absichten getroffenen Maßnahme einen Hexenprozeß macht. Man denke nur an die gegenwärtige Verfolgung der Tabakraucher.

Daß ich einen sehr wunden Punkt berührt hatte, zeigte das erregte Gebell. Wir leben nämlich im Zeitalter der Informationsexplosion. Das ist ein besonders dummes Wort, von dem gewiß niemand weiß, was damit gemeint ist, außer daß es sich um eine gute Sache handelt, weil sie zum Wissen der Menschen beiträgt und sich auch auf dem Aktienmarkt bewährt hat. Information ist ein schlaffes Wort, ein nie geliebtes Liebchen, eine nasse Braut vom Vorjahr. Man findet sie in Kursbüchern, Fahrplänen, Baedekern, Katalogen und Enzyklopädien. Man benötigt sie, wenn man sie nicht hat; hat man sie, ist sie schon weg. Da gibt es nichts zu explodieren. Die einzige Frage ist, ob die Information stimmt, ob man wirklich im Kennedy Airport eintrifft und nicht in La Guardia. Mache ich von meinem Recht nicht zu wissen Gebrauch, so versäume ich das Flugzeug oder finde nicht den gewünschten Tintoretto. Das kann also nicht das gewesen sein, woran ich mein Sakrileg begangen hatte. Es mußte sich um einen viel höhern Gipfel der Idiotie handeln, vielleicht um etwas Postmodernes, *high-tech, state of the art*, oder wie das Gewäsch sonst lautet. Information in ihrer höheren Bedeutung muß etwas sein, wonach die Seele schmachtet, ein vom Himmel gefallenes, in Portionen verpacktes Manna.

Diese Informationen, die gerne explodieren, wenn man auf ein Knöpfchen drückt, müssen – das wurde mir bald klar – etwas mit den Massenmedien zu tun haben und mit deren allmächtigem Aufseher, dem Computer. Diese »Auskünfte, Nachrichten, Belehrungen«, wie der Duden das Wort Information verdeutscht, diese zudringlichen Schnipsel kleingehackten Wissens, scheinen eine Reinkarnation uralt vorgeschichtlicher Kobolde zu sein, der Telchinen, denen Wilamowitz-Moellendorff in seinem *Glauben der Hellenen* heimtückische Nörgelei, böse Blicke und böse Künste nachsagt. Man könnte ihnen noch viel mehr nachsagen, ohne die Liste ihrer gewohnheitsbildenden Heimtücken zu erschöpfen. Sie machen alle Menschen, die sich ihnen aussetzen, zu einer neuen Art von König Midas: was sie berühren wird blöd.

II

Wieviel in einen Menschenkopf hineingeht, ist schwer festzustellen. Auch wäre das keine brauchbare Information, denn das Erinnerungsvermögen verändert sich fortwährend in ein und demselben Gehirn. Wie oft erinnern wir uns aus Wut und vergessen aus Trotz. Es gibt viele Anekdoten über Gedächtniswunder. Vom französischen Schauspieler La Motte wird erzählt, daß er einen ganzen Akt eines neuen Stücks, der ihm ein einziges Mal vorgelesen wurde, sofort wortgetreu rezitieren konnte. Hätte er das auch mit einem Telephonbuch tun können? Der Inhalt des Theaterstücks muß ihm näher gewesen sein als z. B. mir die (sich später als falsch herausstellenden) Neuigkeiten über die Behandlung einer Krankheit.

Jedenfalls sollte man einmal darüber nachdenken, was im Schlag- und Modewort von der Informationsexplosion enthalten ist. Information ist alles, was der eine dem andern – oder gleichzeitig vielen – mitteilt. Was die Empfänger der Mitteilung damit anfangen ist ihre Sache. Da es keine Pflicht zu wissen gibt – gar nicht zu reden von der Aufnahme von Informationen, deren Beziehung zum Wissen mehr als prekär ist –, tun die ungebeten Belehrten wahrscheinlich am besten, wenn sie gar nicht zuhören. Da das Bildungsideal der Vergangenheit, einer mehr als 2000 Jahre alten Vergangenheit, völlig tot ist, besteht keine Gefahr, daß absolute Renitenz schädlich ist. Die Mechanismen, durch die Wissen erworben wird, wenn man von Mechanismen sprechen kann, sind ganz verschieden von denen, die den Hörer mit Information überfüttern. Wissen ist, was man mit der Seele sucht, Information, was einem ungefragt ins Haus geliefert wird.

Die Lieferung ins Haus erfolgt gewöhnlich durch Zeitung, Rundfunk und Fernsehen; die Vulgarität des Gelieferten dürfte in verschiedenen Ländern variieren, wird aber kaum abweichen vom kleinsten gemeinsamen Nenner, der für das betreffende Volk charakteristisch ist. Ich denke nicht, daß in der westlichen Welt die Unterschiede sehr groß sind. Da alle Darbietungen durch die Reklame bezahlt werden, treten die noblen Züge des Gesichts der fressenden Klassen hier klarer zutage als sonstwo. Die Informationen, die aus diesen Quellen geschöpft werden, sind ausnehmend ephemer, und sehr wenig bleibt haften. Die hauptsächliche Funktion dieser Institutionen scheint darin zu bestehen, daß sie ihren Opfern sehr viel Zeit wegnehmen, die diese hätten besser verwenden können.

Zu pauschal.

III

Was unsere Zivilisation gratis nennt kostet sehr viel Geld. Davon machen sich jedoch die Nutznießer der umsonst gelieferten Informationen keinen Begriff, obwohl sie diesen Liebesdienst mit fortschreitender Verminderung ihres Denkvermögens teuer bezahlen. Sie würden sogar leugnen, daß die milde Form der Gehirnwäscherei, der sie Tag und Nacht unterliegen, ein Teil der gerühmten Informationsexplosion ist.

Dagegen ist der allgemein anerkannte Riesenstrom von Informationen sehr kostspielig. Er wird aus zwei Quellen gespeist. Diese sind: 1) der alte technokratische Wunsch, das mit zwei Augen gelesene Buch zu verdrängen, unzeitgemäß zu machen, ja sogar den Buchdruck überhaupt zu einem Relikt der Vergangenheit zu degradieren; 2) die auf der ganzen Welt verbreitete Überzeugung, daß das Kommen der Zukunft beschleunigt werden könne, indem die Forschung, insbesondere die naturwissenschaftliche Forschung mit aller Hast vorangetrieben werde.

Daß das Buch, wie es die Menschen ein halbes Jahrtausend gekannt haben, im Sterben ist, kann nicht geleugnet werden. Tatsächlich gibt es wahre Bücher jetzt nur mehr in Bibliotheken und Antiquariaten. Die herrliche, ehrwürdige Kunst des Buchdrucks ist verschwunden. Die heutzutage erzeugten, digitalisch klappernden, schlecht verklebten und broschierten, auf Leichenpapier »gedruckten«, unmäßig teuern Produkte verdienen überhaupt nicht mehr den schönen alten Namen. Wer jetzt mit

Das Herumreiten auf dem Begriff „Informations-explosion" ist öde.

Wörtern prozessiert weiß, daß es nie ein gerechtes Urteil geben kann. Der Computer mag zwanzig verschiedene Schriftsätze anbieten, aber sie sind bis auf die Größe alle fast gleich, ob sie nun Courier oder Times New Roman heißen. Der alte Witz des Henry Ford, als er sein Model T verkaufen wollte, lebt wieder auf: »You can have any color, as long as it is black.«

Informationen sind zwar des Wissens Tod, aber das in 500 Jahren in Buchform angesammelte Wissen kann noch rasch zu Informationen umgeschrieben werden, wenn auch nur als lebloser Schatten, bevor die echten Bücher ganz zerfallen. Für diese ist ohnedies kein Platz mehr auf der eng gedrängten Erde, während die kleinen runden Blechplättchen, mikrobische Überbleibsel einer bessern Welt, unendlich viel Raum zu einem Nadelkopf konzentrieren können. Also vermag, wie ich höre, so ein CD-ROM die ganze schöne Londoner National Gallery aufzunehmen, und für 80 Dollar kann ich sie kaufen, wenn ich mich für ein Vielfaches des Betrages gebührlich digitalisiert habe. Natürlich ist es nur ein Minischatten des Museums, Bilder in Briefmarkengröße, grausliche Farben, geschwätzige Kommentare, die mich darüber informieren, was mir aufzufallen hat.

Die ganze Menschheit ist also zu Touristen im »Cyberspace« verwandelt, im trottelhaft so benannten Schattenraum, den der Computer für sehr viel Geld unendlich zu vergrößern vermag. Da kann die Maus einmal nach Herzenslust galoppieren und klik-klik machen, und jeder Schnalzer repräsentiert ein winziges Stück des Häcksels, zu dem das Wissen der Zeiten vermahlen worden ist. Was alles bereits auf jenen Blechtäfelchen zu haben ist, läßt sich nicht beschreiben. Lexika und Wörterbücher, Archive und Materialien, Handbücher und Zeitschriften; alles verarbeitet mit dem Ziel sofortiger Informationsbereitschaft. Die herrlichen Bibliotheken, für die die Staaten kein Geld übrig haben, werden zu klappernden Blechhaufen »privatisiert«. Die ganze Welt kann den Schatten der Helena umarmen auf dem flimmernden Schirm, aber, ach, sie ist klein geworden, die Helena, und mißfarben, und sie zerfließt, zerfließt.

Die Polemik überzeugt mich wenig.

IV

Die meisten der hier erwähnten Verschleißer von Informationen wenden sich an den Laien, den sie zu amüsieren und zu instruieren vorgeben, häufiger jedoch schläfrig machen. Nur die letzte hier beschriebene Quelle ersetzt, für alle Arten von Wissenschaft, das Buch, das oft schwer zugängliche Buch. In diesem Sinne erfüllt sie eine nützliche Funktion und entlastet die Bibliotheken. Nur werden diejenigen, die aus fachlichen oder sonstigen Gründen wirkliche wissenschaftliche Arbeiten lesen oder schwerverständliche Bücher konsultieren oder studieren mußten, zugeben, daß man aus der elektronischen Lektüre viel weniger herausbekommt. Als das gedruckte Buch aufkam, haben sich konservative Geister sicherlich ähnlich über dieses frühe Produkt der Marktwirtschaft beschwert und die Wonne handgeschriebener Kodizes gepriesen. Alle diese Nörgler haben natürlich recht gehabt und haben es auch jetzt, aber so sieht der Fortschritt eben aus. Das Buch in der Hand oder auf dem Tisch, man öffnet es und schlägt eine Seite auf, und da vollzieht sich das Wunder der Sympathie, des Wohlgefallens, der Begeisterung, aber auch des Ekels und des Zorns. Bücher haben immer eine sanfte Macht ausgeübt, sie haben die Menschen besser oder schlechter gemacht. Der Bildschirm auf dem Tisch, man drückt auf eine Taste, und da flimmert eine Seite auf, und alles, was man den zitternden Zeilen entnehmen kann, ist grobe Information. Es gilt vom Wissen wie von vielen anderen Dingen auf der Welt: je schwerer man es erwirbt, desto mehr ist es wert.

Die letzte Petarde, die an der Informationsexplosion teilhat, ist die wissenschaftliche Forschung. Sie, und besonders die naturwissenschaftliche Forschung, hat sich seit dem Zweiten Weltkrieg zu einer Riesenmaschine entwickelt, die eine Überfülle von Neuigkeiten über die Natur erzeugt und verbreitet. Informationen über die Natur sind ihrem Wesen entsprechend von nur zeitweiser Gültigkeit und müssen überholbar oder, wie das Modewort jetzt lautet, falsifizierbar sein. Der Fortschritt der Naturwissenschaft beruht auf der Vorläufigkeit ihrer Ergebnisse und Lehren. Die Überfülle der in Windeseile verbreiteten Informationen ist nur für sehr wenige Konkurrenten auf dem betreffenden engen Gebiet verständlich; trotzdem wird sie der ganzen teilnahmslosen Welt mitgeteilt. Sie ist, als Quantität betrachtet, der hauptsächliche Bestandteil der so sinnlos besungenen Informationsexplosion. Kleine mißgestalte Brocken davon geraten in die Zeitungen, den Rundfunk usw. und verwirren die Leute.

V

Der Versuch, durch extreme Motorisierung die Zukunft schneller zu erreichen, ist also geglückt. Was im Jahre 1894 fernste und, wie viele hofften, unerreichbare Zukunft war, ist 1994 längst vergessene Vergangenheit. Dennoch höre ich den Jubel über diese Leistung nur in bezahlten Inseraten. Die meisten Menschen wollen gar nicht so schnell laufen, sie sind schon längst außer Atem. Ihr Mißbehagen ist nicht schwer zu verstehen, denn der »Triumph der Technik« und das »Wunder der Wissenschaft« haben sich oft als Euphemismen für Elend und Arbeitslosigkeit herausgestellt. Ihr Leben ist erfüllt von Hüll- und Schattenworten; AIDS ist ein Synonym von Liebe, Überdruß von Amüsement. Nur die Hunde sind noch erheitert, wenn sie den Fernsehschirm anschauen. Ebenso ertragen die Leute das auf sie ausgeschüttete Füllhorn von Information mit stumpfer Geduld, aber sie machen keinen Gebrauch davon. Ich glaube, daß die so oft und so laut bezeigte Freude an der Leichtigkeit, mit der heutzutage Informationen erzeugt und verbreitet werden, von den Erfindern und den Betreibern der dazu notwendigen Maschinerie herkommt und nicht von den Leuten, denen sie angeblich zugedacht sind.

Früheren Zeiten wäre es gar nicht eingefallen, Wissen als eine Bürgerpflicht anzusehen. Damit mag die Französische Revolution angefangen haben, aber noch hundert Jahre später war »Bildung« ein klassenbedingtes Privileg geblieben, eine

Art Krawattennadel im Schlips des Bürgertums. Einen Tischler oder Schlosser hätte man zur Zeit meines Großvaters nie einen wohlinformierten oder gebildeten Mann genannt, sondern bestenfalls einen lerneifrigen oder belesenen, selbst wenn er alle Philosophen der Neuzeit gekannt hätte.

Ähnlich steht es mit der Gesundheit. Auch zu dieser war früher kein Mensch verpflichtet. Die Reichen lebten länger als die Armen; das war, glaubte man, wie es sein sollte. Aber den früh gestorbenen Unbemittelten wurde das Kranksein gewiß vergeben. Bernard de Fontenelle (1657–1757) hat ebenso wenig wie sein Onkel Thomas Corneille (1625–1709) mit dem Himmel gehadert, weil sie so viel länger lebten als ihre Lakaien. Jetzt aber ist Gesundheit – und in Amerika auch Wohlhabenheit – eine Bürgerpflicht, statuiert von einem calvinistischen Gott. Daher kommt es, daß Amerika seine alten Leute und seine Armen so unfreundlich ansieht: Gott hat sie mit Schwäche, Hinfälligkeit, Krankheit gestraft. Außerdem belasten sie die aus Steuergeldern betriebenen, spärlichen sozialen Einrichtungen.

VI

Ich hoffe, es bedarf keiner Versicherung, daß, wenn ich als Verkündiger des Rechts nicht zu wissen auftrete, dies nicht als Lob absoluter Ignoranz gemeint ist. Der Mensch kann nicht umhin zu lernen, zu denken und daher zu wissen; manchmal kommt auch der Glaube dazu, der, in einer höheren Sphäre angesiedelt, alles andere zugleich einschließt und ausschließt. Nur Heilige dürfen Mystiker sein, und so will ich nicht in die Regionen eintreten, die der englische mittelalterliche Traktat *The Cloud of Unknowing* beschreibt. Schon früher habe ich einmal auseinandergesetzt, warum dieser schöne Titel als »Die Wolke des Entwissens« übersetzt werden kann. Mit andern Worten, ich wünsche nicht als Verehrer des Kretinismus dazustehen. Wogegen ich jedoch sehr entschieden bin, ist jene Flüsterkulisse des nicht wissenswerten Wissens, in der wir jetzt unser Leben verbringen sollen. Wir müssen unsere Köpfe freihalten von all den angeschwemmten Nichtigkeiten des Alltags, die uns als Bestandteile der »Informationsexplosion« bedrängen.

Ich habe einmal das Lob des Laien gesungen, und das Recht nicht zu wissen ist eine andere Facette desselben Polyeders. Sie ist von großer Wichtigkeit, denn ohne Ausübung dieses Rechts kann man kein Laie sein. Man muß einen undurchdringlichen Kordon errichten, um sich vor dem Ansturm von Blödheit und Gemeinheit zu schützen. Wer im leider hochentwickelten Westen lebt weiß, wovon die Rede ist. Ob die sogenannte Dritte Welt besser daran ist, kann ich nicht sagen.

Es ist nicht leicht, vom Recht nicht zu wissen Gebrauch zu machen; es erfordert guten Willen. Niemand anderer kann es für uns tun. Im 3. Kapitel der *Reden der Unterscheidung* schreibt Meister Eckhart (Übersetzung von Josef Quint):

> Wahrlich, darin steckt überall dein Ich und sonst ganz und gar nichts; es ist einzig der Eigenwille. Weißt du's auch nicht oder dünkt es dich auch nicht so: niemals steht ein Unfriede in dir auf, der nicht aus dem Eigenwillen kommt, ob man's nun merke oder nicht. Was wir da meinen, der Mensch solle dieses fliehen und jenes suchen, etwa diese Stätten und diese Leute und diese Weisen oder diesen Vorsatz oder diese Betätigung – nicht das ist schuld, daß dich die Weise oder die Dinge hindern: du bist es (vielmehr) selbst in den Dingen, was dich hindert, denn du verhältst dich verkehrt zu den Dingen.

Was hätte »der vicarius von türingen, der pryor von erdfortt, bruder eckhart, predierordens«, wie ihn der Kodex vorstellt, was hätte er gesagt, wenn man ihm ein normales Fernsehprogramm, sagen wir aus New York, vorgeführt hätte? Wie ein hochgebildeter Dominikaner des 13. Jahrhunderts, adeligem Geschlecht entstammend, wie er sich ausgedrückt hätte, weiß ich natürlich nicht. Vielleicht hätte er gefragt: Wie kann Gott sich wiedergebären in einer Menschenseele, die mit solchem *stercus*, solcher *merda* ausgestopft ist?

VII

Was ist das Antonym zu »Information«? Das Wörterbuch sagt »Ignoranz«; ich wäre versucht zu antworten »Wissen«. Aber da gerate ich sofort in Schwierigkeit, denn habe ich nicht das Recht nicht zu wissen in den Titel gesetzt? Eigensinnig, wie ich bin, bleibe ich doch dabei, füge jedoch hinzu, daß es so etwas gibt wie echtes Wissen und falsches Wissen, bei welch letzterem es sich um ein Pseudowissen handelt, das in den Köpfen und den Herzen – denn auch diese sind beteiligt – nur Platz wegnimmt. Ich unterscheide demnach zwischen Wissen, an dem man wächst, und Wissen, an dem man verkümmert. Für dieses sollte es ein anderes Wort geben. Wenn ich das Jauchebad einer Tages- oder Wochenschau im amerikanischen Fernsehen zu mir nehme, was mir nicht oft widerfahren ist, ist es mir am Ende des Programms vorgekommen, daß ich jetzt weniger wisse als am Anfang, ja ein schlechterer Mensch geworden sei. Der alte Satz, daß schlechtes Geld das gute vertreibe, läßt sich auch hier in der Form anwenden, daß Informationen das Wissen austreiben.

Wie können wir uns dagegen wappnen, wie können wir einen halbwegs undurchlässigen Kordon gegen die Informationsepidemie errichten? Die einfachste Antwort ist: durch absolute Uninteressiertheit, durch Abstinenz. Das klingt einfacher als es ist, denn der Fürst dieser Welt hat unzählige Pfeile im Köcher. Trifft er uns nicht in unsrer Neugier, so trifft er uns in unsrer Abgekehrtheit; packt er uns nicht an unserer Langeweile, so packt er uns an unserem Tatendrang; Menschenliebe und Menschenhaß sind gleich geeignete Angriffspunkte. So gehen wir lieber zu unserem alten Ratgeber, Lichtenberg, und lesen in einer seiner Bemerkungen (Promies F-734):

> Studiert euch selbst erst, mögt ich sagen, das ist, lernt
> euer Gefühl entwickeln und den augenblicklichen Wink
> desselben figieren und Buch darüber halten, laßt euch
> euer Ich nicht stehlen, das euch Gott gegeben hat, nichts

vordenken und vormeinen, aber untersucht euch auch erst selbst recht, und widersprecht nicht aus Neuerungssucht. Hiezu ist Gelegenheit überall ohne Griechisch und ohne Latein und ohne Englisch. Die Natur steht euch allen offen, mehr als irgend ein Buch, wozu ihr die Sprache 25 Jahr getrieben habt. Ihr seids selbst. Dieses hat man so oft gesagt, daß es jetzt fast so gut ist, als wäre es niemals gesagt worden.

Wenn das nur das uralte »Erkenne dich selbst« wäre, obwohl undelphischer ausgedrückt, so würde das wenig nützen, denn niemand kann sich selbst erkennen. Tausend Generationen haben es vergeblich versucht. Aber auf sein Ich kann man aufpassen, auch wenn man nicht weiß, was es ist. Der früher genannte Fürst dieser Welt weiß es hingegen: er ist der größte Sammler von Ichen. (Auch ist er der einzige, der mir sagen könnte, ob es diesen Plural gibt.) Was der einzelne hingegen sehr wohl tun kann ist, seine Grenzen induktiv zu erkennen, und wenn er sie kennt, zu verstärken, so daß nichts durchdringt, was ihm etwas verkaufen will. Es gibt etwas in uns, von dem wir fühlen, daß es ewig ist, und das müssen wir unbesudelt erhalten.

Mein Gang nach dem Eisenhammer

I

Wir leben unter dem Paradigma der Genetik – auch das wird aufhören, aber ich werde es nicht erleben –, und so muß ich annehmen, daß das Gen, das mich befähigt, deutsche Balladen zu genießen, verkümmert ist. Als ich ein Bub war, acht oder zehn Jahre alt, war das noch anders, und ich trank sie ein, die Romanzen und Balladen, schaute in den Himmel und erspähte die Kraniche des Ibykus, hörte ein Schleichen, und es war Möros, den Dolch im Gewande. Jetzt ist von all dem eigentlich nur Mörikes *Feuerreiter* übriggeblieben, weil er sich mehr als reimt, oder vielleicht *La Belle Dame sans Merci* von Keats. Alle hundert Jahre ändert sich nämlich der Geschmack und in Amerika alle zwanzig.

Wenn der Titel dieser Zeilen Schiller plagiiert, so hat das andere, hinterhältige Gründe. Ich war gezwungen, mir einen Computer anzuschaffen, und dieses tückischste der Instrumente konnte nicht verfehlen, mich an die unangenehme Eisenhütte zu erinnern. »Die Werke klappern Nacht und Tag, / Im Takte pocht der Hämmer Schlag.« Mehr als einen frommen Fridolin haben diese Feinde des Denkens verschlungen.

Da ich, was den Fortschritt betrifft, Agnostiker bin, hatte ich mir geschworen, nie weiter zu gehen als bis zur Schreibmaschine. Das war leicht, solange meine wundervolle Sekretärin, Elsa Hayn aus Berlin, am Leben war. Sie hatte mir mehr als 25 Jahre geholfen, mein schwer lesbares Gekritzel in herrliche Typoskripte umzuwandeln, ihre elektrische Schreibmaschine regierend wie ein absoluter Großherzog. Oft stürzte sie in mein Büro, eine Manuskriptseite schwingend, mit dem Ruf »Nicht im Duden!«. Meine Antwort will ich nicht wiederholen. Plötzlich wurde es jedoch unmöglich, die Maschine anständig repariert zu bekommen, wahrscheinlich, weil es über Nacht unabweisbare Mode geworden war, sich dieser neuen Gebilde aus

Blech und Bosheit zu bedienen, für die es löblicherweise keinen schöneren Namen gibt als Computer.

So war ich also eines Tages allein in meinem Büro, ein »Raffael ohne Hände«, unbeantwortete Korrespondenz blickte mich aus allen Ecken strafend an, und mein letztes Büchlein war nur zur Hälfte getippt. Guten Rat, bekanntlich teuer, konnte ich nicht erschwingen, so mußte ich mich mit schlechtem begnügen. Dieser war nicht schwer zu haben, denn ein jeder, der es verstand mit der sogenannten Maus umzugehen, war für mich bereits ein Guru. Das ist eine besondere Klasse von Leuten, die die eigenen Zweifel am guten Charakter der von ihnen verehrten Instrumente erfolgreich unterdrückt haben. Für mich steht jedenfalls fest, daß die allgemeine Beliebtheit des Computers eine moderne Version des Teufelskults ist, ein Kniefall vor der Arglist des Bösen. Ich wundere mich daher, daß es noch keine Computerpartei gibt, ähnlich der Autopartei in der Schweiz, die die andere dämonische Maschine, die sich unser bemächtigt hat, göttlich verehrt. In beiden Fällen manifestiert sich das den meisten Menschen innewohnende Verehrungsbedürfnis.

II

Befolgend den Rat eines Konsiliums (aus einem Fachmann bestehend und einem Halbfachmann) verschaffte ich mir demnach einen Computer, den man, da wir alle jetzt Genetiker sind, als IBM-Klon bezeichnete, mit einem Minimum von Software, das mich befähigte, englische, deutsche und gelegentlich auch französische Texte einwandfrei herzustellen. Außerdem kaufte ich mir eine Reihe von Handbüchern, die schon in ihren Titeln Zweifel an meinen geistigen Fähigkeiten bekundeten. Die unangenehme Neigung, dem Leser im Titel und Tonfall auf die Schulter zu klopfen und ihn als Mitidioten zu begrüßen, kam in jedem Satz zum Ausdruck. Was bei der Lektüre solcher Bücher sofort auffällt, ist die abstoßende Sprache, in der sie abgefaßt sind. Jedes zweite Wort ein Faustschlag in das Gesicht der Sprache. Ich will keine Beispiele nennen, denn ich vermute, daß die Scheußlichkeiten, ausgedacht von den Konstrukteuren der Apparate und vermehrt von ihren frisch-fröhlichen Benützern, sich mit den Sprachen ändern. Das Französische ist die Sprache, die Mißhandlungen am meisten übelnimmt; ich vermute daher, daß französische Computerbenützer sofort zu einem amerikanischen Pidgin übergehen.

Was mich angeht, kann ich behaupten, daß ich als Hersteller von umfangreichen Typoskripten auf dem Computer seit mehr als einem Jahr die unteren Klassen absolviert habe, ohne sagen zu dürfen, daß ich weiß, was ich tue. Noch immer vergeht kaum ein Tag, an dem die Maschine sich nicht wieder eine Teufelei ausgedacht hätte, auch wenn es nicht immer eine neue ist: eine billige Maschine verdient nur einen Teufel dritten Rangs.

III

Als kleines Intermezzo eine allgemeinere Frage, die zu tun hat mit dem Eingreifen der Maschine in die geistigen Belange der Menschheit. Viele Jahrtausende hindurch war davon nicht die Rede. Auch in den letzten 300 Jahren, in denen man überhaupt von Maschinen sprechen kann, finden sich keine Anzeichen. Die Maschine erspart oder erleichtert körperliche, nicht geistige Arbeit. Es gibt keine Malmaschinen, es gibt keine Dichtmaschinen. Erst in unseren so tiefstehenden Zeiten, unter der Herrschaft eines geistlosen Positivismus, eines rücksichtslosen Reduktionismus beginnt die Lage sich zu ändern. Die wissenschaftliche Suche nach »künstlicher Intelligenz« mag nicht sehr intelligent erscheinen, aber sie läuft auf die Konstruktion einer Denkmaschine hinaus. Wenn diese einmal ihren lapidaren ersten Satz gesprochen hat, »Cogito, ergo brauche ich Schmieröl«, kann es losgehen.

In der elektronischen Musik erzeugt zwar die Maschine die Töne, aber nur unter der Anweisung des Musikers; ähnlich dem Klavier, das ja ebenfalls eine Maschine ist. Auch das automatische Schreiben der Surrealisten gehört nicht hierher, denn der Mensch, mag er auch wie eine Maschine verfahren, ist, trotz La Mettrie, keine: wach und schlafend denkt es in ihm. Überhaupt sind Gebilde, die eines elektrischen Kabels bedürfen, um zu funktionieren, nicht ganz das, was den Menschen ersetzen kann.

Noch eine Frage, die mir schon lange zusetzt: ist es möglich, literarische Texte von hoher Qualität oder gar Dichtungen auf einer Maschine, gleichgültig ob altmodische Schreibmaschine, Schreibautomat oder Computer, direkt zu erzeugen? Ich weiß wohl, das ist heutzutage eine lächerliche Frage; man wird mir versichern, daß dies unzählige Male geschehen ist. Man kann gewiß sogar Dichtungen in die Maschine diktieren, so wie z. B. Goethe es zwar ohne Maschine, aber mit einem Sekretär getan hat; aber kann der Dichter zugleich Tastenklapperer sein? Selbst wenn man es mir vorführte, würde ich es bezweifeln; um so mehr als mir noch immer der Ausweg bliebe zu erklären, das derart Hervorgebrachte sei keine echte Dichtung. Ich habe immer geglaubt, daß die Schrift aus dem ganzen Menschen fließt, nicht nur aus seiner Hand, eine geistige Brücke bildend zwischen Kopf und Papier. Es bliebe daher zu untersuchen, ob der deutliche Qualitätsschwund in der Literatur auch mit den veränderten technischen Möglichkeiten ihrer Produktion zusammenhängt. Assistenzprofessoren der Poetik werden bald zu unterscheiden wissen zwischen auf IBM-Maschinen hergestellten Gedichten und solchen, die ihre Entstehung einem Apple-Instrument verdanken.

IV

Der moderne Computer, versichert man mir, ist ein streng logisches Instrument. Alles was er tut ist, binärisch zu hüpfen, aber er hüpft ungemein schnell und in zahlreiche genau vorgeschriebene Richtungen. Ich aber behaupte, daß er ein bösartiger Blechkasten ist, von kleinen Teufeln bewohnt, und wahrscheinlich ein Vorhof des Fegefeuers, damit wir uns daran gewöhnen.

Alles was mir in meiner skriptorischen Laufbahn passiert ist, kann laut allgemeinem fachmännischen Urteil nicht geschehen sein. »Daß nicht sein kann, was nicht sein darf«, mag die letzte Zuflucht des faulen Experten sein, aber bei mir verfängt das nicht, denn in der langen Geschichte der Menschheit hat sich vieles ereignet, was laut wohlinformiertem Urteil sich nicht hat ereignen dürfen. Wenn ich lese, daß eine so wuchtige Säule der Aufklärung wie Dr. Samuel Johnson die Existenz von Gespenstern für möglich hielt, warum soll ein ganz unaufgeklärter Mann wie ich den Teufel in der Maschine verleugnen?

Während ich mich anfangs über meine Erlebnisse beklagte, hörte ich bald damit auf, denn ich wußte, was geschehen werde. Der mit allen technischen Wassern Gewaschene hörte mir kaum zu, denn ich sei ein »Greenhorn« und habe auf eine falsche Taste gedrückt. Obwohl ich oft sicher war, daß das nicht der Fall gewesen sein konnte, es sei denn die ganze Tastatur bestehe aus falschen Tasten, gelang es mir nie, eine rationale Erklärung zu erhalten, sondern immer nur den Auftrag, den Apparat abzudrehen und nach zehn Minuten wieder neu anzufangen. Auf diese Weise verliert man mehr Zeit als der technische Fortschritt einem erspart, und außerdem entgeht man keineswegs allen Heimsuchungen, die oft in phantastischen Formen und Variationen wiederkommen.

Beispiele zu geben von den bunten Teufeleien, die mein Beelzebübchen sich ausgedacht hat, will ich mir ersparen. Kenner würden sie vielleicht mit dem ihnen eigenen Hightech-Sadismus aufnehmen, aber ich will diesen Kennern versichern, daß ich weiß, wie sehr ihre Unerschütterlichkeit nicht ihrer Virtuosität zuzuschreiben ist, sondern ihrem Stoizismus. Ich habe ihnen oft genug zugeschaut, um zu erkennen, daß auch in ihrer Domäne sich manches Unerwartete, Unerklärte und Störende abspielt, über das sie hinwegschreiten, ohne sich davon viel Rechenschaft zu geben. Aber wie in vielen Sekten und Banden herrscht auch in dieser eine dünnlippige clanbewußte *omertà*. Solang einer sich beschwert, kann er nicht dazugehören.

V

In meiner Jugend in Wien stand die private Kochkunst in hohen Ehren. Wenn man jedoch eine dieser hochgeschätzten Köchinnen nach einem ihrer Rezepte fragte, konnte sie es nicht wiedergeben. Man hörte nur ein dumpfes »Ich schmeiß herein«. (Österreicher waren, zumindest damals, stolz auf ihre Unfähigkeit, zwischen Hin und Her zu unterscheiden.)

Ähnlich scheint es, nach dem, was ich gehört habe, bei der Konstruktion des Computers zugegangen zu sein. »Man schmiß herein.« Alles mögliche, was gut und billig ist, kam in den Kasten, und dann schmeckte man. Man tat etwas dazu, man nahm etwas weg, bis die Olla podrida verkäuflich schien. So geht es auch jetzt weiter, denn die Wissenschaft ist immer etwas weniger wahr als sie ausgibt. Wo ich lebe verbreitet sich die Computeritis schneller als AIDS. Woher kommt die unglaubliche Anziehung, die dieses häßliche Instrument auf das Volk ausübt?

Wer in Amerika wohnt muß gewahr werden, daß er im Zentrum einer Massenflucht vor der Wirklichkeit lebt. Wirklichkeit tut weh; sie erfordert Entschlüsse, Entscheidungen, Folgerungen, zu denen das von Schund und Lüge betäubte Volk nicht mehr fähig ist. Wie wunderbar, eine Maschine zu haben, die so tut, als nähme sie einem alles das ab. Ihr Kredit kommt von ihrer Absurdität; man zahlt gerne dafür, daß man übervorteilt wird. Die Spielautomaten von Reno und Las Vegas hatten das schon vorher auf einem viel naiveren Niveau getroffen. So ist der Computer gleichzeitig der Watschenmann und der Beichtstuhl eines verwirrten Volkes. Öffentlich und zugleich geheim wacht er über was ihnen am teuersten ist, den Dollar, läßt sich aber auch zu Spielen verwenden, die das Blödeste sind, was man sich vorstellen kann. Unheimlich in ihrer Unerklärlichkeit und doppelt unheimlich in ihren paranoiden Kaprizen hat diese Droge aus Blech und Plastik ein ganzes Volk bezaubert und eingewickelt.

Da die Amerikaner ein geselliges Volk sind, hat eine Riesenkuppel von Geschwätz den Erdball umrundet, gewaltige Internetze haben Leute, die nichts voneinander wissen wollten, zusammengeschweißt zu einer Bruderschaft von Knopfdrückern. In der Ferne sieht der Phantast noch einige Neuheiten, so den Nuklearcomputer, der durch Kernenergie betrieben wird, oder sein Lieblingsprojekt, DRACULA XIII, das keinen *elektrischen* Strom erfordert.

Die noch gefährlichere dämonische Maschine, das Automobil, ist früheren Datums. Obwohl Karl Benz aus Mannheim von der Geschichte als der Vater des Kraftwagens bezeichnet wird, wäre dieser wahrscheinlich viel länger ein Luxusprodukt geblieben, hätte nicht ein Amerikaner, Henry Ford, die Konstruktions- und Produktionsmethoden derart revolutioniert, daß das Automobil – und typischerweise zuerst in USA – ein Massenartikel werden konnte. Daß dies in Amerika geschah war zu erwarten gewesen, denn der sich ungeheuer schnell ausdehnende Kontinent sprengte immer wieder die Grenzen, die er sich gesetzt hatte. Dieser Vorgang hatte begonnen, lange bevor es den Motorwagen gab, wäre aber ohne ihn nicht so prompt abgeschlossen worden. Selbstverständlich sind die im Automobil waltenden Teufel viel ausgewachsener als die im Computer hausenden, aber weniger schlau.

VI

Was ich aus meinen Erlebnissen gelernt habe, und nicht nur aus ihnen, ist, daß die Nutznießer des technischen Fortschritts zugleich auch seine Opfer sind. Dabei sind es nicht nur die technischen Errungenschaften, die die Veränderungen bewirkt haben. Es ist unserer Welt, es ist den Menschen etwas zugestoßen, das es möglich gemacht hat, daß die Technik sich fast ausschließlich in verheerenden, die Erde und die Menschen irreversibel schädigenden Richtungen bewegt hat.

Als die beiden größten Kalamitäten erscheinen demnach die durch das Automobil und den Computer hervorgerufenen. Was die Umwelt angeht, ist jenes fraglos die bei weitem schädlichere Maschine; beide Apparate haben jedoch gemeinsam, daß sie den einzelnen in seinem Bequemlichkeitsdrang unwiderstehlich bezaubern und unwiderruflich versklaven. Eine *Telephonpartei* wäre selbst in der Schweiz kaum vorstellbar.

Es hätte keinen Sinn, Vorzüge und Nachteile gegeneinander abzuwägen, die Schnelligkeit der Ambulanz, die erleichterte Beschaffung eines Flugbilletts mit den früheren Zuständen zu vergleichen. Man kann zugeben, daß fast jede anfängliche Verwendung einer technischen Leistung legitim sein mag, während sie bald darauf ins Uferlose ausartet. Wir sind alle moralisch kurzsichtig geboren, unfähig, die Konsequenzen dessen, was wir angefangen haben, zu ermessen. Daher besolden wir ethische Fachleute, deren Verkleinerungsbrillen ihnen gestatten, uns vieles zu erlauben, was verboten sein sollte.

Nach einer Predigt des Jeremias haben sicherlich die Zuhörer gesagt »Er ist ein Tepp« (wie immer das auf Hebräisch geklungen haben mag). Dabei war er es gewiß nicht, nur besaß er Zeitrafferaugen, und die andern waren gewöhnliche Sterbliche. Daher haben Prophezeiungen nichts als anekdotischen Wert, denn Propheten sind immer Kassandras. Da der Fortschritt nur zu wachsen vermag – die Registrierung eines Niedergangs ist späteren Historikern vorbehalten –, kann man gar nicht sagen, wie viele Milliarden von Kraftwagen bald die Erde verstopfen werden. Das macht nichts: wenn die Menschen beginnen zu ersticken, werden sie es schon merken.

Auch die Gefahren einer Computerzivilisation werden sich erst herausstellen, wenn es zu spät ist. Eine sehr große besteht nach meiner Meinung darin, daß diese Maschine mittels eines die Erde umspannenden Netzwerks und durch die elektronische Post die Menschen so zwischen Alaska und Zululand zusammenbringt, was dem allgemeinen Frieden nicht zuträglich sein kann. Zu viele Pflugscharen werden da zu Schwertern werden. Ebenso gefährlich ist die Entmathematisierung der Menschen durch diese »Denk«- und »Rechen«-Instrumente. In Amerika haben sie schon die Kindergärten mit mechanisierter Denkfaulheit infiziert. Was da heranwächst wird selbst dem amerikanischen Fernsehen gedanklich nicht gewachsen sein.

Wir haben uns von eindringlichen, aufdringlichen Maschinen an den Rand unseres Lebens drängen lassen; wir haben geduldet, daß was einst die Herzen der Menschen bewegt hat nur als zitternder Schatten auf dem Schirm der Unwirklichkeit fortlebt; wir haben unsere Erstgeburt, unsere Geschaffenheit für einen Haufen Blech verkauft. Jetzt werden wir die Bitterkeit unserer Siege auskosten müssen.

II

Über die Vergeblichkeit
des Widerspruchs

I

Der Titel dieses Textes betrifft eigentlich nicht die vielen Leute, die, seit unsere Welt besteht, herumgegangen sind, sich über vieles oder alles beschwerend. Obwohl auch ich in kraftloser Aufsässigkeit dazugehört habe, und obwohl zum Beispiel der Unwille über das Schlangestehen Weltreiche zu zersplittern vermocht hat, will ich mich hier nicht mit den Leuten befassen, die sich auf unhörbares privates Murmeln und Fäusteballen in den Hosentaschen beschränken, sondern mich denjenigen zuwenden, die mehr getan haben als durch Zähneknirschen ihre Zahnarztrechnung zu erhöhen. Ich denke also an den geschriebenen oder sonst deutlich zum Ausdruck gebrachten Protest.

Leider kann man die Masse nur punktuell zum Denken veranlassen, und es ist eigentlich nur den großen Religionsgründern geglückt, diese einzelnen allmählich zu einer großen Masse zusammenwachsen zu lassen; mehr aus Angst als aus Zorn, nicht durch Denken, sondern durch Zittern. Überhaupt scheint es mir, daß die Wirkung des Denkens auf das politische und gesellschaftliche Geschehen fast immer mißbräuchlich vor sich geht, indem der menschliche Verstand viel eher durch Mißverständnisse beeinflußt werden kann als durch die Beweiskraft des Arguments. Jeder Beruf kommt sich wichtiger vor als er ist, und ich habe den Verdacht, daß der Einfluß der großen Philosophen, Geschichts- und Staatswissenschafter auf das Dasein der Menschen stark überschätzt ist. Sie wirken erst als späte Exponate im Museum der blassen Erinnerungen. Von der Rolle im Leben, die die Musik, die Künste und auch (aber seltener) die Literatur gespielt haben, will ich das nicht behaupten: sie haben eine große, jedoch nicht leicht beschreibbare Wirkung. Die Naturwissenschaften andererseits haben sich in unser tägliches Leben gebohrt, denn sie sind der bewaffnete Arm der Technik und der Medizin geworden. Sie sind auch die einzige Weltmacht, gegen die zu protestieren nur derjenige wagen kann, dem es nichts ausmacht, dumm oder naiv gescholten zu werden.

Ich habe soeben die Künste erwähnt. Die wahrhaftig superterrestrische Kunst der Musik, eines der wenigen Rätsel im Menschenleben, die zu zerfasern der Wissenschaft noch nicht gelungen ist, dieser einzige Umweg um das Elend der Welt, war bis auf unsere Zeit keine Kunst des Widerspruchs. Sie mag zur Begleitung kämpferischer Literatur gedient haben, aber erst jetzt hat sie sich in ihrer Zerbrochenheit den andern Künsten als Ausdruck des Protests oder der Verzweiflung zugesellt. Was die bildenden Künste betrifft, braucht man nur an solche Namen zu denken wie Bosch, Brueghel, Hogarth, Rowlandson, Gillray, Goya, Daumier, Toulouse-Lautrec oder an den Picasso von *Guernica* und an George Grosz. Dazu kommt, vielleicht am eindringlichsten, die junge Kunst der Photographie, deren Produkte wir unmittelbar als herzzerreißende Zitate der Wirklichkeit empfinden. So wie Karl Kraus in manchen seiner Glossen mit einem bloßen Zitat ohne hinzugefügten Text auskam, gibt es Aufnahmen, die ohne Erklärung wirksamer sind als irgendwelche dazugeschriebenen Worte. Wäre der Film durch seinen enormen Geldbedarf nicht von vornherein suspekt, müßte auch er hier erwähnt werden.

Als Vehikel des Widerspruchs waren die Erzeugnisse der Literatur, also die Kunstwerke der Sprache, wahrscheinlich am wirksamsten, obwohl auch sie in ihrer Sprachgebundenheit häufig zu Ausstellungsobjekten im früher genannten Museum geworden sind; hier sollte es eher Museum der elenden Übersetzungen heißen. Da ich schon mit meinem Titel sozusagen ins Haus gefallen bin, brauche ich nicht zu betonen, daß hier nur eine kurze Betrachtung einiger mir bedeutend erscheinender Schriftsteller versucht werden soll; Dichter und Prosaschreiber, die aus dem meistens trübseligen Katalog der polemischen Literatur herausragen.

II

Schriftsteller des Widerspruchs haben eines gemeinsam: sie sind meistens höchst unpopulär. Selbst die Nachwelt rächt sich an den Unruhestiftern. Sie gibt Gesamtausgaben ihrer Schriften heraus, die am Lesartenapparat ersticken, und verunziert gleichzeitig die Lebensgeschichten mit einer Unzahl von erfundenen Anekdoten. Ovid gehört nicht in die Liste polemischer Genies, aber in seinem Schicksal war er der Mandelstam der augusteischen Zeit. Was er auch verbrochen haben mag, die Verbannung in ein Protorumänien, damals wahrscheinlich weniger verwanzt, war noch immer milder als das Gulag mit Genickschuß. Satiren hat Ovid keine geschrieben, und falls es, wie im Falle des russischen Dichters, ein bissiges Epigramm war, das sein Leben zerstörte, so ist nichts davon auf uns gekommen. Immerhin konnte er noch *Tristia ex Ponto*, traurige Nachrichten vom Schwarzen Meer, in die Heimat senden.

Zwei große lateinische Dichter, Horaz und Juvenal, schrieben hingegen Satiren, und das war vielleicht die erste Dichtungsform*, in der der Widerspruch sich ausdrücken konnte. Die Satiren des Horaz sind, soweit ich sie kenne, nicht besonders wild, aber so reich an Worten, denen später Flügel wuchsen, daß die Menschen in den vielen Jahrhunderten, als der große Dichter noch wirklich gelesen wurde, den Eindruck haben mußten, einem lateinischen Büchmann gegenüberzustehen. Das Leben dieser Leser war durch den lebendigen Kontakt mit der Antike bereichert in einer Weise, die wir jetzt gar nicht mehr begreifen können.

Ich glaube nicht, daß es jetzt noch viele Menschen gibt, die überhaupt so lesen können, wie es bis vor etwa 150 Jahren mög-

---

* Man darf natürlich nicht vergessen, daß die Texte der großen hebräischen Propheten ebenfalls Protestdichtungen von höchstem Rang sind. Auch die zahlreichen bissigen Stellen in den Komödien des Aristophanes gehören zur bedeutenden Dichtung des Widerspruchs.

lich und sogar üblich war. Damals war der Geist geradezu getränkt mit dem Vermächtnis einer umfassenden Weltliteratur. Wenn man ein Namensregister zu den Schriften oder Briefen eines Lessing oder Hamann ansieht, wird man gewahr, wie die Erbschaft von Jahrtausenden in ihnen atmete und Frucht trug. Dasselbe gilt noch von den Notizen eines Friedrich Schlegel, Novalis oder Leopardi, aber nicht viel später war es damit zu Ende.

III

Dort wo ich lebe, in Amerika, verwendet der Mensch fast die Hälfte der wachen Zeit auf die Verrichtung seiner geistigen Notdurft, das heißt, er sitzt täglich etwas mehr als sieben Stunden vor dem Fernsehgerät. Die Statistik, die alles weiß, vermittelt mir diese Schätzung und auch, daß ein Kind bis zum Erwachsensein auf jenem Schirm, der wahrhaftig kein Schutz ist, etwa 22 000 Morden beigewohnt hat, andere strenger geahndete Vergehen, wie etwa Scheckfälschung, nicht mitgerechnet. Diese wäre auch durch visuelle Erziehung schwerer erlernbar als ein schlichter Totschlag.

Abgesehen davon, daß viele Menschen im Begriffe sind, Lesen und Schreiben zu verlernen und der täglichen Verringerung ihres Vokabulars beizuwohnen, wie kann man heutzutage erwarten, daß einer, wenn er nicht dafür bezahlt wird, sich mit Catull oder Seneca, mit Dante oder Tasso, mit Gryphius oder Eichendorff erquickt? »What have they done for me lately?«, wie man hierzulande zu fragen pflegt.

Als Goethe seinen Taschen-Homer im Spazierengehen lesen konnte und Karl Marx alljährlich die griechischen Tragiker, waren das eben noch andere Zeiten. Etwa um die Mitte des vorigen Jahrhunderts war es zu Ende mit dem Begriff eines gebildeten Europa. Wenn man mir sagt, daß die Leute es eben vorzogen, ihre freie Zeit mit der Lektüre des *Origin of Species* oder der *Welträtsel* zu verbringen anstatt mit dem Studium der

Natura rerum des Lukrez, so kann ich nur antworten, daß vieles, was den Verstand anzieht und ihm brauchbar erscheint, unnütz oder gar schädlich ist für den Geist. Die Barbarisierung, die Vulgarisierung unserer Welt ist sicherlich noch nicht auf ihrem höchsten Stand, aber schon jetzt werden manche empfinden, daß unser Leben ein gewaltiges Contaminatorium geworden ist, gegen das kein jenseitiges Purgatorium aufkommen kann. Manchmal graust es selbst dem Teufel.

Die großartigen Werke des Juvenal – neben denen von Alexander Pope vielleicht die einzigen wahren Satiren von höchstem Rang – wachsen so sehr aus dem Geist der herrlichen lateinischen Sprache, daß ich ihre Übersetzbarkeit bezweifle (1). Die *saeva indignatio*, der wilde Zorn, den Jonathan Swift als seine eigene Grabschrift heraufbeschwor, lebt in Juvenals Worten als ein blutrotes Juwel, das vom Talmi der Übertragungen nur entwertet und besudelt wird. Am ehesten kann eine einfache Prosaversion einen Eindruck vom Inhalt vermitteln, unter Hintansetzung jeglicher dichterischen Form (2). Diese Werke sind das unerreichte Vorbild gewesen für viele bedeutenden Dichter späterer Zeiten. Der geheimnisvolle Zufall des Überlebens hat noch einen weitern Satiriker der römischen Literatur erhalten, Persius; aber ich denke nicht, daß er auch nur entfernt an Juvenal herankommt. Eher könnte man das von den immer auf einen Punkt konzentrierten, abschreckenden Sittenschilderungen sagen, die in den Epigrammen des Martial enthalten sind.

Meine Vorstellung von gültigen Vertretern der Literatur des Protests erfordert das Vorhandensein des Zorns, eines heiligen Zorns, der die Schriften der großen hebräischen Propheten erfüllt. Davon ist in den meisten Satiren wenig zu finden. Obwohl es sich oft um Dichter von hohem Rang handelt, folgen die meisten in den Spuren des Horaz, nicht des Juvenal. Mathurin Régnier und Boileau, John Donne und John Dryden: sie alle haben Satiren verfaßt, oder was sie als solche bezeichneten, aber für meinen Geschmack sind nur Drydens Produkte wirkliche Satiren, voll von politischem Zorn. Man muß aber die

Geschichte Englands in der zweiten Hälfte des 17. Jahrhunderts und das Regime der letzten Stuartkönige gut kennen, um jene zu verstehen. Hinter den von Dryden gewählten biblischen Namen verbergen sich den Zeitgenossen gut bekannte Persönlichkeiten. Dennoch war Dryden ein großer Dichter, und auch ohne Lokalkenntnis sprechen die grimmigen Verse zu uns.

IV

Wenn man sich, wie ich es bis jetzt getan habe, auf die Art von Satire beschränkt, die sich als Dichtung deklariert, so ist wenig Zweifel, daß Alexander Pope, dieser kleine, immer kranke Mann, weitaus der größte Dichter war. Sein Leben, das von 1688 bis 1744 währte, war ein unaufhörliches Martyrium körperlicher Hinfälligkeit. Seine eigene Aussage darüber ist berühmt gewesen. In einer seiner großartigsten Satiren *Epistle to Dr. Arbuthnot* finden sich einige autobiographische Verse, die mit den folgenden Zeilen (129–132) enden:

> I left no Calling for this idle trade,
> No Duty broke, no Father disobey'd.
> The Muse but serv'd to ease some Friend, not Wife,
> To help me thro' this long Disease, my Life. (3)

Ebenso in seinem Brief an Aaron Hill vom 14. März 1731: »... for my whole Life has been but one long Disease ...« (4). Was ihm außerhalb Englands großen Ruhm eintrug war das komische Epos *The Rape of the Lock*, ein entzückendes Meisterwerk wortgewaltiger Rokokoliteratur (5). So mag er vielen als der Watteau oder vielleicht der Fragonard der Dichtkunst erschienen sein. Seine Landsleute wußten jedoch, daß noch viel mehr an ihm war: er war seit Juvenal der erste wirklich hervorragende Satiriker der europäischen Literatur. Nur muß da eine bedauerliche Einschränkung gemacht werden: große Satiren scheinen sehr rasch zu veralten. Ich denke, das kommt von unserer Beschränktheit. Man zeige uns die herrlichste Perle, und wir wollen, daß man uns alles erzählt über das Sandkorn, das sie verursacht hat. Zum Teufel mit der Fliege, die der Bernstein eingeschlossen hat! Was wir beachten sollten ist doch die wunderschöne Farbe des uralten Harzes. Das gilt auch für die Literatur des Widerspruchs. Der Mist ist längst verbrannt, der es ernährte, aber das Feuer lodert.

Popes bedeutendste Satiren heißen *The Dunciad*, ein langes Gedicht in drei Büchern und in einer späteren Bearbeitung in vier (6); die bereits erwähnte *Epistle to Dr. Arbuthnot*; und die unter dem Gesamttitel *Imitations of Horace* präsentierten Gedichte, die einen ganzen Band der zitierten Werkausgabe ergeben (3). Der *Essay on Man* zeigt hingegen Pope von der anderen, belehrenden Seite, er ist ein populär-philosophisches Lehrgedicht, das Lessing, einen großen Bewunderer des englischen Dichters, zu seiner mit Moses Mendelssohn verfaßten Schrift *Pope ein Metaphysiker!* anregte. Das zivilisierteste Jahrhundert der europäischen Geschichte, das achtzehnte, brachte noch alle Dichter und Philosophen eng zusammen – selbst die Naturforscher fehlten nicht –, und lange bevor das Geschwätz begann, gab es wirklich ein einziges Europa des Geistes. Ein Galiani, ein Beccaria, ein Voltaire, ein Kant waren in ihrer Welt zu Hause, wie es jetzt niemand sein kann. Nur Rousseau war, sehr hörbar, in seiner unglücklichen Haut steckengeblieben.

Was Pope als Satiriker besonders auszeichnete war die Schärfe, mit der er den einzelnen traf. Der Mut des Angriffs kennzeichnet den echten Satiriker, oder, ich sollte besser sagen, einen der beiden hauptsächlichen Typen des Satirikers. Ich denke nämlich, daß es zwei legitime Formen des polemischen Schreibens gibt; Formen, die durch die folgenden Zitate aus zwei Briefen gut charakterisiert sind. Erstens, der viel zuwenig bekannte Joseph de Maistre schreibt in einem Brief: »On n'a rien fait contre les opinions tant qu'on n'a pas attaqué les personnes.« (7) Zweitens, Jonathan Swift in einem Brief an Pope vom 29. September 1725: »I have ever hated all Nations professions and Communities and all my love is towards individualls. . . . I detest that animal called man, although I hartily love John, Peter, Thomas and so forth . . .« (8) *

Pope gehörte jedenfalls zur ersten Gruppe. Er griff den einzelnen in erkennbarer und höchst wirksamer Form an, obwohl er fast niemals Namen nannte. Das brauchte er auch nicht zu tun, denn jeder Leser erkannte die Zielscheibe, ob es sich um die elenden Skribenten der Grub-Street handelte oder um Mitglieder der höchsten Gesellschaft wie Lady Mary Wortley Montagu oder den Vice-Chamberlain Lord Hervey. Daß dieser unter dem Decknamen Sporus auftrat scheint allgemein bekannt gewesen zu sein; die in der »Epistel an Dr. Arbuthnot« mit der Zeile 305 anfangenden, Hervey gewidmeten Verse gehören gewiß zu den vehementesten Beispielen der satirischen Literatur. Sie waren, wie zu erwarten war, völlig wirkungslos: ein wunderschönes, schnell verpufftes Feuerwerk und zugleich eine unvergängliche Flamme in der Erinnerung aller Menschen, die sich für große Dichtung begeistern.

V

An diesem Punkt angekommen höre ich eine Reihe von Einwänden. Z. B. daß Widerspruch, Protest sich auf viele Arten äußern können, nicht nur in Form satirischer Dichtung, deren höchste Leistung in dem, was ich hier bis jetzt geschrieben habe, auf zwei Namen reduziert wurde. Oder die Frage: Ist Satire nur das, was sich so nennt? Oder eine andere Frage: Ist Satire - laut Duden »eine ironisch-witzige literarische oder künstleri-

---

* Es ist vielleicht nicht ohne Interesse zu bemerken, daß diese Stelle aus Swifts Brief dazu gedient hat, den Unterschied zwischen dem Satiriker Swift und dem Kritiker Lessing zu betonen. In einer nach Lessings Tod verfaßten Schrift führt C. F. Nicolai diese Sätze an und fügt hinzu: ». . . dies war ganz und gar nicht Lessings Denkungsart. Er haßte weder *den* Menschen noch *die* Menschen.« (9) Lessing hatte eben nicht das Temperament des Satirikers.

sche Darstellung menschlicher Schwächen und Laster« – die einzige Form, in der ein Protest sich ausdrücken kann? Die Antwort auf beide Fragen ist natürlich Nein, und der Begriff der Dichtung des Widerspruchs ist gewiß nicht auf Juvenal und Pope beschränkt, obwohl diese beiden wahrscheinlich die bedeutendsten satirischen Dichtungen verfaßt haben. Diese Liste wird sich jedoch sofort erweitern, wenn wir die Dichtung des Widerspruchs oder Tadels in einem weiteren Sinn betrachten.

Der Name von Popes großem Freund Jonathan Swift wurde bereits genannt, indem er sich selbst in seiner Haltung zur Menschheit und zu ihren einzelnen Vertretern charakterisierte. Obwohl es drei Bände von höchst unlyrischen, aber oft ätzend satirischen Gedichten von ihm gibt, viele darunter sehr bemerkenswert (10), beruht sein Ruhm gewiß auf seinen Prosawerken (11). Eines davon hätte ich bis vor kurzem ganz ohne Zögern unsterblich genannt: *Travels into Several Remote Nations of the World* (12). So heißt das 1726 erschienene Buch, das unter dem Namen *Gullivers Reisen* weltbekannt geworden ist. Aber in unsrer Zeit, wahrscheinlich der bestialischsten der Geschichte, hat sich vieles umgekehrt. Für meine Generation und wahrscheinlich noch ein bißchen darüber hinaus waren Gullivers Reisen – natürlich nur die ersten zwei Teile – eine der erfreulichsten Staffeln jener tragischen Leiter, auf der das Kind in das Erwachsensein klimmt. Was für ein Entzücken, als Zwerg in der Zwergenwelt, als Riese in der Riesenwelt zu leben, und den teils ungeschlachten, teils verächtlich winzigen Kapitän auszulachen! Damals hätte es mich erstaunt, von mir, wie es jetzt geschieht, zu hören, daß die mir seinerzeit unbekannten dritten und vierten Teile der Erzählung noch größere Leistungen sind. Diese, mit der Insel Laputa, den weisen Houyhnhnms, den grauslichen Yahoos usw., lernte ich erst kennen, als ich, 1928 in Amerika angelangt, einen vollständigen Gulliver zu Gesicht bekam.

Erst allmählich eröffnet sich dem Leser die sehr große Perspektive der Werke Swifts. Er mahnt und tadelt, er verhöhnt und nimmt ernst, aber nie ist sein Spott beißender, als wenn er aus den überzeugend klingenden Brusttönen des Gegners abgeleitet werden muß. So sind seine unzähligen kurzen Pamphlete wohl am wirksamsten gewesen, z. B. das *Argument against the Abolishing of Christianity* (13) und die unglaubliche Streitschrift, vielleicht die größte der Weltliteratur, die 1729 erschien unter dem Titel *A Modest Proposal for preventing the Children of Poor People from being a Burthen to their Parents, or the Country, and for making them Beneficial to the Publick* (14). Der »bescheidene Vorschlag« wird von einem menschenfreundlichen und marktwirtschaftlich denkenden Beobachter der Lage Irlands gemacht. Der Ton ist ruhig, nie wird die Stimme erhöht, die Worte fließen bedacht und unpersönlich wie in den alljährlichen State-of-the-Union-Reden der amerikanischen Präsidenten, von denen niemandem heiß unter dem Kragen werden kann. Der kurze Text beginnt:

> It is a melancholly Object to those, who walk through this great Town, or travel in the country, when they see the *Streets*, the *Roads*, and the *Cabin-doors* crowded with *Beggars* of the Female Sex, followed by three, four, or six children, *all in Rags*, and importuning every Passenger for an alms. . . .

Was liegt also näher als die Möglichkeit, der Überbevölkerung und dem Anstieg des Elends abzuhelfen, indem die Mehrzahl der Kinder nach Erreichung des ersten Jahres als Speise verwendet wird?

> I have been assured by a very knowing *American* of my Acquaintance in *London*; that a young healthy Child, well nursed, is, at a Year old, a most delicious, nourishing and wholesome Food, whether *Stewed*, *Roasted*, *Baked*, or *Boiled*; and, I make no doubt, that it will equally serve in a *Fricasie*, or *Ragoust*.

Sparsame Hausfrauen der bessern Klasse werden belehrt.

> . . . a child will make two Dishes at an Entertainment for Friends; and when the Family dines alone, the fore or hind

> Quarter will make a reasonable Dish; and seasoned with a little Pepper or Salt, will be very good Boiled on the fourth Day, especially in Winter. . . .

Selbst der eingefleischteste Herold der freien Marktwirtschaft könnte kaum protestieren; und auch in Brüssel werden die sogenannten Köpfe zustimmend nicken. Vielleicht aber nicht über das folgende:

> I grant this Food will be somewhat dear, and therefore very *proper for Landlords;* who as they have already devoured most of the Parents, seem to have the best Title to the Children. . . .

Die ausgezeichneten Ausgaben der Werke Swifts, die ich in den Anmerkungen erwähne, enthalten eine große Anzahl hervorragender Texte, aber nichts, denke ich, was *Gulliver's Travels* und *The Modest Proposal* übertrifft. Dieser seltsame Geistliche, Dekan von St. Patrick's in Dublin, blickte auf eine armselige, unerlöste und unerlösbare Menschheit. Wofür kämpfte er also? Woher kam der Funke, der in seinem Herzen immer wieder die verheerende Flamme erweckte? Das ist eine Frage, die ich mit ebensoviel Recht und ebensowenig Erfolg hier bald mit Bezug auf Karl Kraus stellen werde.

VI

Jetzt ändert sich die Szene und geht hinüber nach Frankreich, das so manchen großen Schriftsteller des Widerspruchs hervorgebracht hat. Ganz am Anfang der frühen Neuzeit steht Rabelais, dessen dummer König Picrochole mit seinen kriegswütigen Generälen (*Gargantua,* Kap. 33) sogar noch auf den Seiten der »Fackel« erscheinen wird (15). Die langweilig kategorisierende Literaturgeschichte führt aber Gargantua und Pantagruel als humoristische Romanfiguren an und Rabelais selbst als lächelnden Philosophen. Wie auch andere, viel weniger bedeutende Erscheinungen, wie z. B. James Joyce, kann man Rabelais nur im Original lesen. Liest man solche Autoren in Übersetzung, so muß man ohnedies immer wieder zum Original greifen um zu verstehen, was der Übersetzer da gehudelt hat.

Wenn man sich nach französischen Satirikern erkundigt, werden einem die bereits früher erwähnten Régnier und Boileau angeboten, und vielleicht das eine oder andere Gedicht von Voltaire*. Ich denke jedoch, daß die wahrhaft großen französischen Dichter viel zuwenig menschenfreundlich waren, um sich mit formellen Satiren abzugeben. Satiren mögen die erste Dichtungsart gewesen sein, in der sich Protest äußerte, aber meine Vorstellung von der Literatur des Widerspruchs geht darüber hinaus.

Wo soll man zum Beispiel Pascals *Lettres provinciales* einreihen, diese bissige Streitschrift gegen die Jesuiten, die von deren Freunden *Lettres menteuses* genannt wurden? Schließlich und endlich hat Port-Royal diesen Krieg verloren, und so mag dieses polemische Werk des tiefen Denkers und Forschers als Beispiel für die Vergeblichkeit des Widerspruchs angesehen werden. Oder die Kritik der Gesellschaft, die aus den Schriften der Moralisten, wie z. B. La Rochefoucauld, La Bruyère, Chamfort, Rivarol, herausgelesen werden kann? In dem großen Memoirenwerk des Herzogs de Saint-Simon stehen Abscheu und Protest *sub rosa* auf jeder Seite. Die französische Sprache ist besonders geeignet für Kritik und Disjunktion: die wunderbare Syntax bietet einen Halt, der in vielen anderen Sprachen fehlt. Der Franzose schwingt sich elegant über Mauern, für die ein Anderssprachiger oft eine ungefüge Leiter herbeischleppen muß**.

---

* Ich habe vor kurzem im Schweiße meiner Ehrlichkeit einige von Régniers Satiren wieder gelesen. Es sind gute Gedichte von mittlerem Rang, durch ihre Patina historisch interessant, aber selbst die berühmte Dreizehnte Satire läßt sich mit den Hurengesprächen des Aretino nicht vergleichen.
** Das wird sich bald ändern. Wenn ganz Europa eine (glückliche?) Gemeinschaft geworden ist, werden alle Bewohner ein High-tech-pidgin sprechen. Nicht aus kurzen Leuchtstäbchen zusammensetzbare Lettern und Ziffern können viele schon jetzt nicht lesen.

Ganz gegen meine eigene Erwartung kann ich Voltaire nicht zu den überlebenden Schriftstellern des Widerspruchs zählen. Mit Ausnahme seiner Romane und Erzählungen, insbesondere des *Candide,* ist er jetzt in seinen Briefen und in seiner Biographie lebendiger als in seinen sehr viele Bände beanspruchenden Schriften. Hätte er nicht eine so ungeheuer breite schriftstellerische Tätigkeit ausgeübt, so wäre, denke ich, mehr von ihm übriggeblieben.

Der schmale Band, der die sämtlichen Werke von Paul-Louis Courier enthält (16), mag als Bestätigung des soeben geäußerten Paradoxes gelten. Er verfaßte nichts als Pamphlete, kurze Broschüren oder Briefe an Zeitungen, Beschwerden über Fragen des täglichen Lebens, wie sie eben einem kleinen Grundbesitzer in der Touraine auffallen mögen. Es waren anscheinend winzige Proteste: dagegen, daß man es den Bauern schwer machte, an den Feiertagen zu tanzen; gegen eine nationale Kollekte, um das Schloß Chambord dem Thronerben zu schenken; gegen seine Verurteilung zu zwei Monaten Arrest wegen Beleidigung des königlichen Hofs, usw. Courier war eben was man in Österreich einen Streithansl nennt. Die kleinen Schriften leben jedoch durch ihren hervorragenden Stil. (Paul Léautaud, ein guter Kenner in solchen Fragen, schätzte Courier sehr hoch.) Ein sehr guter Gräzist, war Courier auch ein Bewunderer der französischen Prosa des 16. Jahrhunderts, als die Wörter noch taufrisch waren. Beides zeigt sich in seiner unnachahmlichen Prosa.

Auch am ultrakatholischen Grafen Joseph de Maistre (1753–1821) wird der Leser zuerst den großartigen Stil bewundern, in dem seine Schriften abgefaßt sind. Die finstere Glut seines Protests gegen die Französische Revolution und was auf sie folgte, läßt einen Burke oder Rivarol weit hinter sich. Dieser Botschafter des Königs von Sardinien am russischen Hof lebte viele Jahre in Rußland, und sein nicht vollendetes Buch *Soirées de Saint-Pétersbourg* ist ein erschütterndes Dokument des Hasses und des Glaubens, in dem das Alte Testament eine viel größere Rolle spielt als das Neue. Ich zitiere ein paar Sätze aus

Was kommt bei Chargaff langsam deutlicher zum Vorschein? Herrischer Aristokratismus? Klage über die verlorene Universalbildu[ng]

dem Buch, die zeigen werden, wie geräumig die von Feuer und Schwefel erfüllte Szene sein kann, und wie zeitgemäß.

> Ach! Wie teuer sind die Naturwissenschaften dem Menschen zu stehen gekommen! (Anm. 17, 5. Gespräch, S. 149)

> Früher gab es sehr wenige Gelehrte, ... heute sieht man nur Gelehrte; die sind ein Beruf, die sind ein Haufen, die sind ein Volk.... Überall haben sie einen grenzenlosen Einfluß usurpiert; und trotzdem, wenn es etwas auf der Welt gibt, das gewiß ist, so ist es nach meiner Meinung die Gewißheit, daß es nicht die Wissenschaft ist, der es zukommt, die Menschen anzuführen....
> Warum hat man die Unklugheit begangen, allen Leuten das Wort zu gewähren? Das hat uns ruiniert. (Anm. 17, 8. Gespräch, S. 266)

> Tatsächlich wird jeder individuelle oder nationale Verfall sofort durch einen völlig proportionalen Verfall der Sprache angekündigt. (Anm. 17, 2. Gespräch, S. 54)

Und um die Brüssler Spitzen der Europäischen Gemeinschaft zu erfreuen (aber die hat er wahrhaftig nicht gemeint):

> Alles zeigt an, daß wir zu einer großen Einheit marschieren, die wir aus der Ferne begrüßen müssen.
> (Anm. 17, 2. Gespräch, S. 89)

Kein Zweifel, ein wüster Reaktionär; aber im Gegensatz zu den viel wüstern, die unsere Zeit heraufgeblasen hat, ein sehr gescheiter. Das zeigt sich zum Beispiel in den schönen und tief gedachten Seiten, die er den Juden und ihrem Glauben gewidmet hat (Anm. 17, 9. Gespräch, S. 281 ff.). Es ist bemerkenswert, daß die ausgezeichnete Sammlung der Pléiade, in der die bedeutenden Schriftsteller Frankreichs versammelt sind, noch keinen Platz für de Maistre gefunden hat. Ich habe einmal gesagt, daß es Bücher gibt, die in der Tasche brennen; de Maistre's Schriften sind gewiß von dieser Art.

Vorsicht mit dem Urteilen.

VII

Der nächste, den ich erwähnen will, Karl Marx, steht bereits in der Pléiade-Bibliothek, wie auch viele andern Nichtfranzosen. Obwohl sein angeblich endgültiges Ableben jetzt allerorten gefeiert wird, kann ich nicht umhin darauf hinzuweisen, daß das *Kommunistische Manifest* (18) noch immer eines der größten Dokumente des Widerspruchs ist, ein glänzend geschriebenes Werk historischen Protestes. Es wird die jetzt grassierenden saudummen Nekrologe auf Ideologie, Marxismus, Weltgeschichte und was noch alles sicherlich überleben. Auch andere seiner frühen Schriften, wie *Die Heilige Familie, Die deutsche Ideologie* (18) enthalten ausgezeichnete Beispiele von Ironie, Satire, Polemik. Eines der besten und einflußreichsten seiner kleinen Bücher war *Der Achtzehnte Brumaire des Louis Bonaparte* (19). Da jetzt an vielen Orten – so zwischen Grusinien und Haiti, zwischen Zaire und Burma – Gipsrepliken des dritten Napoleon aus dem blutigen Boden sprießen, ist das Buch besonders lesenswert.

Zwei so besonders andersartige Philosophen im gleichen Atem zu nennen mag seltsam sein, aber *En literair Anmeldelse* (20) und *Øieblikket* (21) von Kierkegaard dürfen nicht vergessen sein, ebensowenig wie der großartige Widerspruch, der aus vielen Seiten von Schopenhauers *Parerga und Paralipomena* (22) und aus seinen nachgelassenen Schriften (23) spricht.

Da ich weniger auf den Gegenstand der Polemik schaue als auf die Intensität, mit der sie ausgeführt wird, verkürzt sich meine Liste in dem Maße, wie wir uns unserm todkranken Jahrhundert nähern. Je größer das Geschwätz, um so geringer die Gültigkeit der Leistung. Der außerhalb Frankreichs viel zu wenig bekannte Léon Bloy ist eine der wenigen Ausnahmen. Wer Geschmack hat an großer Polemik sollte die Schriften dieses glühend katholischen Außenseiters kennenlernen, z. B. die *Exégèse des lieux communs* (24) und das Tagebuch (25). Während Bloy das Benehmen des einzelnen mit dessen angeblichem Glauben konfrontierte, befaßte sich der sehr bedeutende katholische Romanschriftsteller Georges Bernanos in seinen polemischen Schriften mit dem Betragen der Völker und ihren Exzessen. Daß der profunde Christ Bernanos sich in seinem schönen Buch über den spanischen Bürgerkrieg *Les grands cimetières sous la lune* gegen Franco und die *ecclesia trucidans* wendet ist ein Anzeichen der fürchterlichen Gewissensverschlingung unserer Zeit. Im Zweiten Weltkrieg war Bernanos ganz auf de Gaulles Seite und schrieb eine Reihe wirksamer Pamphlete. Haßerfüllte Pamphlete, jedoch ganz anderer Art, schrieb auch der große, gegen Ende seines Lebens vielleicht übergeschnappte Romanverfasser Céline. Seine dichterischen Werke *Voyage au bout de la nuit* und *Mort à crédit* werden sicherlich seine *Bagatelles pour un massacre* überleben.

VIII

Mit der großen Ausnahme des Martin Luther scheint das deutsche Volk niemals eine Schwäche für Stärke besessen zu haben, für Widerstand, Widerspruch, Polemik. Das Gesetz wurde nur auf strikt legale Art gebrochen. In den arbeitsfreien Stunden sangen die Vögel im Hain. So ist es kein Wunder, daß die größten Leistungen der Deutschen auf dem Gebiet der schwerelosesten Kunst vor sich gingen, in der Musik, und wenn man will, in der Lyrik.

Wo sind also die Juvenal, die Swift, die Pope, wo Pascal, Voltaire, Diderot, de Maistre, wo auch nur ein Junius oder ein William Cobbett, wo ein Bloy, ein Péguy oder ein Bernanos? Von einem »deutschen Juvenal« zu sprechen wäre ebenso unpassend wie von einem »finnischen Proust«. Jemand mag dann solche Namen anführen wie Rabener oder Zachariae, aber man kommt damit nicht weit, auch wenn man noch Liscow dazutut. Deutsche Satiren beißen keinen Floh. Den deutschen Schriftstellern geraten Satiren immer zu Idyllen. Dennoch habe ich eine Antwort auf meine soeben gestellte Frage, die einige große Namen der Protestliteratur erwähnte. Sie ist: Karl Kraus. Aber ein Deutscher war der auch nicht, wenn er auch Deutsch schrieb, und was für eins!

»Es ist eine sichere Regel, daß Witz und Leidenschaft unvereinbar sind.« So David Hume in einem seiner Essays (26). Da hatte aber der große Skeptiker unrecht. In Kraus sind diese beiden Eigenschaften, die auch mir nicht unverträglich vorkommen, in ungewöhnlicher Stärke miteinander verbunden. Leidenschaft währt lang, Witz ist ein gebrechliches Produkt. Da Kraus, im Gegensatz, sagen wir, zu Swift, ein Satiriker war, der die Person zur Rechenschaft zog und nicht nur die Gattung, müßte man eigentlich mehr über die Person wissen als es heute, nach 60 oder 80 Jahren möglich ist. Dennoch glaube ich nicht, daß ein Kommentar viel zum Verständnis und zur Würdigung dieser einzigartigen Erscheinung beitragen kann. Kraus schrieb eine Prosa von ungewöhnlicher Durchschlagskraft, jedes der kleinen roten Hefte war eine Taschenbombe. Wenn man zum Beispiel das Fackelheft Nr. 577–582 vom November 1921 durchsieht, findet man, beginnend auf S. 96, den kurzen Aufsatz »Reklamefahrten zur Hölle«, der mit den folgenden Sätzen beginnt:

> In meiner Hand ist ein Dokument, das, alle Schande dieses Zeitalters überflügelnd und besiegelnd, allein hinreichen würde, dem Valutenbrei, der sich Menschheit nennt, einen Ehrenplatz auf einem kosmischen Schindanger anzuweisen.

Es handelt sich um eine Ankündigung der Basler Nachrichten, in der für Rundfahrten im Auto zu den französischen Schlachtfeldern geworben wird (mit bequemem Aufenthalt und voller, reichlicher Verpflegung)*. Würde ich aufgefordert, einen in

---

* Es gibt eine Schallplatte, auf der Kraus als Vorleser auch dieses Aufsatzes zu vernehmen ist. Da ich ihn diesen Text mehrmals vorlesen gehört habe, kann ich versichern, daß, was die Mechanik uns vorspielt, nur ein schwacher Abklatsch der vergangenen Wirklichkeit ist.

unserer Zeit geschriebenen Text zu nennen, der dem »Modest Proposal« von Swift gleichkommt, so wäre es dieser kurze Aufsatz über die Schlachtfelder Frankreichs. Daß aus dem »Valutenbrei, der sich Menschheit nennt« in weniger als fünfzig Jahren eine geradezu revolutionäre Konsummenschheit entstehen werde, konnte Kraus noch nicht ahnen. Die Freßgier als Sprengkraft ist das Zeichen unsrer Zeit geworden.

IX

Fast zweitausend Jahre zwischen Juvenal und Karl Kraus, aber dann hörte es auf. Nicht weil die Leute gelernt hatten, daß es ohnedies keinen Sinn hat aufzumucken, noch auch weil der Anlaß dazu verschwunden war, sondern weil die Kraft zum Widerspruch anscheinend ausgestorben ist. Daß Ermahnung und Protest wirkungslos sind, hätten schon die alttestamentarischen Propheten einander versichern können. Das hielt sie nicht davon ab zu donnern und zu weinen. Denn sie wußten, daß nichts dem einzelnen mehr ansteht als Zeugenschaft. Es war ihre heilige Pflicht, die Hand zu erheben. Hier standen sie und konnten nicht anders.

Wir aber können immer anders. In der Demokratie, wie wir sie jetzt betreiben, kann es keine Geschwister Scholl geben und keinen Stauffenberg, keinen Brutus, aber auch keinen Karl Kraus. Wir brauchen sie auch nicht, denn wir sind ja stimmberechtigt und dürfen alle paar Jahre auf das Knöpfchen drücken. Aber – wie der alte Ford gesagt hat: »Unsre Kundschaft kann Autos in allen Farben haben, solange sie schwarz sind« – obwohl ich schon mehr als 50 Jahre auf das Knöpfchen gedrückt habe, sind meine Autos, metaphorisch gesprochen, noch immer schwarz.

Was geschehen ist, ist der Herzens- und Gehirnschwund der Hörwilligen, die ja immer nur eine winzige Minorität gewesen sein müssen. Jede Art von Publikum hat sich verlaufen, das Publikum für Dichtung, Musik, Kunst nicht weniger als das für

Widerspruch. Don Quichotte war immer eine komische Figur gewesen und dennoch gleichzeitig eine tragische. Die Tragik, die echte Tragik des Aufbegehrens gibt es nicht mehr. Sie hat das Feld geräumt vor dem, was ich eine ökumenische Wurstigkeit genannt habe. Alle haben recht, wenn sie in der Majorität sind, und es obliegt dem einzelnen zu erschnüffeln, wo die jeweilige Majorität ist, der er sich anschließen soll. Es ist nun einmal so in der Welt, daß, wo alle recht haben, alle unrecht haben. Was uns verlorengegangen ist, ist die Absolutheit der Intensität. Man muß dankbar dafür sein, daß noch einige Menschen übriggeblieben sind, die aus ihrem Herzen heraus Nein und Ja sagen können. Viele sind es nicht, und fast niemand hört ihre Stimmen.

Anmerkungen

1 Juvenalis, Saturarum libri V (Hrsg. L. Friedlaender, Nachdruck, Amsterdam, 1962).
2 Juvenal, The Sixteen Satires (übers. Peter Green, Penguin Books, 1967).
3 Alexander Pope, Poems, Twickenham Edition, Band IV (Hrsg. J. Butt, London, 1939), S. 104 f.
4 Alexander Pope, Correspondence, Band III, S. 182 (Hrsg. G. Sherburn, Oxford, 1956).
5 Wie in Anm. 3, Band II (Hrsg. G. Tillotson, London, 1940) S. 125.
6 Wie in Anm. 3, Band VI (Hrsg. J. Sutherland, London, 1943).
7 »Man hat nichts gegen die Meinungen unternommen, solang man nicht die Personen angegriffen hat.« – Zitiert in *Port-Royal* von Sainte-Beuve, Band II, S. 232, Fußnote (Hrsg. M. Leroy, Pléiade, Paris, 1954).
8 Jonathan Swift, Correspondence, Band III, S. 103 (Hrsg. H. Williams, Oxford, 1963).
9 R. Daunicht, Lessing im Gespräch, S. 485 (München, 1971).
10 Jonathan Swift, The Poems, 3 Bde. (Hrsg. H. Williams, Oxford, 1937).
11 Jonathan Swift, The Prose Writings, 14 Bde. (Hrsg. H. Davis, Oxford, 1955–1968).
12 Wie in Anm. 11, Band XI.
13 Wie in Anm. 11, Band II, S. 26.
14 Wie in Anm. 11, Band XII, S. 109.
15 K. Kraus, Die Fackel, Nr. 457–461 (1917), S. 64.

16 Paul-Louis Courier, Œuvres complètes (Hrsg. M. Allem, Pléiade, Paris, 1951).
17 J. de Maistre, Soirées de Saint-Pétersbourg, (La Colombe, Paris, 1960).
18 K. Marx, Die Frühschriften (Hrsg. S. Landshut, Stuttgart, 1968).
19 K. Marx, Der Achtzehnte Brumaire des Louis Bonaparte (Wien, Berlin, 1927).
20 S. Kierkegaard, En literair Anmeldelse (Hrsg. J. L. Heiberg, Kopenhagen, 1945).
21 S. Kierkegaard, Vaerker in udvalg (Hrsg. F. J. Billeskov Jansen, Kopenhagen, 1950) Band 3, S. 183 ff. – Übersetzt als S. Kierkegaard, Attack upon »Christendom« (Hrsg. W. Lowrie, Princeton, 1944).
22 A. Schopenhauer, Sämtliche Werke (Hrsg. A. Hübscher, Leipzig, 1938), Bde. 5 und 6.
23 A. Schopenhauer, Der handschriftliche Nachlaß in 5 Bänden (Hrsg. A. Hübscher, Frankfurt/Main, 1966–1968).
24 Léon Bloy, Exégèse des lieux communs, 8. Band der Werkausgabe, Hrsg. J. Petit, Paris, 1968).
25 Léon Bloy, Journal, 4 Bde. (Paris, 1956–1963).
26 David Hume, Of Simplicity and Refinement in Writing. In: Essays (Oxford, 1963), S. 199.

Segen des Unerklärlichen

I

Als ich ein Bub war und noch ein bißchen Latein konnte, bin ich auf ein kleines Gedicht gestoßen, das mich viel nachdenken ließ. Der große Kaiser Hadrian hatte es angeblich auf seinem Sterbebett (138 n. Chr.) verfaßt, und die (nicht sehr verläßliche *Historia Augusta* hatte es für die Nachwelt aufbewahrt. Es war ein rührender Appell des Kaisers an seine Seele, die sich anschickte ihn zu verlassen:

> Animula vagula blandula,
> Hospes comesque corporis,
> Quae nunc abibis in loca
> Pallidula, rigida, nudula,
> Nec ut soles dabis iocos?

Eine beiläufige Prosaübersetzung könnte lauten: »Seelchen, du Kleines, Holdes, wie du davonläufst! / Du, des Körpers Gast und Gefährte, / gehst du jetzt fort in die blassen Regionen, die starren, die nackten, / wirst nicht mehr scherzen mit mir wie einstmals?«* Martin Opitz hat das kleine Gedicht übersetzt, die ersten zwei Zeilen (1) lauten wie folgt:

> Mein Seelichinn, mein Flattergeist,
> Des Leibes Gast und Spielgeselle...

---

* Die Adjektive blaß, starr, nackt können sich auch auf die Seele beziehen anstatt auf die Regionen. Das Deutsche hat die Fähigkeit verloren, Diminutive von Adjektiven zu bilden; eine Fähigkeit, die z. B. das Russische sich eindringlich erhalten hat, etwa mittels des Suffixes -enki oder -onki.

Wenn ich des Kaisers Zeilen jetzt lese, scheint es mir, daß sie in ihrem Stil gut in die französische Renaissance gepaßt hätten, z. B. in den Ronsardkreis.

Was für ein schönes Wort das ist, das deutsche Wort Seele, denke ich. Man sehnt sich in es hinein, hat es doch den gleichen langen Vokal wie, sagen wir, das Wort Sehnsucht. Alle Wörter sind schön, wenn man sie lange genug anschaut; natürlich nur diejenigen, die Zeit hatten, von vielen Jahrhunderten geputzt und geschliffen zu werden. Jedes herkömmliche Wort ist gehüllt in einen Mantel von Vorstellungen; zieht man ihm diesen aus, so wird es bloß zum Skelett für die Etymologen.

Dann aber kam der Teufel und flüsterte mit seiner bekannt heisern Stimme: »Was ist so besonders schön am Wort Seele? Wie wär's mit Makrele? Ich merk' keinen Unterschied.« Könnte man dem Teufel antworten, so hätte ich gesagt, daß das Wort Makrele nur nach Fisch riecht, während Seele schimmert wie das Tor des Gesetzes, das man nicht betreten darf. (Das war natürlich später, als ich Kafka bereits gelesen hatte.) Jedes Wort ist ein unerläßlicher Knoten in einem riesenhaften Gewebe, das uns das Menschsein möglich macht. Aus dem Gewebe gelöst ist der Knoten nichts als ein verhutzelter Faden, sinnlose Materie.

Jetzt kehre ich zurück zu jener Zeit, als der Fünfzehnjährige das lateinische Seelchen entdeckte. Ob er ein besonders entrücktes Gesicht machte, wenn er nachdachte, weiß ich nicht. Jedenfalls eilte er zu verschiedenen Nachschlagewerken. Wie gewöhnlich halfen sie nicht viel. Oder doch, denn er mußte sich sagen, daß das, was übrigblieb, nachdem er alle Erklärungen zu sich genommen hatte, eigentlich das einzige war, das ihn angezogen hatte. Es war das spezielle Aroma des Unerklärlichen, das dem Wort noch immer anhaftete.

II

Das Erklärbare zu erklären und das Unerklärliche zu trivialisieren wird jetzt als die wesentliche Aufgabe der Naturwissenschaften angesehen. Während früher die meisten Wissenschaften Beschreibungswissenschaften waren, sind sie jetzt Erklärungswissenschaften. Als ich selbst noch wissenschaftlich arbeitete, machte ich mich oft darüber lustig, daß so viele Veröffentlichungen nach ein und demselben Schnittmuster gemacht zu sein schienen. Sie trugen alle den Titel »Struktur und Funktion von XYZ«. In der Biologie oder Biochemie war XYZ z. B. ein Organell, oder es war eine chemische Verbindung, ein Enzym, ein Protein, eine Nukleinsäure, ein Polysaccharid usw. »Struktur« stand für die sozusagen altmodische Kunst der Beschreibung, Analyse, Synthese etc., »Funktion« aber, das war das Neue, die Erklärung. Nun sind induktive Schlüsse nur dann gestattet, wenn man über alle Prämissen verfügt, was in den meisten mit dem Präfix Bio versehenen Wissenschaften nur in sehr seltenen Fällen zutrifft. Ein Biologe, ein Biochemiker oder Biophysiker kann über das Leben viel weniger aussagen als über den Tod. Wir sind alle akademische Leichenbestatter, beziehen jedoch unsere Daseinsberechtigung von der seltsamen Strahlung des Worts Leben (2).

Ich halte es für einen überaus glücklichen Umstand, daß die Multidimensionalität des Lebendigen sich einfachen oder komplizierten wissenschaftlichen Erklärungen entzieht. Man kann sie nur staunend bewundern, wenn man sie nicht in einem Geschwafel von hinkenden Modellversuchen begraben will. Wenn die Wissenschaft zum Leben vordringt, verfällt sie zu einem Geschwätz. Ich bin davon überzeugt, daß nur die dümmsten Molekularbiologen oder Genetiker nicht gewahr sind, wie eindimensional, wie unglaublich primitiv ihre Experimente wirklich sind. Ihre Erfolge haben sie blind gemacht, nicht so sehr für das, was noch getan werden soll, als für das, was nicht getan werden kann. Wenn sie kritisch gesinnt wären – aber das sind nur sehr wenige –, müßten die Forscher einsehen, daß sie, was immer sie tun, das Leben nicht imitieren, sondern parodieren. Als ich jung war, hat man mich lachen gelehrt über das berühmte *Ignorabimus* des Du Bois-Reymond. Ist es denkbar, fragte man, daß der Mensch etwas nicht wissen kann, wenn man ihm genug Geld gibt? Meiner Meinung ist es durchaus denkbar, ja sogar wünschenswert. Induktives Studium der lebendigen Natur ist notwendigerweise reduktionistisch. Auch der primitivste lebende Organismus gibt uns Rätsel auf, die wir dankbar anerkennen sollten, anstatt vor Ungeduld zu schnauben.

III

Es wäre leicht, den Gipfel des Reduktionismus zu ersteigen, indem man sagt, das Leben sei nichts als die Fähigkeit zu sterben. Natürlich könnte man noch vieles andere über das Leben oder die Seele sagen, aber es lohnt sich nicht. Große Dichter haben das schon früher getan, und besser als unsere gegenwärtige Naturforschung, der man eher raten sollte, darüber den Mund zu halten. Dem Unerklärlichen kann man Hymnen widmen, aber kaum die Art von experimentellen Arbeiten, die »Struktur und Funktion« im Titel tragen. Die Philosophie hat nicht viel zu sagen gewußt, außer etwa, daß der lebende Mensch eine Maschine sei, was ich für Unsinn halte. Eher ist die Maschine ein galvanisierter Leichnam.

Ein großer Dichter allerdings zeigt darin, was er darüber schreibt, daß er Bacons und Galileis Zeitgenosse war. John Donne, wahrscheinlich der größte metaphysische Dichter der Weltliteratur, schrieb in seiner Jugend ein kleines Buch, worin er, ganz im Sinne des frühen Barocks, eine Reihe von Paradoxen und Problemen besprach. Zwei Jahre nach seinem Tod wurde das Büchlein im Jahre 1633 veröffentlicht (3). Das elfte Paradox trägt den Titel *That the gifts of the Body are better than those of the Minde*, und darin heißt es:

> I say againe, that the *body* makes the *mind* . . . and this *mind* may be confounded with *soule* without any violence or iniustice to *Reason* or *Philosophy:* then the *soule* it seemes is enabled by our *body,* not this by it. My *Body* licenseth my *soule* to see the Worlds *beauties* through

mine *eyes;* to heare pleasant things through mine *ears*
... (4).

Donnes großer Zeitgenosse Jacob Böhme sah es anders. Er widmete der Seele ein ganzes langes Buch: *Psychologia Vera oder Viertzig Fragen von der Seelen, ihrem Urstande, Essentz, Wesen, Natur und Eigenschaft, was sie von Ewigkeit in Ewigkeit sey* (5). Da schon der Titel mehr verspricht als die übliche Struktur und Funktion, sollten unsere molekularen Gschaftlhuber – im unwahrscheinlichen Fall, daß ihnen das Buch in die Hand kommt – sofort nachschauen, wo der Schmelz- oder Siedepunkt der Menschenseele angegeben ist. Das dürften sie um so eher tun, als das Buch ein schönes Titelkupfer enthält, auf dem die Seele dargestellt ist; eine separate Falttafel bietet weitere Einzelheiten. Die fünfte Frage »Wie die Seele eigentlich formiret und gestaltet sey?« lehrt uns schon in der Zusammenfassung, die dem Text vorausgeht, die Seele habe »die Form einer runden Kugel«. So beginnt der Text:

> Wann ein Zweig aus dem Baume wächst, so ist seine Gestalt dem Baume gleich; er ist wol nicht der Stamm noch die Wurzel; aber seine Gestalt ist doch gleich dem Baume. ... Also ist uns zu erkennen, in was Form die Seele sey, also nemlich einer runden Kugel, nach GOttes Auge ...

Was das doch für ein seltsames großartiges Jahrhundert war, das siebzehnte! Während hier die Naturforschung erstmals auszog, um das Fürchten zu verlernen und dabei leider noch viel anderes verlernte; während dort Descartes das menschliche Ego aufblies und Spinoza mehr als seine Gläser schliff, waren anderswo große Dichter und dichterische Denker am Werk, metaphorisch, symbolisch, emblematisch, allegorisch; aus den Kirchen strahlte Jesuitengold, Blut floß aus den fürchterlichen Kriegen. John Donne und Jacob Böhme hätten einander nicht verstanden; jener hätte diesen gefragt, woher er denn wisse, daß Gottes Auge rund sei. Böhme, von einer ewigen

Aurora umschienen, hätte gar nicht begriffen, was die Frage solle. Hundertfünfzig Jahre später war es J. G. Hamann, der die Aufklärung am Rockknopf fassen wollte, aber der Knopf riß ab und blieb ihm in der Hand; Wissenschaft und Revolution gingen ihre, manchmal getrennten, Wege.

IV

Für Jacob Böhme, aber auch für Nicolas Malebranche (6) und andere bedeutenden Philosophen jener Zeit, war das Unerklärliche eine Emanation Gottes, die von positivistischen Erklärungsversuchen nur beschmutzt würde. Sie versuchten, sich in einem nur durch den Glauben verständlich gemachten Universum zu orientieren, und ließen das Unsagbare ungesagt. Die Molekulardemiurgen unserer Zeit reden hingegen fast nur über das Unsagbare, immer wieder den Passagier mit dem Vehikel, das Gefäß mit seinem Inhalt verwechselnd.

Ich brauche nur – soweit mein Verständnis reicht, was leider nicht sehr weit ist – zu betrachten, was jetzt in der Neurobiologie und in den Untersuchungen über »künstliche Intelligenz« vor sich geht, um sicher zu sein, daß man auf diese Weise nicht sehr weit kommen wird. Es ist gewiß typisch für unsere Wissenschaft, daß sie, lange bevor sie etwas versteht, es bereits nutzbringend verwenden will. Obwohl wir bekanntlich jetzt das Ende der Weltgeschichte erleben, kann ich noch immer nicht glauben, daß das Weltall streng kapitalistisch organisiert ist. Ein paar Wunder müssen wir uns noch offen lassen. Schließlich war die Welt schon recht alt, als *The Wealth of Nations* 1776 erschien.

Ich denke nicht, daß die Alchimisten oder die Astrologen des 17. Jahrhunderts jetzt viel Erfolg hätten, wenn sie sich beim National Institute of Health oder bei der National Science Foundation um einen Forschungskredit bemühten. Auch die Scharlatane wechseln ihr Kostüm mit den Zeiten. Was man jetzt bevorzugt ist etwas Handfestes, Großmäuliges, was viel

Geld kostet und vielen Forschern Anstellung verspricht. So etwas wie das »Human Genome Project« (HUGO). Die Bestimmung der gesamten Nukleotidsequenz in der menschlichen DNA – am besten fängt man mit der des Ewigen Juden an – soll mindestens vier Milliarden Dollar kosten und wird wahrscheinlich ebenso viele Publikationen hervorrufen. (»Es ist eine Lust zu leben!« werden die unzähligen Molekularkulis ausrufen, wenn sie jahrein und jahraus an ihre Computer gekettet sind.)

Aber wie wäre es mit »Es ist eine Lust zu sterben!«? Ich finde es nämlich erstaunlich, daß noch niemand vorgeschlagen hat, das Gewicht der Menschenseele zu bestimmen, die der Sterbende bekanntlich aushaucht. Wenn einmal die »National Cadaver Authority« (NCA) gegründet ist, dotiert, wie üblich, mit ein paar Milliarden, sollte es ein leichtes sein, Sterbebetten (natürlich »digitale«) zu konstruieren, die die Gewichtsschwankungen mit hinreichender Genauigkeit kontinuierlich registrieren. (Ich denke, eine Genauigkeit im Mikrogrammbereich wäre hinreichend; wenn nötig, könnte man bis zu Pikogrammen gehen.) Selbstverständlich wären die Betten durchaus »hightech«, so daß gleichzeitig eine ganze Reihe von physiologischen und physikalischen Messungen vorgenommen und Blut und Atem gesammelt und chemisch analysiert werden könnten. Die Institute, in verschiedenen größeren Städten errichtet, könnten die Bezeichnung Thanatorium tragen. Das Versuchsmaterial, das natürlich bezahlt werden müßte, wäre leicht zu bekommen: in allen Städten liegen die Leichen auf den Straßen herum; nur müßte man sie etwas früher, vor dem Abzug der Seelchen, in die Thanatorien bringen als jetzt ins Leichenhaus.

Es ist unwahrscheinlich, daß bei dem Unternehmen nichts herauskommt. Das wäre der erste Fall, daß viel Geld nicht viel Wissenschaft erzeugte. Zumindest würde eine neue Wissenschaft begründet sein, die Molekulartheologie.

Unmittelbarer gesehen ist eine neue High-Tech-Industrie bereits im Kommen, die Nekrotechnik. In den verschiedenen Organtransplantationen zeichnet sie sich schon ab, und was das bald anbrechende neue Jahrhundert alles bescheren wird, kann man sich gar nicht ausmalen. Selbst der Kannibalismus würde der jetzt üblichen Bioethik nicht widersprechen: Leichen sind tot und was man damit anfängt, technologisch oder gastronomisch, geht niemanden etwas an, besonders wenn die Patentlage geklärt ist. Es ist die Aufgabe des Staates, den Fortschritt zu fördern.

V

Das war eine kleine Ovation für den vielbewunderten Jonathan Swift, dessen »Bescheidener Vorschlag« schon fast drei Jahrhunderte überbittert hat. Selbst ihn hätte der Versuch der zu einer einzigen Panzerfaust konzentrierten Naturforschung das Unerklärliche zu zerklären, in Erstaunen versetzt. Wir sind dagegen so abgestumpft, daß wir es freudig hinnehmen, wenn in jeder Morgenzeitung »ta mysteria panta« (1. Kor. 13, 2) endlich weggeräumt sind. Natürlich kehren die Geheimnisse unversehrt zurück, denn gegen den Tod ihrer zahlenden Patienten kämpfen die Ärzte vergebens.

Nur muß man vorsichtig sein und sich hüten vor den Nutznießern des Unerklärlichen. Es hat Zeiten gegeben, z. B. vor 200 Jahren die Zeit der Romantik, als es schwer gewesen sein muß, zwischen ernsten Suchern und Scharlatanen zu unterscheiden, zwischen Swedenborg und Cagliostro, zwischen Gall und Mesmer. Es hat nämlich Perioden gegeben, in denen Unerklärliches gleichsam fabriziert wurde. Tierischer Magnetismus oder Phrenologie beruhten wahrscheinlich viel mehr auf Suggestion als auf Wirklichkeit; sie gehören zum weiten Bereich falscher Unerklärlichkeit. Aber die Suggestibilität gehört, denke ich, zur echten.

Ich war überrascht, hätte es aber vielleicht nicht sein sollen, als ich vor kurzem gewahr wurde, was für eine hohe Meinung Jean Paul vom Mesmerismus hatte. Das erste Kapitel seiner Schrift *Museum* (1814) trägt den Titel »Mutmaßungen über einige Wunder des organischen Magnetismus« (7). Es beginnt:

Es ist ein wohltätiges Wunder, daß derselbe Magnet, welcher uns mit seiner Nadel die zweite Hälfte des Erdballs zeigte und gab, auch in der Geisterwelt eine neue Welt entdecken half. Schwerlich hat irgendein Jahrhundert unter den Entdeckungen, welche auf die menschliche Doppelwelt von Leib und Geist zugleich Licht werfen, eine größere gemacht als das vorige am organischen Magnetismus ...

Gleich stieg vor mir die hübsche Szene in *Cosi fan tutte* auf, wie Despina als Arzt verkleidet mit Hilfe eines Riesenmagneten das Gift aus den beiden Freiern, die sich angeblich umbringen wollten, herauszieht. Übrigens betätigte sich auch Jean Paul häufig als Magnetiseur. Die von E. Berend seinerzeit herausgegebene ausgezeichnete Sammlung von zeitgenössischen Berichten enthält viele Hinweise (8). Auch Novalis zeigte ein großes Interesse an medizinischen Fragen, besonders an den Erregungstheorien des schottischen Arztes John Brown. In den Arbeitsnotizen kommt der Name häufig vor. So zum Beispiel aus dem Jahr 1797:

> Das Beste am Brownischen System ist die erstaunende Zuversicht, mit der Brown sein System, als allgemeingeltend hinstellt – Es muß und soll so seyn – die Erfahrung und Natur mag sagen, was sie will. Darin liegt denn doch das Wesentliche jedes Systems, seine wirklich geltende Kraft.... (9)

Aber das ist gerade das Unglück: die Natur sagt nichts, die Erfahrung sagt zu viel, und jedesmal was anderes. Jetzt, da die Ärzte ihre Kenntnisse meistens aus den Reklameschriften der Pharmaindustrie beziehen, ist alles ganz anders geworden. Früher – und auch ich war noch Zeuge – spielten Erfahrung, Weisheit und Takt, wenn man diese Wörter noch verwenden darf, eine viel größere Rolle als jetzt. Damals versuchten die Ärzte den Kranken zu verstehen und ihm nach ihren sehr geringen Kräften zu helfen, jetzt studieren sie die Krankheiten, manchmal ohne den Patienten auch nur zu sehen, und die zahllosen diagnostischen Tests und Bilder zeigen ihnen viel, womit sie wenig anfangen. Früher war noch sehr viel Platz für das Unerklärliche, Geheimnisvolle; jetzt darf es nichts geben, was die Medizin nicht versteht. Aus dem frühern Heilkunstgewerbe ist eine erwachsene Naturwissenschaft geworden. Dennoch habe ich den festen Eindruck, daß die Ärzte, denen ich in meiner Jugend unter manchmal traurigen Familienumständen begegnete, bessere Ärzte waren und tiefer gesinnte. Sie hatten noch nicht vergessen, wieviel wir nicht wissen können, und daß wir noch immer einer unerklärlichen Welt gegenüberstehen. Der Mensch als langlebiges Versuchskaninchen, als ewiger Generalpatient, wie ihn die gegenwärtige, streng wissenschaftlich gewordene Medizin produziert, ist kein glücklicherer Mensch.

VI

Wer die Kuppel des Unerklärlichen, unter der wir unser Leben verbringen, zergliedern wollte, käme nie zum Ende. Eine numerierte, detaillierte Liste der Geheimnisse aufzustellen hätte wenig Sinn, denn wer möchte so etwas produzieren wie eine Neuauflage von Gotthilf Schuberts *Nachtseiten der Natur?* Die Seelenarchäologen der Romantik scheinen nicht eingesehen zu haben – in Vorwegnahme der kommenden positivistischen Periode der Naturforschung –, daß das Unerklärliche auch das Unerforschliche ist. Zu ihrer Zeit hatte die Naturforschung noch nicht die Elemente der Magie verloren; der Zauber einer Mondnacht lag noch auf den Überlegungen eines echten Physikers, wie J. W. Ritter es heutzutage geworden wäre (10). Damals existierte noch nicht das unglaublich dichte Rettungsnetz der Methodik, das unorthodoxe Abweichungen vom konsensuellen Weg der Forschung fast unmöglich macht (11). Fachleute und Laien waren noch nicht genau abgegrenzt; fünfzig Jahre später wäre es schon anders gewesen.

Beispiele können jedoch, und sogar in einer gewissen Rangordnung, gegeben werden. Für das primär Unerforschliche muß das Leben gelten. Wo immer wir es anfassen, ist es weggegangen, kleine, oft irreführende Spuren hinterlassend. Ich glaube nicht, daß das Lebendige sich selbst erforschen kann (2). Sogar unsere Sprachen verlassen uns, wenn wir darüber reden wollen; wir entwürdigen es, wenn wir es in unsere Syntax, in unser Vokabular pressen wollen. (Selbstverständlich gilt das auch für das Wort Gott oder Schöpfer: völlig unbegreifliche Begriffe, so hoch über jeglicher Rangordnung stehend, daß sie nur erwähnt werden können.) Selten haben große Dichtung und Kunst, häufiger große Musik, einen Zugang zu dem Unsagbaren gefunden, aber ich fürchte, daß die Empfänglichkeit der Leser, Betrachter, Hörer für Eindrücke dieser Art in unsern geistlosen Zeiten fast verschwunden ist.

Mir scheint, daß man es sich leicht machen kann, indem man feststellt, daß fast alle Wörter, die mit den Präfixen Theo-, Bio-, Psycho- ausgestattet sind, zum Bereich des Unerklärlichen gehören. Unser Geist ist jedoch so beschaffen, daß er die Existenz einer Bezeichnung als Beweis für die Realität des Bezeichneten ansieht.

Von den Wörtern, die angenehmerweise keine griechischen Präfixe vor sich herschieben, will ich nur einige anführen (ganz ohne Rangordnung): Liebe, Haß, Treue, Ehrfurcht, Verachtung, Sehnsucht, Ahnung, Eingebung, Angst, Freude, Trauer, Heimweh. An diesen zwölf lasse ich es genug sein. Es wäre nicht ohne Interesse, ihre Entsprechung in andern Sprachen zu betrachten, paßt aber nicht hierher. Alle hier aufgezählten Begriffe gehören zum geheimnisvollen Komplex, den man, allerdings sehr unwissenschaftlich, das Gemüt des Menschen nennt. In meiner Liste habe ich absichtlich nur alte Wörter hingeschrieben und wissenschaftliche Ausdrücke vermieden. Zum Wort »Liebe« sollte bemerkt sein, daß es für Agape und Eros steht, jedoch ganz ohne hormonalen Beigeschmack.

Da sich viele ernstzunehmenden Forscher mit Neurologie und Psychologie befassen, will ich gerne annehmen, daß sie wichtige Arbeiten ausgeführt und hochinteressante Resultate erzielt haben. Trotzdem bestehe ich in meinem laienhaften Trotz darauf, daß das Leben, die Seele, das Gemüt unerklärlich sind und unerforschlich bleiben werden. Wenn man mich darauf hinweist, wie groß die Rolle des Nervensystems, des Gehirns in allen »seelischen« Manifestationen ist, kann ich nur antworten: »Als die Götter im Olymp ihren Nektar, ihre Ambrosia zu sich nahmen, kümmerten sie sich wenig um die präzise Form und Beschaffenheit der Becher. Aber ihr Forscher, ihr beschreibt nur die Zusammensetzung der Pokale und erläutert ihre Ziselierungen. Manchmal entdeckt ihr auch ein Loch im Becher.«

VII

Wenn ich die Menschen betrachte, mit denen ich in Berührung komme, so scheint es mir nicht, daß sie ein großes Bedürfnis nach den Geheimnissen dieser rätselhaften Welt haben. Was sie in ihrem Innern fühlen, wenn sie so etwas noch besitzen, weiß ich natürlich nicht. Vielleicht weil die Maschinen Tag und Nacht auf sie einreden, hat eine Art von epidemischer Aphasie die Menschen mundtot, und daher gefühls- und denktot gemacht. Sie sind nichts als Zitate; was man in der Musikgeschichte Parodien nennt, sie leben zwischen Anführungszeichen. Der Mangel an Originalität charakterisiert die Generation – sie waren kleine Kinder während des Zweiten Weltkriegs oder sind nach ihm geboren –; die parodistische Generation, für die sich die Fachleute, weil sie nichts besseres zu tun haben, den dummen Namen Postmodernismus ausgedacht haben*. Die Bezeichnung ist albern, aber der Eindruck besteht zu Recht, daß die mörderische Epoche eines entarteten Nationalismus und Kommunismus Menschen geistig verstüm-

---

* Der Unsinn, der heutzutage – besonders in den englischsprechenden Ländern – über Postmodernismus, Multikulturalismus usw. verzapft wird, zeigt, daß die Menschen zwischen Sekret und Exkret nicht mehr unterscheiden können.

melt hat. So zehren auch ihre Gefühle von Konserven (Film, Photographie, Fernsehen und Video, Phonograph und Stereo – mit einem Wort, wie es in den amerikanischen Reklamen heißt, »state-of-the-art«). Sie leben wie unter einer Glocke, die sie von den großen Wundern der Welt ausschließt.

Es ist wert, daß ich es betone: die Wunder sind so groß wie am ersten Tag. Daß ich das erste Augenaufschlagen eines Kindes, das späte Dahinwelken eines Greises dazurechne, ist, denke ich, nicht nur meine Marotte: wann die Seele den Embryo betritt und den Sterbenden verläßt, hat noch kein elektronisches Chronometer registriert.

In André Gides *Nouvelles Nourritures*, einem halb pseudolyrischen, halb aphoristischen Werk, finde ich die folgende, eigentlich recht banale Bemerkung: »Alle Geheimnisse der Natur liegen offen da und bieten sich jeden Tag unsern Blicken, ohne daß wir ihnen Beachtung schenken.« (12) So etwas können die Naturwissenschaften nicht auf sich sitzen lassen; sie tun ja nichts als entdecken, zerfasern und erklären, was mehr oder weniger offen dagelegen hat. Aber Gide denkt sicherlich nicht daran, woran ich denke. Was entdeckt wird ist fast immer erforschlich, was nicht bedeutet, daß es dann verständlich wird. Das Unerklärliche, woran ich denke, ist immer dagewesen und braucht nicht entdeckt zu werden. Kann man sagen, daß es einmal den ersten Urmenschen gegeben hat, der eines Tags ausrief »Ich lebe!«? Worauf die Schwiegermutter wahrscheinlich antwortete »Das nennst du leben?« Die weiten dunklen Spelunken des menschlichen Geistes können wir nicht ermessen, jedenfalls nicht mit Hilfe einer Wissenschaft, deren Name mit »Psycho« anfängt. Dennoch sind aus jenen unermeßlichen Tiefen die Begriffe aufgestiegen, die ich als unerklärlich lobpreise.

VIII

Große entscheidende Zeiten bringen immer kleine unentschiedene Menschen hervor. Für diese werden die blutenden Urteile der Weltgeschichte nicht auf Pergament geschrieben, sondern auf Klosettpapier. So schwemmen sie es hinunter und leben bedrückt in den Tag*. Sie sind durchdrungen von den Errungenschaften der Gegenwart und treten für eine reichliche staatliche Unterstützung der Naturwissenschaften ein, weil die Wahrheit frei mache. Ob das wahr ist und ob sie frei sind, fragen sie nicht. Dabei gehen der Erdball und was ihn umgibt immer mehr und immer rascher zugrunde. Darf man in dieser sichtlich wahnsinnigen Welt ruhig auf seinem Sessel sitzen und den Segen des Unerklärlichen anpreisen?

Ich glaube, man darf es nicht nur, man soll es; selbst auf die Gefahr hin, daß die Propagatoren wissenschaftlicher Allmacht bereits ihre Laser schärfen, um nachzuweisen, wie sehr die wenigen Dunkelmänner, die nicht mitlaufen, Opfer einer in ihren Genen sitzenden ungünstigen Mutation sind. Wer die Revolution in den biologischen Wissenschaften, die vor etwa vierzig Jahren anhub, von Anfang an erlebt hat, wird von der eben erwähnten Gefahr nicht sehr beeindruckt sein. Er wird zugeben müssen, daß sogar die doppeltste aller Helices nichts zum Wohlbehagen der Menschheit beigetragen hat, aber sehr viel zu dem des Anstellungsmarktes in der biologischen Forschung, und noch mehr zum Börsenaufstieg und Sturz der gentechnischen Industrie. Der mit der Verkündung der angeblichen DNA-Struktur einsetzende Reklamelärm darf nicht darüber hinwegtäuschen, daß nichts, gar nichts, für »die leidende Menschheit« herausgekommen ist. Solche Krankheiten wie Krebs und AIDS mögen als Marksteine gelten dafür, wie wenig die molekularbiologisch orientierte Medizin zu leisten vermag.

---

* Wenn sie in Amerika wohnen, so werden sie vielleicht ein bißchen abgelenkt und erheitert durch die Betrachtung der dort immer häufiger werdenden Hinrichtungen, so vor kurzem der eines Gelähmten, der sich nur in einem Rollstuhl bewegen konnte. Es sollte der Technik leichtfallen, eine Kombination zwischen einem rollenden und einem elektrischen Stuhl zu konstruieren, was in Wiederholungsfällen gewisse Unannehmlichkeiten vermeiden würde.

IX

Das Leben des Menschen ruht auf tiefen dunklen Fundamenten, weitaus tiefer als wir erkennen können; auf Fundamenten, deren Nennung durch die früher besprochenen unerforschlichen Begriffe noch lange nicht abgeschlossen ist. Außerdem ist das Unerklärliche oft auch das Namenlose, das über den Sinn des Lebens und des Tods hinwegreicht. Unsere Sprachen versagen vor der Fülle des Unsagbaren. Die Religion der Juden hat das verstanden in ihrer Scheu vor der Nennung des Allmächtigen.

Diese niemals erleuchtete Finsternis ist es, die für die wenigen Glücklichen, die dafür empfänglich sind, von großer Musik und, seltener, von großer Lyrik zwar nicht erleuchtet wird, aber fühlbar gemacht. Solche Temperamente werden diese Finsternis als wohltuend, beschützend empfinden. Sie werden sich geehrt fühlen, wenn man sie als *viri obscuri* bezeichnet, denn die reine, unbeschwerte und hemmungslose menschliche Intelligenz neigt zur Unmenschlichkeit.

Wenn man die Vergangenheit der Menschheit betrachtet, wird man, denke ich, finden, daß fast alles wirklich Große von Leuten getan worden ist, die die Verbindung mit dem tiefen Grund der Welt, gleichsam die Nabelschnur des Menschseins, niemals verloren hatten. Solange sie gläubig waren, sorgte schon die Religion dafür. Als der Glaube verblaßte, halfen Philosophie und Kunst. Erst mit dem letzten Jahrhundert setzte die Heimatlosigkeit ein. Gleichzeitig verloren fast alle die Fähigkeit, ihr Leben zu mythisieren*. Anstelle der Heimat wurde den Menschen das Wissen angeboten, und später wurde gar die Information daraus. Nun haben die Menschen immer von Märchen ihrer eigenen Schöpfung gelebt, aber das andrängende Wissen über keinen Gott und die Welt können sie nicht brauchen, und noch weniger den Orkan von ungewollten Informationen, der jetzt Tag und Nacht auf sie losgelassen wird. (Als

---

* Ich fürchte, der Duden runzelt die Stirn, aber ich ziehe dieses Verbum dem zugelassenen »mythologisieren« vor.

ich einmal in einem philosophischen Seminar die Frage aufwarf, ob angesichts all jener Menschenrechte, mit denen man jetzt bespritzt werde, nicht auch das Recht nicht zu wissen erwogen werden solle, läßt sich der klar zur Schau getragene Ekel der Zuhörer gar nicht beschreiben.)

Ich habe den Segen der Unerklärlichkeit, der manchem als Schutz und Gnade zuteil wird, in einem frühern Buch unter der Rubrik Zwischenlandung besprochen (13). Hier bleibt nur der Zusatz, daß alles, was schön und gut ist im Leben, aber auch alles Finstere und Böse, immer unerforschlich sein wird, trotz vielem fachmännischen Geschwätz. Einmal in seinem Leben ist ein jeder, ob er es weiß oder nicht, in jenem dunklen Wald gewesen, darin Dante sich inmitten seines Lebensweges befand; einmal ist in jener finstern Nacht des San Juan de la Cruz auch seine Seele unbemerkt aufgestanden, in angstvoller Liebe entflammt, im still gewordenen Haus. Ich rate einem jeden zu zögern, bevor er das Licht aufdreht.

Anmerkungen

1 Ich zitiere aus dem Grimmschen Wörterbuch, Artikel »Seelchen«. Infolge der mehr als verwirrenden Zitiermethoden des monumentalen Werks ist es mir nicht möglich gewesen, das Original zu finden.
2 E. Chargaff, Unbegreifliches Geheimnis (Stuttgart, 1980), S. 7–50.
3 J. Donne, Iuvenilia or Certaine Paradoxes and Problemes (London, 1633) – (Wiederabdruck, The Facsimile Text Society, Columbia Univ. Press, New York, 1936).
4 »Ich sage wiederum, dass der Leib den Geist macht ... und dieser Geist kann, ohne der Vernunft oder der Philosophie Gewalt oder Unrecht anzutun, mit der Seele verglichen werden: es ist demnach der Leib, der die Seele zu befähigen scheint, und nicht umgekehrt. Mein Leib ermächtigt meine Seele, die Schönheiten der Welt durch meine Augen zu sehen, die Annehmlichkeiten durch meine Ohren zu hören ...«
5 J. Böhme, Sämtliche Schriften (Hsg. W.-E. Peuckert, (Stuttgart, 1960), 3. Band.
6 N. de Malebranche, Entretiens sur la métaphysique et sur la réligion, in Œuvres (Hsg. G. Rodis-Lewis, Pléiade, Paris, 1992), 2. Band, S. 651.

7 Jean Paul, Sämtliche Werke (Hsg. N. Miller und W. Schmidt-Biggemann, München, 1976), Abt. II, 2. Band, S. 884.
8 Jean Pauls Persönlichkeit in Berichten der Zeitgenossen (Hsg. E. Berend, Berlin und Weimar, 1956).
9 Novalis, Schriften (Hsg. P. Kluckhohn und R. Samuel, 2. Auflage, Stuttgart, 1965), 2. Band, S. 545.
10 J. W. Ritter, Fragmente aus dem Nachlasse eines jungen Physikers (Heidelberg, 1810) – Faksimiledruck, Heidelberg, 1969.
11 E. Chargaff, Wege machen Ziele – Bemerkungen über den Begriff der Methode in den Wissenschaften, in *Zeugenschaft* (Stuttgart, 1985), S. 193.
12 A. Gide, Les Nouvelles Nourritures, Erstes Buch, in *Romans* (Pléiade, Paris, 1958), S. 264.
13 E. Chargaff, Alphabetische Anschläge (Stuttgart, 1989), S. 242.

Zweierlei Trauer

I

Eine stumme Trauer hat sich auf die Welt gesenkt. Es ist die Trauer der Siebenten Todsünde. Sie hat in den verschiedenen Gegenden nicht immer die gleichen Gründe, offenbart sich jedoch überall in ähnlichen Formen. Die zweite Art der Trauer will ich später als die Trauer um das Gewesene betrachten (was natürlich nicht dasselbe ist wie die Trauer über das Gewesene – eine Haltung, die fast jeder einnehmen muß, der die Geschichte der Menschheit überdenkt).

Trauer und Verzweiflung sind nicht synonym; die Verzweiflung treibt, die Trauer dämpft. Aus Verzweiflung tut man vieles, was man später bedauert, man zerstört Unwiederbringliches. Die Trauer jedoch reist in einer Wolke der Willenlosigkeit; nichts scheint zu geschehen, und doch ist alles anders geworden – das ganze Leben eine Variation über das Thema »Nie wieder!«. Wird man zu Handlungen verführt, so sind es Scheinhandlungen, Parodien von Taten, so wie die nie endenden Reisen unserer Staatsmänner leeren Gesichts, die zu nichts führen als einem verdorbenen Magen.

Bei alten Leuten wird alles, was sie sagen autobiographisch, und so liegt es nahe, daß mein erster Blick auf das tragische Land Amerika fällt, wo ich so viele Jahrzehnte gelebt habe. Zwar ist dieses Land lange vor seiner Entdeckung erfunden worden als das lang ersehnte und schließlich gefundene Nachtasyl der Welt, und wenn auch die Belegschaft sich immer sehr rasch ausgewechselt hat, ist es die Herberge des Selbstverzichts geblieben, und die Sonne hat nur selten in die finstern Kammern geschienen. Dennoch sind die Veränderungen sehr groß gewesen. Sie begannen wahrscheinlich im Ersten Weltkrieg, als unser kurzes abscheuliches Jahrhundert wirklich anfing (im Jahre 1989 ist es dann zu Ende gegangen).

Das Anwachsen einer schreckenerregenden geistigen und moralischen Asthenie, charakteristisch für die ganze Welt, ist in Amerika nicht zu übersehen. Vielleicht treten Degenerationserscheinungen aus der Nähe betrachtet klarer zutage, aber es ist nicht verwunderlich, daß sie in einem geschichts- und traditionslosen, nur dem schnellen Erwerb gewidmeten Land offenkundiger sind als bei Völkern, die fester ruhen in ihrer mit ihrem eigenen Leben gewachsenen Sprache.

Ich habe den Eindruck, daß in den vielen Debatten darüber, was unserer Zeit fehlt, die zentrale Wichtigkeit der Sprache, bzw. ihrer Pathologie, viel zu wenig beachtet wird. So herrscht ein von den Vereinigten Staaten ausgehender Sprachimperialismus, der es bewirkt, daß Ausdrücke und Wendungen, besonders aus Kommerz, Sport und Amüsement, sich in andere Sprachen einschmeicheln oder eindrängen, dergestalt die autochthone Grammatik und Syntax besudelnd und lähmend. Solche virusartigen Gebilde vermehren sich ebensoschnell wie ihre biologischen Kollegen und verwirren alle lexikalischen Zusammenhänge der infizierten Sprachen. Es muß nur an den fortdauernden Kampf um und gegen das *Franglais* erinnert werden. Besonders im Französischen wirkt nämlich jedes dieser Wörter wie ein vernichtender Schlag gegen den Geist der Sprache und daher gegen das Denken in der Sprache, aber selbst im Deutschen, einem geduldigern Maulesel, ist so ein Wort wie »Toplessnachtklub« (vom Duden konsekriert) nicht geradezu als Verzierung anzusehen. Professionelle Sprachreiniger ist allerdings nicht was man braucht, sie sind meistens Sprachtotschläger; die nationalsozialistische Epoche zeichnete sich durch ein besonders scheußliches Deutsch aus.

In diesem Zusammenhang ist ein Vergleich zwischen den in England und in Amerika gesprochenen Sprachen nicht ohne Interesse. Das britische Englisch ist zwar, zumindest für meinen Geschmack, eine häßliche Sprache, jedoch geadelt durch große Dichtung. Das amerikanische Englisch ist nicht weniger häßlich und viel brutaler; es ist stolz auf seine Unmittelbarkeit, seine demokratische *matter-of-factness*. Tatsachen müssen jedoch mit einigem Mißtrauen angesehen werden, sie sind schlüpfrige Wesen, denn oft haben sie aus einer Tat eine Sache gemacht. Ich kenne kein Idiom, das alles so verdinglicht wie das Amerikanische. Deswegen scheint es allerdings besonders geeignet für das rein merkantile Vokabular, das der Konsumerismus erfordert. Diese neueste Weltmacht, vielleicht mit »Verbrauchsfimmel« übersetzbar, ist berufen, in Allianz mit dem Chauvinismus, Furchtbares anzurichten.

II

Ich will jetzt diese lange Parenthese verlassen, nicht ohne darauf zu bestehen, daß was für Amerika gilt, auch auf den Rest der sich dummerweise entwickelnd nennenden Länder zutrifft. Wozu sie sich nämlich entwickelt haben ist nichts Gutes. Auf allen liegt die Wolke, die ich am Anfang zu beschreiben versucht habe; die Wolke, unter deren giftigen Schutz zu gelangen Asien und Afrika sich vorläufig vergeblich bemühen. Die unentwickelten Länder – sie heißen auch die Dritte Welt, also das Letzte vom Letzten – sollen sich vor Darwin schämen: sie sind von den Sprossen der Fortschrittsleiter hinuntergefallen. Der Fortschritt ist eine jener Wahnideen, die uns dazu verführt zu glauben, daß es besser ist, »My Fair Lady« unter Neonlampen zu schreiben als die Matthäuspassion bei Kerzenlicht. Wir sind eben das geworden, was Karl Kraus das elektrische Gelichter genannt hat. Aber auf die Nozze di Figaro und den Don Giovanni haben nur die Sonne und der Mond geschienen und manchmal eine elende Funzel.

In meiner chemischen Vergangenheit habe ich allerhand analysiert; das ist lange her und es waren andere Dinge. Wäre ich jetzt damit betraut, die weltweite Wolke der Trauer zu beschreiben, so würde ich viele Bestandteile finden, wie bei den meisten Analysen sicherlich nicht alle. Es wäre ein kunterbuntes Gemengsel oder eher ein dicht gewobenes Geflecht. Einige der Strähnen oder Stränge mögen genannt werden:

1. Die immer zunehmende Kompliziertheit des täglichen Lebens. Goethe hat wahrscheinlich weniger Zeit für die Abfassung des Helena-Aktes in Faust II gebraucht als jetzt ein gewöhnlicher Mensch alljährlich für den Umgang mit den Behörden und die Ausfüllung von Fragebögen.
2. Die Vergiftung, Verschmutzung, Zerstörung der Welt. Schon jetzt können sich höchstens Bakteriensporen darin wohl fühlen. Man möchte gerne hören, was z. B. Erasmus von Rotterdam zur New Yorker Subway gesagt hätte. Wer durch eine unsrer großen Städte gegangen ist könnte Dante einiges erzählen.
3. Der nie endende Angriff auf die Nerven der Menschen. Der Lärm, in dem wir heute leben, wäre früheren Epochen unvorstellbar gewesen. Es hat gewiß zu allen Zeiten nur wenige gegeben, die gleichsam in einer Aureole von Stille gelebt haben; es war eine Stille, eine Herzensruhe, die, aus ihnen selbst hervordringend, sie umhüllte. Wenn wenige damit begnadet waren, so war dennoch die Kuppel, unter der alle Menschen lebten, frei von dem wüsten Reklame- und Verkaufsgeschrei unsrer Tage, frei von den schamlosen Lügen, ohne die man jetzt nicht eine Stecknadel kaufen kann.
4. Ein Brot aus Lügen gebacken speist bereits das Gemüt der Kinder. Der Prinz dieser Welt war immer der Erzlügner, aber er mußte sich zum einzelnen bemühen, um ihn zu verderben. Jetzt gibt es unzählige Institutionen, die ihm diese Mühe abnehmen. Zeitungen sind zwar schon etwa 300 Jahre alt, aber virulent wurden sie erst seit der Französischen Revolution. Jetzt haben sie, denke ich, das Championat der Lüge an die anderen Massenmedien abgegeben, den Rundfunk und, besonders verheerend, das Fernsehen. In vielen Ländern haben sich jetzt auch die Schulen den Ausradiermaschinen angeschlossen.
5. Geld ist das Pneuma des Teufels, habe ich einmal gesagt, und so ist es auch die Gier nach Geld, die die Massen vorantreibt. Ich weiß sehr gut, wie philiströs und verlogen so eine Aussage klingt. Nur wer ans Geld nicht zu denken braucht verachtet die Armen, die danach streben müssen. Das muß schon

seit Jahrtausenden so gewesen sein, aber ich erinnere mich noch sehr gut an den Schreck, den ich verspürte, als ich bei meiner ersten Ankunft in Amerika bemerkte, daß sich fast alle Gespräche um den Dollar drehten, daß der Herzschlag einer großen Nation sich nach nichts anderem regelte als dem Geld. Ob Satan das Geld erfunden hat, weiß ich nicht. Jedenfalls erwähnt das Buch Genesis nichts davon, daß Gott dem Adam zugleich mit dem Dekret der Ausweisung ein Portemonnaie überreicht hat.

6. Das Verschwinden der Zeugenschaft. Ich glaube, daß es in allen früheren Zeiten Zeugen gegeben hat, zum Zeichen dessen, daß das Wissen, was Menschsein bedeute, noch fortlebt. Diese Zeugenschaft, gleichsam der Orgelpunkt im Menschenleben, ist verschwunden. Das heißt auch, daß es keine gültigen Vorbilder mehr gibt.

7. Über den Namen der letzten Todsünde in der uralten Liste gibt es verschiedene Angaben: *tristitia*, Traurigkeit; *deiectio*, Niedergeschlagenheit; *accidia* oder *acedia*, Überdruß, Arbeitsscheu, Trägheit. Diese Todsünde ist nicht leicht zu verstehen, denn ich kenne fast niemanden, der von ihr nicht zumindest angehaucht wäre. Wenn ich recht habe in meinem Eindruck, daß eine dumpfe Lähmung eine der hauptsächlichen Erscheinungen unserer Epoche ist, so frönen wir alle jenem tadelnswerten Laster.

Zwei weitere Erscheinungen stehen nicht in dieser Liste, obwohl sie von größter Bedeutung sind. Die verheerende Zunahme der Weltbevölkerung zeigt, daß die Menschen in ihrer Fortschrittsraserei sich, vielleicht zum ersten Mal in ihrer Geschichte, mit dem Pulsschlag der Erde zu schaffen gemacht haben. Ob es der Natur je gelingen wird, Herrin zu werden dieses Zusammenstoßes zwischen Geschlechtstrieb und Ökonomie, zwischen Instinkt und Zivilisation, weiß ich nicht. Jedenfalls ist es eine groteske Voraussicht, daß in durchaus absehbarer Zeit 15 Milliarden Menschen in 15 Milliarden Kleinautos über die Erde jagen werden. Das träge Laisser-faire der freien Marktwirtschaft wird dem nicht Einhalt gebieten können.

Die zweite, auf Grund eben dieser Marktwirtschaft keineswegs unerklärliche Erscheinung ist die furchtbare Zunahme von Verbrechen und Korruption. Wer in einer der Mordkapitalen der Welt lebt, kann die Schöpfungsgeschichte nur mit tiefer Wehmut lesen.

III

Bewohner der angeblich Ersten Welt, Musterknaben des Fortschritts, werden das Vorangegangene für stark übertrieben erklären, sie werden leugnen, daß sie sich in einem Zustand dumpfer Lähmung befänden. Über Geschmack darf man bekanntlich nicht disputieren, aber ich denke nicht, daß die folgende Feststellung bloß eine Frage des persönlichen Geschmacks ist. Die Behauptung lautet: in den letzten fünfzig Jahren, also seit dem Zweiten Weltkrieg, scheinen bedeutende Erscheinungen auf allen Gebieten des Geistes – Kunst, Musik, Dichtung usw. – verschwunden zu sein. Große Schöpfer sind natürlich immer unwiederholbar; Tiepolo repliziert nicht Tintoretto, Verlaine nicht Ronsard, Beethoven nicht Bach. Namen von dieser Bedeutung hätte ich unter meinen Zeitgenossen, auch als ich vierzig Jahre alt war, nicht nennen können (vielleicht mit Ausnahme von Tolstoi – ich war fünf Jahre alt, als er starb); aber immerhin: Hamsun, Conrad, Henry James, Strindberg, Yeats, Joyce, Kafka, Rilke, George, Karl Kraus, Brecht, Proust, Gide, Péguy, Claudel, Céline, Bernanos, Strawinsky, Bartok, Schönberg, Berg, Renoir, Monet, Rouault, Braque, Picasso, Matisse, Mondrian, Brancusi, Kokoschka. Das ist nur eine Auswahl, entnommen einem Füllhorn, das mehr enthält. Wo sind jetzt die Entsprechungen, oder sind meine alten Augen zu trüb? Bei den Geisteswissenschaften will ich es nicht versuchen, aber ich denke, das Resultat wäre ähnlich. Nur die Naturwissenschaften leuchten in unverändertem, vielleicht verstärktem Glanze, aber dort, wage ich zu sagen, kann es keine Genies geben, nur emsige Coiffeure der Natur: halb zog er sie, halb sank sie hin. Naturwissenschaft ist eine Mischung von Hieroglyphenentziffe-

Handwritten note at top: Max Frisch? Canetti (Jg. 1905, wie Chargaff). Alfred Andersch? In der Tat: Gibt es noch „große Dichter" nach 1945?

rung und Spurensicherung, das Gegebene der Natur zugleich als Halt und als Fessel fungierend. Gerade jetzt ist allerdings die Genetik leider damit beschäftigt, die Natur zu erweitern und zu verschlimmbessern, indem sie deren herrliche Gegebenheit umgeht und zerstört.

Wenn das, was hier gesagt wird, richtig ist, mag es zwei Gründe dafür geben: der Boden, der für die Erzeugung großer Schöpfer nötig ist, ist versandet und unfruchtbar oder das zu deren Erkennung unumgängliche Publikum ist verschwunden. Ich glaube, beides trifft zu, aber der erste Grund ist ausschlaggebend. (Vgl. die Anmerkung am Ende des Kapitels.)

Um Einwänden zu begegnen, ich habe es mir leicht gemacht, indem ich einfach viele berühmte Namen aus meiner Jugendzeit aufgezählt habe, möchte ich Leser, die etwa 40 oder 50 Jahre jünger sind als ich, auffordern, eine entsprechende Gegenliste, aus unserer unmittelbaren Gegenwart geschöpft, aufzustellen. Ich bin gewiß, daß das Ergebnis sehr mager sein wird. Mir ist, ich muß es gestehen, eine derartige Liste nicht gelungen: vielleicht Beckett oder Benjamin, vielleicht Garcia Lorca, vielleicht Giacometti, vielleicht Nabokow, Mandelstam, Bulgakow, Schostakowitsch. In diesen Namen ist viel enthalten von der Tragödie unseres gräßlichen Jahrhunderts. Und auch sie alle sind schon tot, während die meisten der von mir früher angeführten Namen ihre Gültigkeit bewahrt haben.

Um die *Imponderabilie* Publikum zu *erwägen* – welch ein *lucus a non lucendo!* hätte mein ausgezeichneter Lateinlehrer ausgerufen –, also um die Rolle der Rezeptionsmechanismen in der künstlerischen Entwicklung der Schriftsteller, Maler, Musiker usw. festzustellen, müßte man sie sehr genau unterscheiden können. Viele berühmte Leute sind anfangs mit Hohn, Gehässigkeit und Arroganz aufgenommen worden, aber sie waren eben diejenigen, die sich durchgekämpft haben. Wie viele andere sind jedoch auf dem Wege geblieben, erschreckt, ernüchtert, vergessen. Verleger, Herausgeber, Agenten, Kunsthändler, Dirigenten sind aber nicht eigentlich Publikum; sie versuchen vielmehr die Stellungnahme des wirklichen kaufenden

Publikums zu erraten, weil sie Geschäfte machen wollen. Dazu kommen die Kritiker, die Kunstrichter, die viel zum Elend der geistig Schaffenden beigetragen haben. Aber alle diese Faktoren, wie wirkungsvoll sie auch sein mögen, erklären nicht das gegenwärtige Versiegen großer Kunst und Literatur. Es müssen unterschwellige Kräfte am Werk sein, eben was ich die geistige und moralische Lähmung unserer Zeit genannt habe.

IV

Was die vorhergehenden Zeilen beschrieben haben kann zusammengefaßt werden in der Vermutung, daß die Menschheit in ihrer gegenwärtigen Epoche ganz in der Siebenten Todsünde befangen ist: Trauer, Niedergeschlagenheit, Trägheit. Pseudowissenschaftliche Versuche, diese Krankheit zu heilen tragen nur zur allgemeinen Verwirrung bei.

Kierkegaards berühmte Notiz in seinem Tagebuch aus dem Jahr 1849 – ich hatte sie zuerst durch die »Fackel« kennengelernt – gilt für einen jeden und für alle Zeiten:

Ein einzelner Mensch kann einer Zeit nicht helfen oder sie retten, er kann nur ausdrücken, daß sie untergeht. Alle Zeiten sind schließlich untergegangen und kein Mensch hat ihnen geholfen. Wenn in längst vergangenen Zeiten jemand kam, um zu helfen, so war es ein Heiland, ein Messias, ein begnadeter Prophet. Aber nur selten ist einer aufgestanden, der vermochte, was Kierkegaard getan hat. Er erkannte die fürchterlichen Gehirnmasseure, als sie kaum in ihren embryonalen Zustand eingetreten waren. Auf uns jedoch spucken die Informationsteufel von rechts und links, es schnattert in den Lüften und sprüht Bilder und Lügen. Es denkt sich schlecht in dieser geistlosen Welt.

Da ich von der Literatur ein bißchen mehr verstehe als von den übrigen Künsten, will ich bei ihr bleiben, und zwar in erster Linie beim seltsamen Fall des Franz Kafka, den ich für vielleicht den größten Dichter meiner Zeit halte. (Schon das Wort Dichter wird bei manchen Pedanten Widerspruch erregen, denn er habe ja keine Gedichte geschrieben. Darauf will ich nicht eingehen.) Wer jetzt seine Gesammelten Werke in die Hand nimmt, wird von deren Umfang beeindruckt sein. Tatsächlich ist das Œuvre eher klein, was bei einem Mann, der viele Jahre schwer krank war und mit 41 starb, nicht verwunderlich ist. Bis auf einige Erzählungen und viele Skizzen, Anekdoten, Parabeln nichts Abgeschlossenes. Seine drei Romane – das Größte, was er geschrieben hat – sind eigentlich unfertig, selbst *Der Process* ist nur durch eine Art von Nottaufe zu Ende gebracht. Der Rest des Werks besteht aus Tagebuch und Briefen. Dennoch betrachten es viele Menschen (und auch ich) als ein großartiges Werk. Zwei Menschen haben das unschätzbare Verdienst, daß man den Namen Kafka überhaupt kennt: Max Brod, ein eher mittelmäßiger Schriftsteller, aber ein treuer Freund, und Kurt Wolff, ein junger mutiger Verleger. Das Publikum fand sich erst lang nach dem Tod des Dichters. Was die Wichtigkeit eines Publikums für die Erkennung des Genies betrifft, erscheint mir demnach der Fall Kafkas als eine große Ausnahme; die Stumpfheit der Beschenkten gab nicht den Ausschlag.

V

Die zweite Art von Trauer, die ich betrachten will, die Trauer um das Gewesene, ist ein Gegengift gegen die Siebente Todsünde: als sanfte Wehmut aus den Tiefen des Lebens aufsteigend heilt sie den Überdruß, die Niedergeschlagenheit. Kenner der Geschichte werden, fürchte ich, sagen: »Das Gewesene? Das Schlechte, das mit ihm aufgehört hat, kommt wieder, das Gute nicht.« Vielleicht haben die Schwarzseher recht, und indem sie das Allgemeine, das Allgültige betrachten, folgen sie dem alten verhängnisvollen Grundsatz *de minimis non curat praetor*. Aber sind es nicht gerade diese fälschlich als Kleinigkeiten angesehenen Dinge, um die sich der Prätor kümmern sollte? Sind es doch sie, die den einzelnen, Kierkegaards Einzelnen, angehen. Volk, Nation, Öffentlichkeit werden kein Urteil erfahren; der Einzelne jedoch wird ewig zur Rechenschaft gezogen, er ist der Zeuge im nie endenden Prozeß. Was ihn retten kann ist niemals eine Kleinigkeit.

Manch einer ist bei Tag ein Skeptiker und in der Nacht ein Melancholiker; aber wie das Leben fortschreitet, werden die Tage kürzer, die Nächte länger. So muß er auf das Vergangene mit zunehmender Trauer blicken, alles gewesene Gute in sein Herz einschließend. Das ist keineswegs bloß eine Alterserscheinung. Was man nicht ganz zutreffend ein konservatives Gemüt nennt, ist vielen fürs Leben mitgegeben. (Es ist kaum nötig zu sagen, daß das nichts zu tun hat mit dem politischen Begriff eines »Konservativen«.)

Um mit dem Absurdesten anzufangen, ein für das Transzendente, das Numinose empfänglicher Mensch wird selbst an der unvermeidlichen Entwicklung der Menschheit viel finden, was er beklagt. Das gilt besonders für die Zeit nach 1800, also seit mit der Vorherrschaft der Maschine die Industrialisierung der Welt und die Proletarisierung der Armen begann. Er wird es bedauern, daß die immerfort anwachsende Hegemonie des Gelds das ehemals innige Gefühl des Menschseins, des Geschaffenseins überwältigt und vernichtet hat; daß die der Wißbegierde und Machtsucht entstammende Naturforschung ihre temporären Erkenntnisse zu einem Religionssurrogat hinaufgeschraubt hat; daß der Mensch seiner Erde völlig entfremdet worden ist.

Ob Gott und Marx wirklich tot sind und die Weltgeschichte zu Ende gegangen, weiß ich nicht, neige jedoch zu Zweifeln, denn die Totsager sehen so blöd aus. Was auch ich empfinde ist eine große Enttäuschung darüber, daß die ehemals kommunistischen Länder trotz ihrer relativ asketischen Lebensweise die Natur fast noch mehr verunstaltet haben als die sogenannte Erste Welt. Denn es ist, denke ich, völlig klar, daß der Lebensstandard stark zurückgeschraubt werden muß, wenn unsre Erde uns erhalten werden soll.

Daß das implosive Verschwinden der Volksdemokratien kein absolutes Glück war, ist mir immer klar gewesen. Es wird noch lange dauern, bis man erkennt, was das Wünschenswerte gewesen ist, das mit ihnen verging. Vorboten solcher Erkenntnis werden schon jetzt deutlich. Das gilt aber wahrscheinlich für jede plötzliche Umwälzung, ob es nun die Französische Revolution war oder die amerikanischen Unabhängigkeits- und Bürgerkriege.

Das ist es eben, was ich die Trauer um das Gewesene genannt habe. Alles, was durch viele Jahrzehnte, ja Jahrhunderte gewachsen ist und gelitten hat, kann nicht umhin, feste Wurzeln zu treiben. Werden sie plötzlich ausgerissen, so wird die Erde ärmer. Der Historiker Guizot erzählt in seinen Memoiren, Talleyrand, dieser schlaueste der Schlauen, habe einmal zu ihm gesagt: »Wer nicht in den Jahren vor 1789 gelebt hat, weiß nicht, was Lebensfreude ist.« Daß es einem Pariser Lumpensammler unter den Königen nicht gut gegangen ist, davon bin ich überzeugt, weniger hingegen, daß es ihm nach der bourgeoisen Revolution besser ging. Die Waage der Welt zittert, sie schwankt, manchmal senkt sich die eine Schale, manchmal die andere. Wenn man später nachrechnet, sind die Gewichte mehr oder weniger konstant geblieben. Tocquevilles *L'Ancien Régime et la Révolution* ist noch immer – nach 140 Jahren – ein weises Buch. Nie kann man von allem, was nicht mehr besteht, sagen, daß es wert war zugrunde zu gehen.

So geht es mir mit allem Gewesenen. Wie schon gesagt, das Schlechte zog in seinem Fall das Gute mit sich, aber nur dieses kam nicht wieder. Da ich zu der winzigen Minorität gehöre, die es für wichtiger hält, ein schönes Buch zu lesen als auf den ägyptischen Pyramiden touristisch herumzuklettern, blicke ich wehmütig auf manche Bücher in meiner Bibliothek, die aus der DDR stammen: mein bester Goethe und Herder, mein einziger Logau oder Hölty, ein ausgezeichneter Fontane, die noch am ehesten in Betracht kommende deutsche Literaturgeschichte usw. Sie kommen nicht bald wieder. Das mag eine komische Trauer sein, aber was macht's?

So geht es mit allem, denke ich, im Großen und im Kleinen. Der Fall des Zarenreiches und der Selbstmord der Sowjetunion, der Untergang der österreichischen Monarchie und jetzt die Auflösung von deren Nachfolgestaaten; aber auch die Vertreibung der Juden und der Mauren aus Spanien, der Hugenotten aus Frankreich; und, wenn man will, die Verbrennung der großen Bibliothek von Alexandria, die Zerstörung des Tempels von Jerusalem – sie alle haben die Welt nicht reicher und glücklicher gemacht. Ich bin nicht überzeugt, daß die Bilanz aus Gewinn und Verlust, die bei den großen und kleinen Umwälzungen der Geschichte festgestellt werden kann, oftmals positiv ist. Bin ich auch nicht.

Dazu möchte ich etwas sagen, was ich nicht leicht finde auszudrücken. Was wir in vielen Büchern lesen können, über das Auf und Ab der Geschichte, über Kriege und Revolutionen, über Diktaturen und Demokratien, über das Leben der Menschen, und wie es angeblich besser oder schlechter wurde: das ist nur eine Nachzeichnung verschlungener Figuren auf der Oberfläche. Viel tiefer unten, zu langsam, um registriert werden zu können – ein Stoffwechsel von Felsen –, geschehen gleichsam tektonische Verschiebungen, die uns Kurzlebigen verborgen bleiben müssen. Es gibt eine Geologie der Historie, die nicht geschrieben werden kann. Vielleicht haben Bossuet und mehr noch Vico dies versucht, aber unter uns jetzt nur schwer zugänglichen Voraussetzungen. Als blasse Modelle für das, was mir vorschwebt, könnten vielleicht die riesigen prähistorischen Migrationen gelten, aber auch die Völkerwanderungen des frühen Mittelalters. (Wer weiß, ob wir nicht gerade jetzt in der Mitte neuer enormer Wanderungen stehen, ohne uns darüber Rechnung zu geben?) Auch die Mythen um die Stadt Atlantis mögen dazugehören. Manche Dichter, und nicht mal die besten, haben Ähnliches geahnt, so z. B. Shelley, als er die Grabschrift des Königs Ozymandias von Ägypten erfand, oder Rückert, dessen »Chidher, der ewig junge« alle fünfhundert Jahre den gleichen Platz besuchte, aber niemals war dieser derselbe: aus Stadt wurde Weide, wurde Meer, wurde Wald, wurde Stadt.

Auch wenn die Volksweisheit uns lehrt »Steter Tropfen höhlt den Stein«, sollte man zuhören, obwohl ich dieses Sprichwort lange als eine Aufforderung zur Zudringlichkeit, zur amerikanischen Art von Reklame empfunden habe. Anders der große Meister Laotse, er schrieb selbst seine Sprichwörter. Im 78. Kapitel des *Taoteking* heißt es: »Nichts auf Erden ist so weich und schwach wie das Wasser, und doch bezwingt es, selbst unveränderlich, das Harte und Starre. Daß Schwaches das Starke besiegt und Weiches das Harte, das weiß jedermann auf der Welt, aber niemand handelt danach.«

Laotse nennt selbst seine Lehre paradox, aber die Macht der Schwäche ist späteren exaltierteren Zeiten auch nicht verborgen gewesen. Der zweite Korintherbrief (12, 10) sagt es auch, meint es aber ganz anders: *cum enim infirmor, tunc potens sum* – denn wenn ich schwach bin, so bin ich stark. Einen größeren Gegensatz als den zwischen dem stillen Chinesen und dem gottestrunkenen Apostel kann ich mir nicht vorstellen. Unterdessen war nämlich das Ich auf die Welt gekommen.

Anmerkung

Ludwig Wittgenstein war nicht ganz derselben Meinung. In den »Vermischten Bemerkungen« (S. 20 f.) schreibt er: »... Der Geist dieser Zivilisation, dessen Ausdruck die Industrie, Architektur, Musik, der Faschismus und Sozialismus unserer Zeit ist, ist dem Verfasser fremd und unsympathisch. Dies ist kein Werturteil. ... Das Verschwinden der Künste rechtfertigt kein absprechendes Urteil über eine Menschheit. Denn echte und starke Naturen wenden sich eben in dieser Zeit von dem Gebiet der Künste ab, und anderen Dingen zu, und der Wert des Einzelnen kommt irgendwie zum Ausdruck. Freilich nicht wie zur Zeit einer großen Kultur. ...« Dies könnte also beiläufig bedeuten, daß Joyce und Kafka in unserer Zeit Molekularbiologen geworden wären, was ich durchaus bezweifle. Viel eher würde ich sagen, daß die Existenz von so etwas wie Molekularbiologie symptomatisch für unsere Zeit ist.

Bitte als Postkarte freimachen

Antwort

**Klett-Cotta
Abteilung Vertrieb
Postfach 10 60 16**

70049 Stuttgart

Name

Straße

PLZ/Ort

Ich wurde auf dieses Buch aufmerksam durch:

Ich habe diese Karte folgendem Buch entnommen:

Mit Rücksendung dieser Karte erkläre ich mich damit einverstanden, daß ich in Ihre Informationskartei aufgenommen werde.

Sehr geehrte Leserin,
sehr geehrter Leser,

mit dem Kauf dieses Buches haben Sie Interesse an unserem Programm gezeigt. Wir möchten Sie daher gerne in eine Kartei von Interessenten aufnehmen, die bevorzugt über unser Programmangebot informiert werden.

Bitte senden Sie uns diese Karte zurück.

Selbstverständlich gibt Ihnen auch Ihr Buchhändler gerne Auskunft über unser Programm.

Übrigens:
Einmal im Jahr verlosen wir unter den Einsendern folgende Preise:
1. Preis: Klett-Cotta-Bücher im Wert von DM 400,-
2. - 10. Preis: Bücher im Wert von je DM 50,-

Ich interessiere mich besonders für:

☐ Literatur (LT)

☐ Sachbücher (SH)

☐ Psychologie/Psychoanalyse/ Psychotherapie/Pädagogik (HU)

☐ Geschichte/Politik (GE)

☐ Kultur und Gesellschaft (KG)

☐ Philosophie (PL)

Ich interessiere mich für Ihr Programm aus:

☐ privaten

☐ beruflichen Gründen

P 905527

100% Recyclingpapier

Über das Verschwinden fester Formen

I

Dieser Text versucht eine Beziehung zwischen dem überhandnehmenden Verschwinden fester Formen im Leben der Menschen und dem Mißbrauch eines Modewortes zu erforschen. Als ich zum ersten Mal in einer amerikanischen Zeitung oder Zeitschrift das Wort »Postmoderne« erblickte, wollte ich meinen Augen nicht trauen. »Seit Adam und Eva«, sagte ich zu mir, »haben die Menschen in einer dauernd wechselnden Postmoderne gelebt, und erst jetzt haben sie es bemerkt und haben den Augenblick wegen seiner Schönheit aufgefordert zu verweilen.« Dabei ist er nicht besonders schön, sondern eher einer der grauslichsten in der langen Weltgeschichte. Ich hatte immer gedacht, daß die Moden etwas sind, das sein eigenes »post« beuteltierartig mit sich trägt und es fortwährend und automatisch freigibt. Ein Postminirock kann nur länger werden, bevor er noch mehr schrumpft.

Das alles war aber ein voreiliger Schluß, denn der Zusammenhang zwischen den Wörtern »die Mode« und »die Moderne« ist nicht so unmittelbar, wie ich gedacht hatte. Obwohl beide Wörter aus dem Lateinischen stammen, scheint ihre ursprüngliche Entwicklung getrennt vor sich gegangen zu sein. »Mode« kommt vom lateinischen *modus*, Maß, Art, Weise; »modern« vom spätlateinischen *modernus*, neuartig. Indem sich »Art und Weise« zu so etwas wie »Tracht« entwickelten, trat *mode* in dem uns geläufigen Sinn im 15. Jahrhundert ins Französische ein, und von dort am Anfang des Dreißigjährigen Kriegs ins Deutsche. *Modernus* war anfangs ein Scholastikerwort und bezog sich auf neuartige theologische Strömungen. In Frankreich tritt es im 14. Jahrhundert auf, in Deutschland als *modern* erst zur Zeit der Aufklärung.[1] Es kommt bei Wie-

---

[1] Dem deutschen Wörterbuch von Fr. L. K. Weigand (5. Auflage, 2. Band,

land, Herder, Goethe und Schiller vor. Das Substantiv *die Moderne* scheint jedoch eine Kreation des unangenehm geschäftigen Journalisten Hermann Bahr zu sein und fällt in den Ausgang des 19. Jahrhunderts. Es duftet irgendwie nach Reseden oder glimmt wie die verblichenen lilafarbenen Einbände unlesbar gewordener Romane so um 1890.

Der Artikel *modern* (mit Betonung auf der zweiten Silbe) des Grimmschen Wörterbuchs ist unzureichend, kürzer als der seinem ominösen Homonym (mit Akzent auf der ersten Silbe) gewidmete, und erlaubt keinen Einblick in den Anwendungsbereich des Wortes zu verschiedenen Zeiten. Aber schon Goethe wird von Eckermann in einem Gespräch vom 28. März 1827 wie folgt zitiert: »Wenn ein moderner Mensch, wie Schlegel, an einem so großen Alten Fehler zu rügen hätte, so sollte es billig nicht anders geschehen, als auf den Knien.« (Der Moderne war A. W. v. Schlegel, der große Alte war Euripides.) Modern war also schon früh ein Synonym von »zeitgemäß« oder »up to date«, im Gegensatz zu Stilbezeichnungen wie klassisch oder romantisch. Man könnte also ganz gut von einer modernen Unterhose sprechen, aber kaum von einer romantischen Unterhose. Der Wunsch nach einem postmodernen Kleidungsstück würde vollends sogar die geschäftsfreudigsten New Yorker Verkäufer verwirren.

Während das Fin-de-Siècle-Substantiv »die Moderne« sich hauptsächlich auf die Gesamtheit der Künste, die von der Generation der etwa zwischen 1860 und 1890 Geborenen gepflegt wurden, beschränkte, scheinen die Wörter »postmodern« und »die Postmoderne« sich sehr bald nach ihrer Einführung in alle Richtungen ergossen zu haben. Sie geben vor – ich denke, mit Unrecht –, einen Stil des Lebens, Denkens, Schaffens, Genießens usw. zu beschreiben. Dies muß zurückgewiesen werden, denn gerade die Unschärfe aller Konturen, das Schwanken und Wanken, die Verschwommenheit des Hintergrundes, die Un-

---

Spalte 203) entnehme ich allerdings, daß das Adjektiv *modernisch* bereits 1528 bei Paracelsus erscheint.

bestimmtheit und Unsicherheit scheinen mir die Charakteristiken dieser so bizarr bezeichneten Epoche zu sein. Ich muß mich entschuldigen, wenn ich mich zu sehr mit meinem eigenen Geschmack vordränge, aber wenn ich von einer Schöpfung oder, besser, von irgendeiner Tätigkeit, von irgendeinem Gefühl höre, es sei postmodern, so übersetze ich das in die Warnung, es erinnere an etwas aus der Vergangenheit, aber die Imitation sei nichts wert.

Die erste Anwendung des neuen Begriffs »postmodern« erfolgte in bescheidener Art und entbehrte nicht der Berechtigung. Laut dem Oxford English Dictionary geschah dies im Jahre 1949 und hatte mit einer damals populär werdenden Veränderung des Architekturstils zu tun. Wenn Proust und Joyce »moderne« Romane schrieben, Picasso und Kokoschka »moderne« Gemälde schufen, usw., so hatte das Adjektiv mehr mit dem Kalender zu tun als mit einem einheitlichen Stil der Moderne. Moderne Architektur hingegen war ein Stil, mit dem die meisten etwas ganz Bestimmtes verbanden und wofür solche Namen standen wie Le Corbusier, Wright, Gropius, Mies van der Rohe etc. Wollte man sagen, daß der eine oder andere Architekt sich vom Einfluß der großen modernen Baumeister befreit habe, so sagte man, mit bedauerlicher Verkürzung, er sei »postmodern«. Daß diese Bezeichnung sich in wenigen Jahren virusartig ausbreiten werde, war kaum vorhersehbar. Zurückblickend mag man, nicht ohne Schauder, sagen, das Wort müsse eben einem Bedürfnis entsprochen haben.

II

Ich habe den Eindruck, daß es ein Unikum ist, wenn eine Epoche sich selbst als die Dekadenz der ihr vorhergehenden vorstellt. Könnte ich mir bei Giambattista Vico Rat holen, so würde es sich vielleicht herausstellen, daß jede historische Epoche als die Dekadenz derjenigen betrachtet werden kann, aus der sie hervorgegangen ist. Aber diese Feststellung wurde gewöhnlich einer spätern Zukunft überlassen. In der französischen Literaturgeschichte ist eine Debatte als die »querelle des anciens et des modernes« berühmt geworden; die Schriftsteller, die sich als modern betrachteten, hätten gewiß gezögert, ihre Epoche postklassisch zu nennen, umfaßt doch die Vorsilbe »post« alles, was ihr vorausgegangen ist.

Als ich einmal darüber nachdachte, fiel mir auf, daß unsere Zeit, also die »Postmoderne«, durch das Verschwinden sehr vieler Formen gekennzeichnet ist, die durch Jahrhunderte, ja durch Jahrtausende als fest gegolten haben. Gerade hatte ich in der New York Times wieder einmal über angebliche, erfolgreiche, erstaunliche Organtransplantationen gelesen, als mein Auge auf eine mir wohlbekannte, weil schon früher zitierte, Aufzeichnung Lichtenbergs (D 194) fiel.

> Ein Glück ist es, daß der Himmel uns nicht die Macht gegeben hat [so] vieles an unserm Körper zu ändern, als wir wollen und als unsere Theorie für nothwendig angeben würde. Der eine würde sich mit Augen, der andere mit Geburts Gliedern, ein dritter mit Ohren besetzen – wo wir ändern können ist es blos die Oberfläche, die uns der Himmel frey gegeben hat um damit zu spielen, für was er uns halten muß können wir schon daraus sehen, daß er uns vom Wesentlichen nicht einer Stecknadel groß anvertraut hat. (1)

Damals konnte man also noch Zutrauen zum Himmel haben. Man wußte seit jeher, daß er stumm bleibt. Das war schon keine Neuigkeit für Meister Kung (Konfuzius).

> Der Meister sprach: »Ich möchte lieber nichts reden.« Dsï Gung sprach: »Wenn der Meister nicht redet, was haben dann wir Schüler aufzuzeichnen?« Der Meister sprach: »Wahrlich, redet etwa der Himmel? Die vier Zeiten gehen (ihren Gang), alle Dinge werden erzeugt. Wahrlich, redet etwa der Himmel?« (2)

Es ist wahr, wir hören den Himmel noch immer nicht. Wie könnten wir es auch bei dem Heidenlärm, den wir machen?

Was meint Chargaff?

Aber wir haben uns daran gewöhnt – wir erwarten es geradezu –, daß die Naturwissenschaften, bereitwilliger als der Himmel und als Meister Kung, das Zu-uns-reden übernommen haben. Einige hundert Jahre haben die Wissenschaften diese Aufgabe treu erfüllt, sie haben zu uns geredet, sie haben die Natur zu verstehen und zu erklären versucht, und dies lange Zeit auf menschliche Weise, also unvollkommen. Dann aber geschah es, daß die Naturforschung, teils dank ihrer Wichtigkeit für unsere riesenhaften Kriege, teils dank dem Aufstieg Amerikas, eine Art von Unfehlbarkeitsdogma verkündigte, das infolge unserer eigenen Dummheit allgemeine Aufnahme fand.* Daß der Inhalt des Dogmas sich alle paar Jahre ändert scheint niemandem aufzufallen. Seit diesem Triumph positivistisch-arroganten Denkens kann man sagen: die Naturwissenschaften reden nicht zu uns anstelle des Himmels, sie sind der Himmel.

Wir leben also in Zeiten der Vergeblichkeit des Gegebenen. Was früher weniger aufgeklärte Jahrtausende als gegeben angenommen haben läßt sich gar nicht aufzählen. Das Firmament über uns und um uns; die Erde als unser Wohnsitz; Geburt, Leben und Tod; unser Körper und seine Vergänglichkeit; unsere Schwäche, aber auch unser beschränktes Vermögen, sie zu überwinden. Die Wunder, die der gebrechliche Menschenverstand manchmal zu wirken vermochte, sie wurden nicht als erwartungsgemäß angesehen, sie waren ein Geschenk des Himmels.

Es würde uns lächerlich vorkommen, wenn wir jemanden hörten, der behauptete, er sei dabeigewesen, als der Menschenverstand sich seiner Gebrechlichkeit entledigte und daran ging, eine Gegebenheit nach der andern als unwahr zu entlarven. Und doch muß ich das von mir sagen und von jedem anderen, der ähnliche Lebensdaten aufweisen kann wie ich. Ich bin nicht stolz darauf, eher wehmütig.

Selbstverständlich ist, was ich als feste Formen bezeichne, auch schon in früheren Zeiten, aber sehr selten, erschüttert worden oder verschwunden, die meisten gewiß in prähistorischen

Zeiten. Das ptolemäische Weltsystem war sicherlich eine solche feste Form. Aber trotz Kopernicus geht für uns die Sonne noch immer auf und unter, und irgendwie steht das Verschwinden des festen Glaubens eher in unseren Lehrbüchern als in unseren Herzen. Vergleichen wir die heliozentrische Revolution mit der durch die Atomspaltung bewirkten. Beide haben gemeinsam, daß sie ohne die Naturwissenschaften nicht erfolgt wären, aber die zweite war mörderisch. Eine der hauptsächlichen Gegebenheiten war gewiß das Atom und seine im Namen versiegelte Unspaltbarkeit. Die geniale Vorstellung eines Leukipp und Demokrit von dem nicht aufteilbaren Elementarteilchen, das die Grundlage alles Seienden bilde, hat sich etwa 2400 Jahre erhalten, bis in unsere Zeit. Was die Naturwissenschaften bis in meine Jugend hinein lehrten, die klassische Physik und Chemie, wären ohne die Atomtheorie undenkbar. Nach der verhängnisvollen Entdeckung der Radioaktivität dauerte es jedoch nur ein paar Jahrzehnte, und das »Unzerschneidbare« wurde gesprengt. Die Geburtsstunde für unser immer mehr wackelndes Zeitalter war gekommen. Wer Otto Hahn persönlich gekannt hat muß von der ungeheuerlichen Ironie der Vorsehung betroffen worden sein.

Wenn der Titel dieser Zeilen von dem Verschwinden der festen Formen spricht, so möchte ich unter diesen dem Atom, der festesten aller Formen, einen der ersten Plätze anweisen. Für mich hat im August 1945 mit der Zerstörung von Hiroshima eine neue Epoche begonnen, die jetzt oft mit dem nach meiner Meinung nicht zutreffenden und stark untertreibenden Beinamen »Postmoderne« bezeichnet wird. Wie ich dieses Zeitalter nennen würde, zeigt mein Titel. Allerdings hatte mich das Staunen über die unpassende Bezeichnung auf die Spur geführt.

Das vorhergehende Zeitalter, die »Moderne«, hatte viele Gründungsväter, unter ihnen das exaltierte Genie eines August Strindberg. Er betrachtete die herankommende Epoche mit manischem Unverständnis und bäumte sich gegen ihre wissenschaftlichen Vorläufer. Die drei Teile seines *Blaubuch* sind voll von Wahnsinnsblitzen. Besonders lehrreich finde ich im zweiten Teil, dem *Neuen Blaubuch*, den Abschnitt, der den Titel »Was ist Radium?« trägt. (3) Darin bespricht er zuerst die Entdeckung der Röntgenstrahlung als eine fragwürdige Farce und geht dann weiter zur Radioaktivität.

Während diese Posse vor sich ging, saß ein Ehepaar auf dem Montparnasse in Paris in zwei einfachen Zimmern und experimentierte in einem Hinterhaus. Denn sie waren sehr arm. Darum kauften sie eins von den teuersten Mineralen, Pechblende, einige Tonnen (eine Tonne gleich tausend Kilo) sagt man.

In einer immer mehr parodistisch werdenden Ausführung wird dann die Isolierung des Radiums geschildert und das Ehepaar Curie als Stümper und Schwindler entlarvt. Aber, ach, Strindberg war im Unrecht, und das Radium hat ihn und seine Werke überlebt. Die jetzt Lebenden würden selbstverständlich sagen, daß Strindberg ein Narr war: ein Urteil, zu dem man gelangen kann, ohne Chemiker zu sein. Dennoch erscheint mir seine Haltung von großem Interesse. Sie zeigt, wie verankert im Menschen das Bedürfnis nach Gewißheit, nach festen Formen, nach dem Gegebenen ist.

III

Der von mir gewählte Ausdruck »feste Form« ist sicherlich dazu angetan, von Fachleuten aller Arten verhöhnt und ignoriert zu werden. Wenn man ihm nicht seine Oberflächlichkeit vorwirft, dann sozusagen seine Unterflächlichkeit. Was heißt fest, was heißt Form? Ich verstehe darunter, wie bereits angedeutet, alles was es schon lange – oder, besser, immer – gegeben hat. Geburt und Tod sind feste Formen; Jugend und Alter; Körper und Geschlecht; die Erde, auf die wir treten; Sonne, Mond, Sterne und Himmel; der Wechsel der Jahreszeiten; das Wetter und seine ewige Veränderlichkeit; unsere Heimat, unsere

Sprache; die Tiere und Pflanzen, die uns umgeben und uns ernähren; das Wasser, das uns tränkt. Mit andern Worten, alles, was die Wissenschaften früher in Ruhe gelassen haben und jetzt pflichtgemäß benagen und gefährden. Eine der unvergänglichen festen Formen war das Anderssein, jetzt im Verschwinden begriffen: der Andere dem Einen immer als Mensch erkennbar und seiner bedürftig. Jetzt sind wir alle Teilchen eines strukturlosen klebrigen Teigs, Opfer einer Sterbemaschine, die unter dem Vorwand, uns das Leben zu erleichtern, uns den Tod im Leben bringt.

Ich habe vom ersten Augenblick an gefühlt, daß die Atomspaltung eines der größten Verhängnisse für die Menschheit ist, und dieses Gefühl hat sich in den folgenden fünfzig Jahren verstärkt. Die Manipulation von Transformationen, die, solange die Chemie nur eine Art von nassem übelriechenden Schachspiel war, harmlos erschien, hat sich als ein unheilvolles Geschenk erwiesen. Sie hat den Monolithen des Gegebenen unterhöhlt und erschüttert. Das Unabänderliche ist aus unserem Denken verschwunden. Dieser fürchterlichen Entdeckung folgte bald eine wahrscheinlich noch unheilvollere, nämlich die vielfache Möglichkeit der Manipulation des Zellkerns. Unheilvoller, weil nicht gehemmt durch die Tödlichkeit der Strahlung; gefährlicher, weil verkleidet als Wohltat und Heilung.

Die hektische Suche nach Machbarkeit, ja sogar Verkäuflichheit hat die ganze Welt ergriffen und sie zu einem Kreuzzug zum unheiligsten aller Grale aufgerufen. Da gibt es keinen Halt; die Kontinente, die es zu entdecken gilt, werden gleichzeitig erzeugt und vernichtet. Jede Suche wird endlos, denn sie entwertet sofort das Gefundene. In dem hier gezeichneten Vexierbild wird der Kenner sofort unsere gegenwärtigen Naturwissenschaften erkennen.

In den früher zitierten Zeilen dankt Lichtenberg dem Himmel, daß wir so viel weniger an unsern Körpern verändern können als wir möchten. Der Himmel erwies sich jedoch unwürdig dieses Danks, indem er viel Ungeträumtes möglich machte. Da er andererseits nicht weniger schweigt als zur Zeit

Aufhellung düster. Machbarkeit

des Kungfutse, kann man ihn nicht fragen, ob er die uralte Schilderung des Schöpfungsvorgangs zurückzunehmen wünscht. Jedenfalls sind die Chirurgen und die Molekularbiologen eifrig damit befaßt, unsere altmodischen Vorstellungen von der Unveränderlichkeit der Lebensformen zu widerlegen. Ich bin leider nicht hinreichend kompetent, um zu schildern, was da alles auf diesem Gebiet verschnitten und gepanscht wird. In kindlicher Freundlichkeit traue ich allen das Ärgste zu. Selbst Lichtenberg würde zugeben müssen, daß unsere eifrigen Arbeiter im Weinberg des Teufels tief unter die Oberfläche hinabgestiegen sind. Daß der Mensch zwei Ohren, zwei Augen und ein »Geburtsglied« habe, nahm Lichtenberg als ebenso gegeben an, wie daß er im allgemeinen ein unbedachter schlechter Kerl sei, der alles haben möchte, was zu haben ist, und, wenn er es hat, damit Unsinn treibt. Nur akzeptierte Lichtenberg, wie alle seine Zeitgenossen, daß diesen Wünschen enge Grenzen gesetzt sind, und daß der Himmel dafür sorgt, daß die Bäume nicht in ihn hineinwachsen. Jetzt, da diese es vielleicht könnten, dank den wunderbaren Latwergen der Gentechnik, können sie es wieder nicht, weil sie mit dem Absterben beschäftigt sind.

Es gibt Leute, die behaupten, daß der einzige Grund dafür, daß wir so viel geleistet hätten und kurz vor der Eröffnung des irdischen Paradieses stünden, darin zu sehen sei, daß wir so viel mehr Geld haben als frühere Zeiten. Das kann nicht wahr sein, denn zum Beispiel die Pyramiden haben auch eine hübsche Summe gekostet und waren wahrscheinlich von weniger auf dem Boden liegenden Obdachlosen umringt als jetzt die Columbus-Statue in New York. Es muß geheimnisvolle Kräfte *geben, die eines finstern Tages, so um 1940, beschlossen, mit den Gegebenheiten aufzuräumen. Das war der Tag, als die Wirklichkeit sich in ein Spiegelbild verwandelte, in ein Zucken in einem blutigen Spiegel. Die Welt begann, als das Chaos zu erscheinen, das sie wahrhaftig niemals war.

* gegeben haben

(Gelesen am 13.9.95.)

IV

Man kann selbstverständlich behaupten, daß der Fortschritt der Zivilisation das Verschwinden fester Formen bedingt. Ohne besonders tief darüber nachgedacht zu haben, erwähne ich, neben der [bereits besprochenen] Ablösung des Ptolemäischen Weltbildes, die Reformation, die den in Europa herrschenden Katholizismus erschütterte; den Nachweis des hohen Alters der Erde durch die Geologie des vorigen Jahrhunderts; die Lehren Darwins, usw. Alles in allem waren das Erschütterungen, die auf die Erweiterung von Denkbarkeiten, aber nicht von Machbarkeiten hinzielten. Erst die Naturwissenschaften unseres Jahrhunderts, die Physik, die Chemie, die Biologie, haben die Machbarkeit, also die gewerbsmäßige Vernichtung ehedem fester Formen zum Hauptziel gemacht. [So ist zum Beispiel die von Lichtenberg so freudig verkündete Unveränderlichkeit des menschlichen Körpers fast völlig aufgehoben worden. Die meisten Organe des Körpers veränderten ihre Hauptaufgabe, die jetzt darin besteht, daß sie austauschbar sind. Herz, Leber, und was noch alles werden den Trägern entrissen, um transplantiert zu werden; Trägern, die sich gerade auf den Leichenstand einrichteten, wenn ihnen nicht zu diesem verholfen wurde. Da das professionelle Auge der Bioethiker darüber wacht, ist alles in Ordnung. Bei dem bald darauf folgenden Begräbnis der von der Wissenschaft Geretteten kann auch eine Kopie der hohen Chirurgen- und Spitalsrechnung ins Grab gelegt werden, so wie die Pharaonen Miniaturen ihres Haushalts mitbekamen. Ich sehe die Erklärung dieses makabren Karussells darin, daß Krankheit und Tod ihre feste Form im Menschenleben eingebüßt haben, und, als Irrtümer des Schicksals erkannt, sofortige Korrektion erfordern.]

Ist nicht, wenn man genau hinschaut, die ganze Natur verbesserungsfähig? Was Millionen von Jahren gekrümmt haben, müssen wir geradeмachen; was gerade ist, müssen wir krümmen. Wir fragen die Natur nach ihrem Zweck, und sind mit ihrer Antwort, die wir uns selbst geben, unzufrieden.

Daher der sinnlose, oft verbrecherische Angriff der Gentechnik auf die Konstitution der Lebewesen. Wenn Bakterien Insulin für die Pharmaindustrie fabrizieren können, warum sollen Karotten nicht nach Knoblauch riechen? Sind Hormone zu etwas anderem da, als die Kühe zu zwingen, doppelt so viel Milch zu produzieren, als sie von Natur aus können? Wir stehen mitten im Unterfangen, eine »Designer«-Natur an die Stelle der alten, unzureichend gewordenen zu setzen. Ich glaube, daß man von den Generationen der letzten 150 Jahre sagen kann, sie seien die ersten gewesen, denen es gelungen ist, die Welt schlechter zu machen als sie je zuvor gewesen ist.

Die Arbeit, die jetzt allenthalben, mit Hilfe des Geldes der Völker, geleistet wird, um die Mängel der Natur zu beheben, ist unbeschreiblich. Ich brauche nicht hinzuzufügen, daß alles nicht so schnell gehen würde, wenn nicht Geld, viel Geld dahinterstünde. Der Selbsterhaltungstrieb hat die Menschen immer bewegt; der Selbstbereicherungstrieb ist, denke ich, viel jüngeren Datums. Seit wann das Gefühl überhandgenommen hat, daß die Zehn Gebote den Fortschritt hemmen, kann ich nicht sagen. Da diese Gebote das Verbot zu lügen seltsamerweise nicht einschließen, kann man nicht einmal behaupten, daß die überkommenen Religionen den Fortschritt der Molekulargenetik und der Gentechnik hindern.

V

Wenn das Verschwinden der festen Formen, wie der gegenwärtige Text sie zu beschreiben versucht, wirklich ein für unsere Zeit charakteristischer Vorgang ist, so müßte seine wichtigste Erscheinungsform gründlich betrachtet werden, und gerade einer solchen Betrachtung fühle ich mich nicht gewachsen. Ich denke an die zunehmende Verschwommenheit, ja an die Auflösung des Menschenbildes. Wir leben und denken in einer Menschenwelt und kümmern uns wenig um das Schicksal der Erde und ihrer unzähligen nichtmenschlichen Bewohner. In

* Zerstörung

einer ruinierten Welt kann es jedoch nur verstümmelte Menschen geben.

Ich glaube nicht, daß die gegenwärtige Menschheit noch in der Lage ist, etwas Wesentliches gegen die zunehmend katastrophale Versehrung ihrer Erde zu unternehmen. Die Schriften, die Kongresse, Symposien, Manifeste, die sich damit befassen, kommen mir wie ein Zeitvertreib der Verzweiflung vor. Es ist wie in allem andern: da der Mensch vorläufig noch mit seinem Tode rechnet, muß er die Zeit bis dahin mit irgendwelchen Dingen verbringen, und den wichtigeren Rest läßt er für die kommende Generation, die sich auch nicht besser benehmen wird.

Da der Tod gewiß zu den festesten aller Formen gehört, frage ich mich, ob die biologischen und medizinischen Wissenschaften wirklich auf seine Abschaffung abzielen. So tüchtig kommen sie mir ja nicht vor; aber mit der Verlängerung der Lebensdauer sind sie sicherlich befaßt, so daß man durch Extrapolation ihnen sogar diesen wahnwitzigen Hintergedanken zutrauen könnte. Da die Verwirklichung einer Absicht um so wahrscheinlicher ist, je dümmer diese ist, wird vielleicht wirklich einmal der glorreiche Zeitpunkt eintreffen, an dem es üblicher sein wird, durch Hinrichtung oder Selbstmord zu sterben als auf die alte natürliche Weise.*

Aber das ist alles alberne Zukunftsmusik, obwohl gesagt werden muß, daß den Menschen oft etwas albern erschienen ist, das über Nacht wahr wurde. Die zunehmende Verschwommenheit des Bildes, das die Menschen von sich haben, erscheint mir hingegen als eine Tatsache. Bis zum Ende des 18. Jahrhunderts, kommt mir vor, stand es viel besser damit. Besonders die große realistische Literatur der Engländer ist da sehr lehrreich. Wenn

---

* In einem Symposium, das eine Schweizer Zeitung anläßlich des Todes von Elias Canetti, des als Todfeind des Todes berühmten Schriftstellers, veröffentlichte, wurde der Tod schlichtweg als »Sauerei« bezeichnet. Dabei ist doch der Tod die Bezahlung dafür, daß man das Wunder des Lebens genossen hat. Zu arge Verletzungen.

man Boswells Buch über Dr. Johnson liest oder die Romane von Richardson, Fielding, Smollett, kann man sehen, wie fest die Menschen auf ihrem Boden standen. Erst mit der *Nouvelle Héloïse* und mit *Werther* und dann besonders in der Romantik beginnt der Boden zu schwanken. Aus der gegenwärtigen Literatur mit Ansprüchen auf Rang und Wert ist der Mensch verschwunden, außer als Nervenbündel oder als nasser Fetzen.

VI

Ein Essay ist ein Strichpunkt; ein dichterisches Werk ist ein Doppelpunkt, selten ein Punkt, und leider allzu oft ein Ausrufezeichen. Strichpunkte bedeuten also, daß es weitergeht. Und so will auch ich es tun, indem ich darauf hinweise, daß das Verschwinden fester Formen sich nicht nur auf den durch die Naturforschung und durch die Technik geförderten »Fortschritt« bezieht. Wenn man unsere Welt betrachtet, so wackelt sie, wohin immer man blickt. Ich glaube nicht, daß man das selbst zur Zeit der Französischen Revolution hätte sagen können. Es ist oft darauf hingewiesen worden, daß Julius Caesar und der große Napoleon sich mit ungefähr gleicher Geschwindigkeit über die Erde bewegten. Während dieser zwei Jahrtausende hatte die Welt nicht geschlafen, aber die Menschen hatten andere Hoffnungen, als sich so rasch wie möglich von einem Ort zum andern fortzubewegen.

Jean Paul (1763–1825) war einer von jenen großen Dichtern, die das Beben kommender Umwälzungen in der eigenen Seele verspüren. Er hatte ein Herz, das noch weinen, einen Kopf, der noch lachen konnte. Das erste Blumenstück im *Siebenkäs* trägt einen Titel, der alles sagt: »Rede des toten Christus vom Weltgebäude herab, daß kein Gott sei.« Es ist ein verzweifelter Traum, aus dem der Dichter erwacht, zurückfindend zu der im Traum verlorenen Gewißheit.

Meine Seele weinte vor Freude, daß sie wieder Gott anbeten konnte – und die Freude und das Weinen und der

Glaube an ihn waren das Gebet. Und als ich aufstand, glimmte die Sonne tief hinter den vollen purpurnen Kornähren und warf friedlich den Widerschein ihres Abendrotes dem kleinen Monde zu, der ohne eine Aurora im Morgen aufstieg; und zwischen dem Himmel und der Erde streckte eine frohe vergängliche Welt ihre kurzen Flügel aus und lebte, wie ich, vor dem unendlichen Vater; und von der ganzen Natur um mich flossen friedliche Töne aus, wie von fernen Abendglocken. (4)

Das sind die Abendglocken, die wir nicht mehr hören, und die Natur ist weder ganz noch friedlich. Die Kornähren sind wahrscheinlich nicht mehr purpurn, denn ihnen ist durch Genmanipulation ein fremdes Gen einverleibt worden, das angeblich irgendwelche Schädlinge abhält, aber noch vieles tut, was man nicht weiß; z. B. eine Genfirma vor dem verdienten Bankrott zu retten. Daß wir es zugelassen haben, daß gewinnsüchtige Wissenschaft unsere ganze Welt irreversibel verändere, wird ein ewiger Schandfleck für unsere Zeit bleiben.

VII

Daß ich meine Threnodie über das Verschwinden fester Formen auf die Kunst, die Musik und die Literatur ausdehne, also auf den Hauptteil dessen, was man früher als Kultur bezeichnete, ist selbstverständlich. Es wird zumindest der Minorität, die sich noch dafür interessiert, als natürlich erscheinen, denn auch der gegenwärtige Zustand aller Künste ist symptomatisch für die recht plötzlich wahrnehmbar gewordene Brüchigkeit unserer Welt. Dort, wo ich lebe, im angeblich pragmatischen Amerika, werden die meisten Menschen nicht aus dem Umstand, daß jetzt so häßlich gebaut oder gedichtet wird, auf den veränderten Zustand ihrer Welt schließen, sondern eher aus der Tatsache, daß es fast unmöglich geworden ist, genießbares Obst oder Gemüse zu finden. Das macht nichts, denn die Verschlechterung ist so allgemein, daß ihr Vorhandensein aus zahlreichen Symptomen erkannt werden kann.

Nicht lange vor seinem Tod hatte ich Hans Sedlmayr in Salzburg kennengelernt. Ich wußte, daß er ein viel verlachtes und angegriffenes Buch geschrieben habe, angeblich ein Sinnbild österreichischer Spießbürgerlichkeit. Aufgewachsen unter der berechtigten Spottwolke, die Karl Kraus über »die Cherusker in Krems« ausgegossen hatte, vermied ich die Lektüre von Provinzliteratur. Als ich jedoch nachher, unter dem Eindruck von Sedlmayrs Persönlichkeit, sein Buch las, *Verlust der Mitte* mit dem Untertitel »Die bildende Kunst des 19. und 20. Jahrhunderts als Symptom und Symbol der Zeit« (5), erkannte ich, wie unrichtig meine leichtfertige Meinung gewesen war. Er hatte Schlüsse gezogen, die den meinen nicht unähnlich waren, nur lagen die von ihm aufgezählten Symptome länger zurück, bis zu Epochen, die ich von jeder Verurteilung ausnehmen möchte.

Mir erscheint die Zeit des Zweiten Weltkriegs als die große Grenze. Gegenüber fast allem, was vor den vierziger Jahren geschrieben und geschaffen wurde, fühle ich mich recht fest in meinem Geschmack, der natürlich nur für mich gültig ist; fast alles, was später kam, ist wackelig, wie auch mein Urteil darüber. Daß Conrad, Proust, Kafka, Brecht große Dichter waren und Picasso, Braque, Matisse große Maler, erscheint meinem Geschmack unzweifelhaft, ebenso wie ich Strawinsky, Prokofjew oder Bartók als sehr bedeutende Komponisten bewundere. Die Anzahl von Namen könnte noch sehr vergrößert werden, aber ich habe weder Recht noch Absicht, Kränze zu verteilen. Aus keinem der Werke waren die festen Formen verschwunden: ein Porträt reflektierte einen Menschen, ein Gedicht einen einmaligen Zustand der Sprache; nichts war auswechselbar. Auf die Produktion der letzten vierzig oder fünfzig Jahre trifft das nicht mehr zu. Die technischen Wunder der Erzeugung von Kunstwerken oder Dichtungen mögen nicht aufgehört haben; aber was mir völlig verschwunden erscheint ist der unmittelbare Kontakt zwischen Werk und Publikum.

Der weniger auffallenden Veränderungen, nach einer viele

Jahrhunderte währenden Beständigkeit, gibt es so viele, daß sie nicht aufgezählt werden können. Um nur eine zu erwähnen: der Kanon großer Werke der verschiedenen Nationalliteraturen ist fast plötzlich zerstört worden. Erlaubt ist was gefällt, und dieses wird auf demokratische Art entschieden. Elitär ist ein Schimpfwort; Multikulturalismus ist eine Kollektion gleichwertiger Pidginkulturen; es herrscht ein Riesenradau minimalistischer Interjektionen. Dichtungen werden nicht mehr gelesen (und daher auch nicht geschrieben), sondern Texte werden dekonstruiert. Alles was Geschmack, Sitte, Gebräuche durch eine sehr lange Zeit bedeutet haben, ist über Nacht abgeschafft, und geistige und moralische Krüppel tanzen eine postmoderne Carmagnole. Die tausende Jahre alte Kultur des Abendlandes, auf ihren kleinsten gemeinsamen Nenner zurückgeführt, entpuppt sich als eine blutige Fibel. Und übrigens, was sich in unsern Zeiten in Deutschland und Rußland, und nicht nur in diesen beiden Ländern, abgespielt hat, war dies nicht auch das Verschwinden einer sehr festen Form?

VIII

Es gibt in Pascals *Pensées* eine Notiz, die Sedlmayr auch das Motto zu seinem Buch geliefert hat. Darin sagt Pascal, daß der Mehrheit der Menschen nur das Mittelmaß gut erscheine und daß er sich dieser Ansicht nicht widersetze. Er weigere sich zwar, ans unterste Ende versetzt zu werden, nicht weil es unten, sondern weil es das Ende sei; ebenso sei er gegen das oberste Ende. Dann fährt er fort: »*C'est sortir de l'humanité que de sortir du milieu.*« (6) Ein ähnlicher unheroischer Gedanke findet sich bei La Bruyère in seinen *Caractères,* einem viel zu wenig gelesenen ausgezeichneten Buch, u. zw. in Nr. 47 des Kapitels *Des Biens de Fortune:* »*Je ne veux être, si je le puis, ni malheureux ni heureux; je me jette et je me réfugie dans la médiocrité.*« (7)

Wenn man will, kann man also sagen, daß wer nach seinem

Glück gräbt sein Unglück ausgräbt. Das mag wahr sein, kann aber kaum auf die hier besprochenen Vorgänge angewendet werden. Diese sind sicherlich nicht bewußt hervorgerufen worden; die Menschheit steht ihnen apathisch oder leidend gegenüber. Wenn wir so viel über den Charakter und das Schicksal des Menschen wüßten wie über die geologischen Vorbedingungen eines Erdbebens, könnten wir vielleicht anfangen darüber nachzudenken.

Wie es mir erscheint, ist, was ich die Auflösung fester Formen nenne, um das Jahr 1940 wahrnehmbar geworden, aber es muß zahlreiche separate Vorläufer gegeben haben, bevor der Vorgang auf vielen Gebieten fast synchron stattfand. Vielleicht zeigt dieser Abnützungsvorgang paradoxerweise bereits Abnützungserscheinungen, zumindest auf dem Gebiet der Malerei. Dennoch finde ich es schwer mir vorzustellen, wie eine Verfestigung aussehen könnte, die nicht völlig epigonisch und imitativ wäre.

Das hier Gesagte, nämlich die Rückkehr zu festeren Formen, mag für die Künste gelten, aber den Atomkern und den Zellkern werden wir nie wieder ganz machen. Der Atommüll wird fortfahren zu strahlen und zu töten; das Gen, eingepflanzt, wo es nicht hingehört, wird sich fortpflanzen, bis eine höhere Kraft als die des genetischen Missetäters es abberuft. Es liegt im Wesen der Naturforschung, daß sie immer weitergehen muß; sie geht vom Bewiesenen zum Widerlegten zum neuen Bewiesenen zum neuerdings Zurückgenommenen usw. Sie kann nicht aufhören außer ganz. Die einzige Alternative zu den Naturwissenschaften ist ihr völliges Verschwinden, und niemand wird sagen wollen, wie dies vor sich gehen könnte.

IX

Sollten diese Zeilen auch nur einen aufmerksamen Leser finden, so wird ihm vielleicht auffallen, daß eine der allerwichtigsten festen Formen, und eine, die die Menschheit seit der

Menschwerdung begleitet hat, nicht erwähnt worden ist. Ich meine das, was man jetzt Umwelt nennt, also die Natur ohne den Menschen. Ich habe sie aus Ratlosigkeit ausgelassen, denn mir fällt zu ihr nichts ein. Die Frage der Umgebung der Menschen, der Umwelt, ist durch fortwährendes Herumgerede ihrer Kraft und Dringlichkeit beraubt worden, so daß sie nur mehr verwendbar ist für Kongresse und Symposien, die für den Schutz der Umwelt eintreten, etwa mit Hilfe von speziellen Briefmarken, Feierstunden, Fackelzügen. Die Sache steht nämlich so: schon der erste Mensch hat mit der Schädigung seiner Umwelt beginnen müssen. Tiere pflegen keine Wälder zu roden, Feuer zu machen, Flußbette zu regulieren. Aber bis zum Anbruch des industriellen Zeitalters hätte man nur unter sehr seltenen Umständen behaupten können, die der Natur zugefügten Schäden seien irreversibel gewesen. Jetzt aber müßte die Menschheit Hunderte von Jahren schwerster allgemeiner Askese auf sich nehmen, um auch nur einen Teil der Versehrung wiedergutzumachen. Die meisten Schäden würden zu ihrer Aufhebung einen Demiurgen erfordern.

Ich fürchte, daß es sich herausstellen wird, daß eine fortschreitende Vernichtung der Umwelt gleichsam eingebaut ist in den allgemeinen Begriff des Fortschritts. Der Kapitalismus wird die Welt nicht gesund machen; ich kann mir aber auch kein anderes politisches System vorstellen, das dies eher vermöchte. Die dauernde Verschlechterung der Welt ist ebenso wie der Tod eine Bedingung des Menschenlebens. Insofern als die modernen Naturwissenschaften unabkömmlich sind für das Gedeihen der Technik und der Industrie gehören sie zu den hauptsächlichen Umweltvernichtern; zur Sanierung der Umgebung lassen sie sich jedoch nur Kleingedrucktes einfallen.

Jedenfalls erscheint es mir zweifellos, daß unsere mißgelaunte kraftlose Zeit, die sich mit dem Namen »Postmoderne« selbst als ein Similizeitalter enthüllt, unter dem Verschwinden fester Formen leidet. Während früher die Religionen das teilweise ersetzten, was den Menschen fehlte, tun sie es jetzt nicht mehr. Den Naturwissenschaften als einziger großer Unreligion ist es zugefallen, die allgemeine Hoffnungslosigkeit durch eine Heilsbotschaft zu vertreiben, an die sie selbst nicht glauben. Den Stoff, an dem die Wissenschaften tagsüber weben, trennen sie nachts wieder auf. Wir leben in einem Ithaka, in das Odysseus niemals zurückkehren wird.

X

Was hat diese Unruhe in die Menschen gebracht? Sind sie es, welche die festen Formen zerstört haben, oder hat deren Vernichtung sie so ruhelos gemacht? Ich glaube nicht, daß die Philosophie, die Historie, die Nationalökonomie, die Soziologie uns zu einer Antwort verhelfen können, denn die gleichsam tektonischen Verschiebungen in der Lebensweise der Menschen durch die Jahrhunderte entziehen sich, fürchte ich, der wissenschaftlichen Beobachtung und Erklärung. Wenn man von sehr hoher Höhe auf die Welt schaut – ein Blickpunkt, der alten Leuten zusteht –, sieht man eine lethargische Emsigkeit, einen ziellosen Eifer, eine müde Geschäftigkeit. Man hat schon immer von den Amerikanern gesagt, daß ein jeder schneller laufen will als alle anderen, aber nicht weiß, wohin. Ursprünglich wußten sie es besser, aber noch jetzt sieht man, daß Amerika ein Land ist, das von Leuten begründet wurde, die so schnell, wie sie nur konnten, reich werden wollten. Jetzt ist es sicherlich die Amerikanisierung der ganzen Welt, die zur allgemeinen Ratlosigkeit beigetragen hat.

Das kann aber nicht alles sein. Es kann nicht nur die Schuld Amerikas sein, daß die Menschen überall die Fähigkeit verloren zu haben scheinen, etwas wirklich Großes zu vollbringen, ob es nun um Dichtung geht, bildende Kunst, Musik oder Geisteswissenschaften.* Man hat den Eindruck, daß mit dem ver-

---

* In diesem Zusammenhang sei auf die Ausführungen im unmittelbar vorhergehenden Essay »Zweierlei Trauer« verwiesen.

hängnisvollen Jahr 1914 ein Licht ausgelöscht worden ist, das nie wieder entzündet wurde. Was nachher kam ist epigonisch-parodistisch, ein Schmunzeln des Eh'-schon-Wissens. Dazu paßt es, daß zum ersten Mal in vielleicht 2500 Jahren eine weitere noch nicht erwähnte feste Form im Sterben ist: das Buch. Den Wettlauf mit dem Fernsehen und den CD-ROM-Plättchen hätten selbst die »Hundert schlechtesten Bücher« nicht bestehen können. Und weil wir gerade bei den Büchern sind und ihrem Dahinsiechen, so soll nicht unerwähnt bleiben, daß was mit ihrem Inhalt jetzt geschieht, auch die Auflösung einer festen Form ist. Die Wirkung der Dekonstruktion poetischer Texte ist am besten durch die Entfernung der Silbe »kon« aus dem Namen der Methodik wiedergegeben. Wieder ist hier eine Hand am Werk, die den Schöpfer aus seinem Werk verdrängen will.

Der bereits angesprochene mythische Beobachter aus höchsten Höhen sieht ein immer verzweifelter werdendes Gewimmel, das längst vergessen hat, daß es von Müttern in Schmerzen geboren wurde. Es befindet sich in einer von keiner Physik legitimierten Brownschen Bewegung, denn es ist gerade daran, mit Hilfe eines der unangenehmsten Reime der deutschen Sprache – Massen, Klassen, Rassen, Hassen* – zu blutigsten Gemetzel angeführt zu werden (in beiden Bedeutungen des Verbums). Es ist ein Spektakel, in dem Richter, Henker, Opfer, Zuschauer damit beschäftigt sind, unter Voraustragen passender Transparente einander die Hölle auf Erden zu bereiten. Über dem Tor steht die Aufschrift »ARBEIT MACHT FREI«. (Warum die Anführungszeichen? War das ein Zitat?)

Die Stimme des hochplacierten Beobachters dringt nicht durch den verbissenen Tumult. Was könnte er ihnen auch zurufen? Die Weisheiten der taoistischen Philosophie? Hat nicht Strukturanalyse gezeigt, daß Laotse nichts, aber auch nichts, hatte sagen wollen? Vielleicht hätte der Ausruf eines großen, alten, weisen, schlechten Mannes, des berühmten Diplomaten

---

* Ist nicht in diesen Reimen die ganze Geschichte der Welt enthalten?

Talleyrand, mehr Glück. Seine Weisung an die ihm Untergeordneten war die essentielle Verhaltensmaßregel: »Nur keinen Eifer!«. (8) Die Welt kann nur durch Sitzenbleiben gerettet werden. Durch den Feuereifer der sinnlos Umherlaufenden wurde sie ja bereits ruiniert.

! *

**

Wenn jede Kulturepoche ein technisches Ikon braucht, in dem sie personifiziert erscheint, so war es für die Moderne sicherlich das Automobil, während die Postmoderne sich im Computer ausgedrückt sehen kann. Er ist der Meister der virtuellen Wirklichkeit, der Scheinswirklichkeit, die sich zur Wirklichkeit so verhält wie der Sarg zur Wiege.

[handwritten note: Leider denkt man hier an Kohl: „Aussitzen". So kann es nicht gemeint sein.]

Anmerkungen

1 Lichtenberg, *Gedankenbücher*, (Hrsg. Mautner), S. 63 (Fischer Bücherei, Frankfurt/Main und Hamburg, 1963). – Da mir Leitzmanns Kritische Ausgabe nicht zugänglich war und ich Wert darauf lege, Texte so zu zitieren, wie die Autoren selbst sie geschrieben haben, mußte ich zu Mautners intelligenter Auswahl greifen. Die Ausgabe von Promies ist sehr verdienstlich, hat aber, wie fast alle gegenwärtigen Ausgaben älterer Literatur den Nachteil modernisierter Orthographie. Es ist nicht einzusehen, warum die Deutschen nicht in der Lage sein sollen, ihre großen Schriftsteller im Originaltext zu lesen, was bei nach etwa 1600 verfaßten Texten durchaus möglich ist.
2 Kungfutse, *Gespräche* (Übers. R. Wilhelm), Buch XVII, 19, S. 175 (Düsseldorf-Köln, 1955).
3 A. Strindberg, *Ein neues Blaubuch* (Übers. E. Schering), S. 484 (München, 1922).
4 Jean Paul, *Werke* (Hrsg. G. Lehmann), 2. Bd., S. 271 (München, 1959).
5 H. Sedlmayr, *Verlust der Mitte* (Ullstein Bücherei, 1956).
6 Pascal, *Œuvres complètes* (Hrsg. L. Lafuma), Nr. 518, D. 577 (Paris, 1963), – »Die Mitte verlassen, heißt die Menschheit verlassen.«
7 La Bruyère, *Œuvres complètes* (Hrsg. J. Benda), S. 209, (Pléiade, Paris, 1934). – »Ich will, wenn ich es vermag, weder unglücklich noch glücklich sein; ich werfe mich und flüchte mich in das Mittelmaß.«
8 Sainte-Beuve, *Madame de Staël, in Œuvres* (Hrsg. Leroy), 2. Bd., S. 1104, (Pléiade, Paris, 1960).

Wann ist unsere Welt verlorengegangen?

Zu einigen Worten von Georges Bernanos

I

In einem Brief vom 1. März 1946 macht der große französische Schriftsteller Georges Bernanos eine Bemerkung, über die ich manchmal nachgedacht habe. Sie lautet:

> Diese Welt ist eine verlorene Welt. Durch Gewalt wird man sie nicht zerstören. Sie wird sich selbst zerstören durch ihre eigenen Widersprüche. Diese Welt ist unmenschlich. Nun kann, was immer ihre Macht sein mag, der Mensch ohne sie auskommen, während sie nicht ohne den Menschen auskommen kann. Früher oder später wird der Mensch sich dieser Welt verweigern ...

Auf französisch läßt sich vieles besser sagen, aber im hier gegebenen Fall hat das Deutsche einen Vorteil, der allerdings auch ein Fallstrick für den Übersetzer sein kann: die kontrastierten Wörter *homme* und *monde* sind beide maskulin, während im Deutschen ein Femininum einem Maskulinum entgegensteht.

Beim ersten Lesen erschien mir der Ausspruch als unsinnig. Wie kann der Mensch ohne die Welt auskommen? Welt bedeutet für mich Bäume und Luft, Erde, Wasser, Licht und Leben – oder, wenn man so gesinnt ist: sterbende Bäume, stinkende Luft, vergiftete Erde, karzinogenes Wasser, getrübtes Licht und aussterbendes Leben. Wenn er von der Welt sprach, hat Bernanos gewiß nicht an die Natur gedacht. 1946 war es zu früh dafür, denn seltsamerweise wechseln die Apokalypsen mit den Moden des Jahres.

Am ehesten ergab sich ein Sinn, wenn ich in der zitierten Briefstelle das Wort »Welt« durch ein mehr oder weniger konkretes Abstraktum ersetzte, wie etwa »Gesellschaft«. Ich denke allerdings nicht, daß der gläubige Katholik nur diese im Sinn gehabt haben kann. Welt war für ihn – und wahrscheinlich für uns alle, wenn wir das Wort ohne viel Nachdenken aussprechen – Welt war das unermeßliche Gefüge von allem, was uns umgibt, wozu wir selber gehören, worin wir geboren werden, woraus wir verschwinden. Davon sagt er aus, es sei unmenschlich, es benötige jedoch den Menschen, während dieser es nicht brauche. Alles vielleicht ein bißchen konfus, aber tief gedacht. Tatsächlich waren es nur der erste und der letzte Satz des Zitats, die an mir herumzupften: »Ce monde est un monde perdu ... L'homme se refusera à ce monde.« Für den ersten Satz gibt es viele Anzeichen, wenige für den zweiten.

II

Oft, wenn ich das schöne Lied hörte, worin der Sänger behauptet, er sei der Welt abhanden gekommen, hatte ich das Gefühl, das Umgekehrte treffe eher zu, nämlich daß die Welt mir und uns allen immer mehr abhanden komme. Heutzutage ist das ein banales Gefühl: selbst die bekannt oberflächlichen Spatzen von New York zwitschern von *alienation*, Entfremdung. Da jedoch die Vögel im Gegensatz zu uns das Gen für Blödheit nicht eingewurzelt bekommen haben, machen sie sich wenig daraus. Daß eine so bedeutende dichterische Leistung wie die von Franz Kafka so schnell trivialisiert worden ist (z. B. *L'étranger* von Camus, *Gli indifferenti* von Moravia), darüber habe ich mich oft gewundert. Jedenfalls kann man, von Bernanos ausgehend, sich die Frage stellen, die im Titel dieses Textes steht. Man darf allerdings nicht erwarten, daß sie mit einem präzisen Datum, etwa dem der Entdeckung der Elektrizität, der Erfindung der Dampfmaschine, des Flugzeugs, des Computers usw., beantwortet werden kann. Wenn es wirklich wahr ist, daß die Welt den Menschen verlorengegangen ist, so kann das nur ein überaus langsamer allmählicher Vorgang gewesen sein; allmählich allerdings nur bis zu einem Punkt, nämlich dem plötzlich eintretenden völligen Zusammenbruch. So wie eine Struktur, durch Alter, Wetter und Wind, im Laufe vieler Jahre ihrer Stützen beraubt, mit einem Schlag einfällt.

Karl Kraus hat sich oft mit Recht über den Herausgeber der Wiener »Neuen Freien Presse«, Moritz Benedikt, lustig gemacht, so wenn dieser z. B. in einem Leitartikel seine Befürchtungen ausdrückt mit den Worten »es rieselt im Gemäuer«. Und jetzt komme ich, alter Bewunderer des großen Satirikers, und sage das gleiche, wenn auch mit anderen Worten. Dort, wo ich lebe, rieselt es wirklich. Aus jeder Zeitungsnotiz, aus jeder Politikerrede, aus jeder Reklame dringt ein Aroma des Zusammenbruchs. Ich denke, daß ähnlich gestimmte Bewohner anderer Länder den gleichen Eindruck haben müssen, als wäre die Gesellschaft überall in eine Riesenzentrifuge geraten, deren Gewalt jeglichen Zusammenhalt unmöglich macht.

Das Jahrhundert, das sich jetzt seinem Ende nähert, war gewiß eines der abscheulichsten der Weltgeschichte. Wollte man einen Katalog anlegen davon, was alles in diesem Jahrhundert verbrochen und zerbrochen worden ist, man käme nie zum Ende.* So eine Blut- und Schandliste würde gewiß ebenso lang ausfallen, wie die jetzt dummerweise angestrebte Niederschrift der gesamten Genomsequenz des Menschen, wäre aber lehrrei-

---

* Wenn von riesenhaften Verbrechen die Rede ist, denkt man zuerst an das Offizielle. Um aber beim liebreizend Privaten zu bleiben, so ist eine mir unerklärliche Zunahme von entsetzlichen Verbrechen an Säuglingen und kleinen Kindern leider auch zu verzeichnen. Nach den Zeitungen zu schließen, scheint sich besonders das Kochen von kleinen Kindern zunehmender Beliebtheit zu erfreuen. So mag es als symbolisch für den Beginn unseres entzückenden Jahrhunderts angesehen werden, daß gerade im Januar 1900 Tschechow seine schöne traurige Geschichte »In der Schlucht« drucken ließ. Darin wird die Ermordung eines Säuglings mittels siedenden Wassers geschildert, unter völliger Teilnahmslosigkeit der Familie, mit Ausnahme der rührenden Figur der Kindesmutter, der lieblichen Lipa.

cher. Wer eine amerikanische Zeitung liest, empfindet in seinem Herzen, was ich in einem frühern Buch die Dialektik des Untergangs genannt habe. Er wird aber wahrscheinlich andere Schlüsse ziehen als Bernanos es tat.

III

Es ist vielleicht nicht überflüssig, ein paar Worte über den großen Schriftsteller zu sagen, aus dessen Brief ich anfangs zitiert habe. Ich halte Bernanos für den bedeutendsten katholischen Romandichter dieses Jahrhunderts; zugleich war er – neben Léon Bloy, Charles Péguy und Karl Kraus – ein scharfer und profunder polemischer Denker. Unter seinen Romanen, die es verdienen, immer wieder gelesen zu werden, seien die folgenden genannt: *Sous le soleil de Satan, Journal d'un curé de campagne* und *Monsieur Ouine*. Auch ist er der Verfasser des schönen Textes, der Poulenc's Oper *Dialogues des Carmélites* zugrundeliegt. Von seinen zahlreichen, zum Teil recht umfangreichen Streitschriften will ich nur eine hervorheben, die sich mit dem spanischen Bürgerkrieg befaßt: *Les grands cimetières sous la lune* ist die eindrucksvollste Schrift gegen General Franco, die ich kenne. Daß der brennend gläubige Katholik Bernanos sich gegen den katholisierenden Faschismus Spaniens wenden konnte, zeigt, welch weiten Weg er in seinem Leben hat gehen müssen. In seiner Jugend ein Anhänger von Charles Maurras und der *Action française*, endete er als einer der schreibgewaltigsten und konsequentesten Verehrer des Général de Gaulle. Es war ein Weg gewesen, der ihn nicht von rechts nach links führte, sondern immer tiefer in sein eigenes tragisches Herz. Ich fürchte, daß es ein Weg gewesen ist, der den meisten meiner Generation bereits verschlossen, ja unbegreiflich war. Wenn einer jedoch das Recht hatte, seine Zeit, sein Land zu verdammen, so war es Bernanos.

Wenn man seine späten Schriften und besonders seine Briefe liest, wird man gewahr, daß das soeben verwendete Adjektiv

»tragisch« keine Übertreibung ist. Er war ein Mann, für den das Wort »Ehre« nicht weniger wog als das Wort »Glaube«. Immer wieder dringt aus seinen Worten die Verzweiflung, die brennende Scham, daß sein geliebtes Frankreich unter Pétain und Laval seine Ehre, die es durch Jahrhunderte bewahrt hatte, verloren habe. Von vielem, was Bernanos geschrieben hat, würde ich sagen, daß man es eher glaubt als versteht. Denn solche Begriffe wie Ehre, Liebe, Gewissen, Treue, kennen wir sie noch außer als Schminke öffentlicher Unaufrichtigkeiten?

In allem, was er in seinen letzten Jahren sagte und schrieb – er war noch nicht 60, als er starb – wurde es immer dunkler. Man soll von einem Gläubigen nicht annehmen, daß er verzweifelt war, aber für mich klingt es so. Auch die Briefstelle, die den Anlaß zu diesen Zeilen bietet, schöpft Hoffnung nur aus der Annahme, daß der Mensch sich der unmenschlich gewordenen Welt – oder sagen wir Gesellschaft? – verweigern könne. Verweigerung führt jedoch, wenn privat praktiziert, zur Askese, wenn öffentlich ausgeübt, zum Märtyrertum. Nicht viele Menschen in unserer Zeit waren dazu so ausersehen wie Simone Weil oder Georges Bernanos. (Ich bringe diese beiden Namen nicht ohne Absicht zusammen, denn es gibt einen sehr schönen Brief der damals noch ganz Unbekannten an den berühmten Schriftsteller.)

IV

Wenn einem Zeitalter Glaube, Liebe, Ehre, Treue, Gewissen als herzensnahe Begriffe verlorengegangen sind, kann es sie nicht im Fundbüro abholen. Hat die Welt sie verloren, so ist sie eben eine verlorene Welt. In welchem Maße die Beschwerde des Bernanos sich nur auf die westliche Welt, die im Hauptberuf konsumierende Welt, bezieht, kann ich allerdings nicht beurteilen. Die Menschen außerhalb Europas und Amerikas besitzen wahrscheinlich sehr verschiedene Kriterien der Verlorenheit und des Gefundenseins, die ich überhaupt nicht verstehen würde.

Bernanos, der seinem Glaubensgenossen Paul Claudel vorwarf, er beabsichtige, erster Klasse ins Paradies zu reisen, war ein unnachsichtiger und im Gegensatz zu Claudel ein unolympischer Denker. Ihm fehlte in erquickendem Ausmaß die Abgeklärtheit, und selbst wenn er alles verstanden hätte, das meiste hätte er nicht verziehen. Als er starb, hatte er das senilisierende Alter der Abgeklärtheit, manchmal auch Altersweisheit genannt, noch lange nicht erreicht. Ich kann mir gar nicht vorstellen, wie er, hätte er bis ins Greisenalter gelebt, mit seinem zornigen Christentum zurechtgekommen wäre. Vielleicht bietet der Schriftsteller, der eines der hauptsächlichen Vorbilder des Bernanos war, einen Fingerzeig: Léon Bloy wurde mit zunehmendem Alter immer zorniger und absoluter.

Was uns nämlich verlorengegangen ist, nebst vielem anderen, ist der Zorn. Unsere Welt ist voll von Haß und Neid – Nationalitätenhaß, Wohlstandsneid. Diese Empfindungen sind die Ursachen gewaltiger Umwälzungen und Vernichtungen geworden, aber der Zorn, der oftmals heilige Zorn, wie er seit der Zeit der alten Propheten bis fast in unser müdes Jahrhundert gewährt hat, er ist verschwunden, Platz machend einem ökumenischen Wurstigkeitsgefühl.

Ich habe einmal gesagt, daß nichts Großes auf der Welt getan wird ohne Schaum vor dem Mund. Der Schaum war natürlich metaphorisch gemeint; aber jetzt, da Tuben mit synthetischem Schaum in allen Läden der Publizitätsindustrie erhältlich sind, bin ich nicht mehr ganz so sicher. Ich erwarte von den Genies nicht mehr, daß sie flatternden Haares mit den Augen rollen, denn ich weiß, daß ich die wahren nur daran erkennen kann, daß ich sie nicht erkenne. Hat nicht Apollo sie mit Unkenntlichkeit geschlagen?

Auch glaube ich nicht, daß Bernanos an die Verschrumpfung der Genialität dachte, wenn er von der verlorenen Welt sprach. Daran lag ihm gewiß wenig, und die Welt hätte noch so dick sein können mit großen Geistern, sein Urteil wäre dasselbe gewesen. Er sah aufs Herz, nicht auf den Kopf. Tatsächlich war aber die Welt, auf die Bernanos blickte, nicht reich an großen

Zorn ist doch auch die erste Todsünde.

Das Wort Größe ist Chargaff nicht suspekt geworden. Das stört mich.

Geistern. Seit dem Ersten Weltkrieg herrschten überall die Grimassenkönige.

Dieses armselige, jämmerliche Sein des Menschen, hilflos vor der Überwältigung der Welt, dieses trotz allem großartige Sein des Menschen vor den Fallen der Verhängnisse wurde ersetzt durch den Schein. Was anhob war ein blutiges Labyrinth der Mienenspiele, eine Pantomime unlegitimierter Absolutheiten. Jeder redete für den andern und handelte für sich selbst. Vielleicht war der Mensch früher zu dumm gewesen, um der Erde zu schaden; jetzt aber hatte er gelernt, als heuchlerischer Kraftprotz sein Gewicht spielen zu lassen. Es wurde ein verheerendes Spiel.

Der Übergang war natürlich sehr langsam und wurde von den meisten nicht zur Kenntnis genommen; aber seit der zweiten Hälfte des 18. Jahrhunderts muß er offenkundig gewesen sein, wenn man ihn auch schon aus Machiavellis *Principe* hätte herauslesen können. Sind nicht die amerikanische Verfassung und die großen Dokumente der Französischen Revolution Meisterstücke eines hypokritischen Reduktionismus? Daß die Lüge nichts ist als Wahrheit klein geschrieben wurde hinfort einer der hauptsächlichen Leitsätze der Welt. Unter den Schleiern des Als-ob war die Wirklichkeit unsichtbar geworden. Wurden jene abgerissen, so begann sie zu bluten.

V

Ich fürchte, daß ein Produkt der gegenwärtigen europäischen oder amerikanischen Erziehung überhaupt nicht ermessen kann, wie heuchlerisch alle diese pompösen Verkündungen der Menschenrechte etc., sagen wir, einem Untertanen des Präsidenten Mobutu erscheinen müssen. Wäre er ein politisch erweckter Untertan, so könnte er vielleicht fragen: »Was ist das eigentlich für eine Welt, von der du sagst, sie sei verlorengegangen? Hast du überhaupt eine Ahnung, wie *unsere* Welt ist und wie sie war?« Und wäre er gar ein philosophisch aufgewachter Afrikaner, so könnte er eine andere Frage stellen: »Was immer du unter verlorener Welt verstehst, ist es nicht so, daß diese Welt, unser aller Welt, mit ihrer Erschaffung – oder wenn du es vorziehst, mit dem Urknall – begonnen hat verloren zu sein?« Wie Bernanos solche Einwände aufgenommen hätte, weiß ich eher als wie ich es tue. Entropische Häresie wäre ihm fremd gewesen; er glaubte fest an Schöpfung und Erlösung.

Wenn ich jedoch dazu zurückkehre, was Bernanos mit *monde* meinen konnte – und irgendwie ist das gewiß auch meine Welt –, so finde ich mich in dem Teil Europas, der sich als zivilisiert betrachtet. Zwar hatte Bernanos mehrere Jahre in Brasilien verbracht, aber was er im Sinne hatte war gewiß in erster Linie Frankreich, das Land von Pétain und Laval. Da jedoch der Ausgangspunkt dieser Zeilen in das Jahr 1946 fällt, war es wahrscheinlich Francos Spanien, Mussolinis Italien, Hitlers Deutschland, Stalins Rußland und Trumans Amerika. Daß einige dieser Blut- und Kraftmeier damals nicht mehr am Leben waren spielt keine Rolle. Was Bernanos vor Augen hatte, war der völlige Zusammenbruch des geistigen und moralischen Zusammenhalts der westlichen Länder, also dessen, was in den vorhergegangenen zweitausend Jahren die Leute an den Fortschritt der Menschheit glauben machte. Allerdings hat es immer einzelne gegeben, die zwischen Fortbewegung und Emporbewegung unterscheiden und sehr wenig von dieser verzeichnen konnten.

Als Bernanos um die Mitte unseres Jahrhunderts seine Welt als verloren erkannte, mußte ihm eine Erscheinung, die die zweite Hälfte dieses Zeitraums kennzeichnen sollte, verborgen bleiben: die einer enormen Völkerwanderung gleichkommende Massenflucht von Millionen aus dem Elend ihrer Heimaten. Ich denke jedoch nicht, daß Bernanos das als eines der Symptome der Verlorenheit anerkannt hätte; viel eher als den Beginn der von ihm vorhergesehenen Selbstzerstörung der Welt.

VI

In seinem schönen, verworrenen Roman *Heinrich von Ofterdingen* beschreibt Novalis sein Ideal von einem Historiker; eine Beschreibung, die unsere Geschichtsprofessoren in die lebhafteste Erheiterung versetzen muß:

> Von der Geschichte sollten nur alte, gottesfürchtige Leute schreiben, deren Geschichte selbst zu Ende ist, und die nichts mehr zu hoffen haben, als die Verpflanzung in den Garten. Nicht finster und trübe wird ihre Beschreibung seyn; vielmehr wird ein Strahl aus der Kuppel alles in der richtigsten und schönsten Erleuchtung zeigen, und heiliger Geist wird über diesen seltsam bewegten Gewässern schweben.

So steht es im fünften Kapitel des ersten Teils. Ob die den Historikern eines bestimmten Schlages gegebene Garantie der baldigen Aufnahme ins Paradies eingehalten worden ist, entzieht sich meiner Kenntnis. Die zitierten Worte stammen zweifellos aus einer noch unverlorenen Welt, obwohl auch damals ein alter und so gottesfürchtiger Mann wie Joseph de Maistre nicht weniger finster und trübe geklungen hat als Bernanos 150 Jahre später. Hell und klar klingen heute nur die Schalmeien der Reklameindustrie und der von ihr instruierten Zelebritäten. Die aufgeblasenen Schatten, die unsere Tage verfinstern, die Politiker, die Staatsmänner oder besser Anstattmänner, wie sie von Sitzung zu Sitzung fliegen, gebrochen geborene Verträge unterzeichnend, sind wahre Herolde unbegabter Lügenhaftigkeit. Ist nicht eine Menschheit, die Lügen glaubt, innig glaubt, wissend, daß es Lügen sind, ist sie nicht wahrhaft verloren? Gebannt schaut sie auf die jeden Tag wechselnden historischen Ereignisse, die sich schon am nächsten als bloße Happenings herausstellen; aber das macht ihr nichts, solang sie konsumieren kann, wird sie gerne gefoppt.

Ich halte es nicht für unmöglich, daß die unser ganzes Leben zäh verkleisternde Verlogenheit es war, die Bernanos das Wort von der verlorenen Welt eingab. Da er kein leichthin plaudernder Feuilletonist war, meinte er, was er sagte. Nur kann das nicht das Ganze gewesen sein.

Da ich früher den Roman des Novalis erwähnt habe, fällt mir eine berühmte Stelle aus dem zweiten, unvollendeten Teil ein; einfache Worte, Frage und Antwort:
»Wo gehn wir denn hin?« »Immer nach Hause.«
Man könnte sagen: als nur mehr wenige am Leben waren, die den Sinn dieser Worte verstanden, war die Verlorenheit der Welt besiegelt.

VII

Ich habe es schon angedeutet: meiner, ketzerischen, Meinung nach war die Welt seit ihrer Entstehung im Begriffe verloren zu sein. Dennoch ist das keine hinreichende Antwort auf die Frage meines Titels, denn aus allem, was Bernanos geschrieben hat, wird es klar, daß er sich andere, frühere Zeiten vorstellen konnte, die noch nicht unter Satans Sonne lagen.

So will ich denn einen Versuch zu einer besser datierbaren Beantwortung der Frage Wann? machen; ein Vorschlag, für den ich allerdings meine Hand nicht in die Hexenküche eines modernen genetischen Labors legen möchte. (Da wäre Feuer schon weniger unangenehm.) Es war im Jahre 1843, als François Guizot, Premierminister des Königs Louis-Philippe, ein großes Wort an das französische Volk richtete. *Enrichissez-vous!* (»Bereichert euch!«) rief er dem Volk zu, etwas sagend, worauf die Welt schon gewartet hatte.* Natürlich hatten die Nabobs des britischen Imperiums, die Indien aussaugten, oder

---

* Als die Bewohner der Miesgeburten des Jahres 1989 von ihren Regierungen einen sehr ähnlichen Rat erhielten, konnten die auf Hochglanz demokratisierten Völker nur die Frage stellen »Woher nehmen und nicht stehlen?« »Na ja« antworteten die Behörden und schmunzelten. Und so wurde eben gestohlen.

die Bankiers von Paris, London oder Frankfurt, es auch ohne Herrn Guizot gewußt; der sogenannte Zeitgeist hatte es ihnen schon früher in die Ohren geflüstert. Aber jetzt war es offiziell geworden, und der Teufel mußte große Genugtuung verspüren. Die es schon immer getan hatten, ließen es sich nicht zweimal sagen, und die anderen applaudierten aus bescheidenen Ecken. Es begann die Gründerzeit, die andauern wird, bis der letzte Mensch sich in den Raum geschwungen hat, Adiable sagend einer nicht mehr bewohnbaren Erde.

Da ich erfahren habe, daß zu den Toten, deren Ableben vor kurzem bejubelt wurde, auch der Marxismus gehört, scheue ich mich, das Wort »Kapitalismus« zu verwenden, da die Leser mich beim Schreiben nicht sehen und daher nicht wissen können, mit was für einem tiefen Buckerl der Verehrung ich das hehre Wort in die Feder genommen habe. Dennoch kann ich nicht umhin zu glauben, daß, als die Vorhut des Kapitalismus auf den ersten Lokomotiven eintraf, die Welt offenkundig verloren zu sein begann.

VIII

Nicht nur der Kapitalismus entstieg der Lokomotive, sondern auch die Leute, denen er höchlichst mißfiel. Er hatte sie sogar schon abgestoßen, als man noch in Postkutschen reiste. Jetzt, da man über die Frage, was zu tun sei, nicht mehr bei Lenin nachschlägt, sondern bei Sankt Peter, sind die Namen der sich gegen ihre Zeit Wendenden vergessen – denn wer braucht noch die Kritik der Gegenwart oder das Kommunistische Manifest? Wer möchte auch nur solche Namen in den Mund nehmen wie Marx oder Engels, jetzt da ich im Londoner »Times Literary Supplement« lese, daß diese beiden die Erfinder des Genozids sind und Hitler nur ihr erfolgreicher Schüler? (Derselbe Hitler, dem Chaim Weizmann bekanntlich im Namen der Juden den Krieg erklärt hatte.)

Mit dem Verfall – mit dem Faulwerden oder Faulmachen –

aller Lehren, die den Armen, Schwachen, Bedrückten ein besseres Diesseits als möglich erscheinen ließen, schwand eine Hoffnung, die in vieler Hinsicht ein gültigerer Religionsersatz war als z. B. die Naturwissenschaft. Es ist daher nicht verwunderlich, daß das so entstandene Vakuum durch andere Heilsversprechungen ausgefüllt werden mußte, und das sie beschreibende, in meinen ungelehrigen Ohren etwas komisch klingende, messianische Schlagwort »Marktwirtschaft« erschallt allerorten. Ich erkundigte mich also laienhaft, was das eigentlich sei, »market economy«, wovon alle so schwärmten, aber die Erklärung klang genauso wie der bereits in meiner Gymnasialzeit als völlig veraltet und überholt zurückgewiesene »Manchesterliberalismus«. Ein Sachkundiger, der sich meiner erbarmte, wollte mir den Unterschied zwischen freier und sozialer Marktwirtschaft erklären und sagte: »Soziale Marktwirtschaft ist, wenn man jedem vierten, der den Mund auftun will, um sich über Hunger und Armut zu beklagen, schnell ein hartes Brötchen als nahrhaften Knebel in den Mund schiebt. In der freien Marktwirtschaft tut man es nur bei jedem zehnten.« Ich kann nicht behaupten, daß dies die Kraßheit meines Laientums gemildert hat. Auch Bernanos, denke ich, hätte nicht viel mit dem Geschwätz anzufangen gewußt.

Wie gern hätte ich ihn hingegen gefragt, was er meinte, als er vorhersagte, daß der Mensch sich dieser Welt verweigern werde. Gewiß ist es oft in der Geschichte vorgekommen, daß einzelne oder eine Bruderschaft, ein Orden sich verweigert, also nicht mitgemacht haben. Aber »der Mensch« heißt ja nicht einzelne oder auch viele, er heißt alle oder die meisten. Selbst eine Massenverweigerung, eine Millionenaskese würde eher den Bankrott von General Motors herbeiführen als die Wiederauferstehung der verlorenen Welt. Allerdings bezeugt die Unfähigkeit, sich diese Rettung vorzustellen, nur den fehlenden Mut zur Phantasie.

IX

Während ich dies schreibe, ist es kälter geworden in New York. Im Park fällt das wunderschön verfärbte Laub von den Bäumen, und auf den Bänken schlafen die Obdachlosen in durch die Nachtkälte verkrümmten Haltungen. Blicke ich auf die Bäume, so glaube ich an den Fortschritt, denn die Blätter werden wiederkommen. Blicke ich auf die Kauernden, so verliere ich diesen Glauben, denn die Armen werden nie in richtigen Betten schlafen. Unsere Wissenschaft, unsere Philosophie, unsere Politik haben ihnen das Bißchen genommen, woran sie reich waren, und ihnen nichts gelassen als eine gräßliche Zukunft.

Sitzend im Schoße eben dieser Zukunft, also in New York, kann ich nichts Besseres tun als Zuflucht zu nehmen zu einem meiner Lieblingsdichter, zum unerschöpflichen Johann Nestroy, der in einem seiner weniger bekannten Stücke, im *Schützling* (1. Akt, 2. Szene), schreibt:

> Als die Welt noch im Finstern war, war der Himmel so hell, und seit die Welt im Klaren ist, hat sich der Himmel verfinstert.

(Aus demselben Volksstück Nestroys hat übrigens Ludwig Wittgenstein das Motto zu seinen »Philosophischen Untersuchungen« bezogen (4. Akt, 10. Szene): »Überhaupt hat der Fortschritt das an sich, daß er viel größer ausschaut, als er wirklich ist.«)

Man sieht, weder Nestroy noch Wittgenstein konnten sich für den naiven Glauben an einen Fortschritt der Menschheit erwärmen. Und Bernanos hätte ihnen gewiß zugestimmt, auch wenn er seine Zweifel anders ausgedrückt hätte. Ich denke nicht, daß ein Mensch, der genug Zeit gehabt hat, unser Jahrhundert zu betrachten, einen anderen Schluß ziehen kann, als daß es immer finsterer geworden ist. Er hat schon längst den Eindruck gewonnen, daß wir in den Händen von Dummköpfen und Schurken sind; daß nichts Großes geschehen kann, ohne sofort zerplappert, beschmutzt und ausgelöscht zu werden; daß das künstliche Licht, das Politik, Technik und Wissenschaft auf das immer dunkler werdende Leben zu werfen vorgeben, es nur mehr verfinstern; und daß Luzifer, auch wenn er Licht in seinem Namen trägt, nur blendet und nicht erhellt.

X

Zu dem, was ich gerade gesagt habe, als ich von Dummköpfen und Schurken sprach, möchte ich eine begütigende Korrektur hinzufügen: die Welt ist viel reicher an jenen als an diesen. Möglicherweise war das immer der Fall gewesen in der Geschichte, aber es scheint mir, daß die Trottel jetzt viel mehr Einfluß haben als vorher. Vielleicht hängt das mit der Ausbreitung der Demokratie zusammen. Da es zu meinen zahlreichen negativen Attributen gehört, daß ich auch Nichtpolitologe bin, habe ich kein Recht, mich darüber auszulassen. Ich habe jedoch den Eindruck, daß nicht nur unter unseren Staatsmännern und Politikern Unbegabtheit der Schlüssel zum Erfolg ist, sondern daß auch im allgemeinen große geistige Leistungen eine Seltenheit geworden und fast verschwunden sind; allerdings mit Ausnahme der Naturwissenschaften, in denen die Mechanismen der Leistung ganz anderen Regeln zu unterliegen scheinen als, sagen wir, in der Musik, der Dichtung, der Kunst oder der Philosophie. Dabei ist zu bedenken, daß etwa bis zum Ersten Weltkrieg kein Mangel an großen Leistungen in allen diesen Bereichen zu beklagen war.

Es sieht also so aus, als hätte die menschliche Phantasie um die Zeit der 1848er Revolution zu kränkeln begonnen und wäre im ersten Viertel unseres Jahrhunderts erloschen. War es doch um jene Zeit gewesen, in den vierziger Jahren des 19. Jahrhunderts, als fast alle bedeutenden Künstler und Dichter von einem Gefühl der Heimatlosigkeit ergriffen wurden, des Nichtmehrdazugehörens. Als die Doktrin des *l'art pour l'art* verkündet wurde, war das wie eine Decke, welche die Fröstelnden über sich zogen. Das gilt besonders für Frankreich. Niemand hat dieses hohe Schaffen aus tiefer Entfremdung besser begriffen und entschiedener bekämpft als Leo Tolstoi. Sein 1897 verfaßtes Pamphlet *Was ist das, Kunst?* ist zugleich kurzsichtig und großartig, einfältig und profund. Wenn man es liest, fragt man sich, ob das von Tolstoi so angegriffene Eigenrecht der Künste nicht eine Vorform der von Bernanos herbeigesehnten Verweigerung ist.

Seit Habgier und Haß die einzigen Empfindungen zu sein scheinen, die alle Völker vereinen – und ich leugne, daß es immer so gewesen ist –, kann man die Welt verloren nennen. Wie könnte sie es nicht sein, wenn sie wählen muß zwischen einem Engel, der sich in Dantes *Paradiso* verlesen hat und einem Teufel, der um die Ecke amtiert?

Nicht so überzeugend.

III

Der Besuch des alten Herrn

Über Friedrich Dürrenmatt als Essayisten

1.

Die beste, ja vielleicht die einzige Art einen Menschen zu ehren, ist ihn ernstzunehmen. Das will ich im Falle des Friedrich Dürrenmatt versuchen. Als ich vor einigen Wochen die Nachricht von seinem Tod erhielt, war ich sehr betroffen. »Schon wieder einer gegangen« sagte ich mir, »der bedeutend jünger war als ich. Sollen am Ende nur die Urgreise übrigbleiben?« Dann aber mußte ich mir selbst erklären, daß die Urgreise immer, zu allen Zeiten, übriggeblieben sind. Das liegt im Wesen der Sache, sonst hätten sie eben diesen fragwürdigen Ehrentitel nicht verdient.

Mit Dürrenmatt ist eine der wenigen Zierden der deutschen Gegenwartsliteratur verschwunden. Wo ich lebe, weit entfernt von den Gegenden, in denen die deutsche Sprache – das Beste, was den Deutschen widerfahren ist – mißhandelt wird, war sein Name einer der wenigen, die man kannte. Das kommt davon, daß er ein Stückeschreiber war, ein Schreiber von originellen, zum Nachdenken einladenden Theaterstücken, deren Sprache sich der Übersetzung nicht widersetzte. Und so habe ich zum Beispiel einige seiner erfrischend bitteren Komödien, nicht sehr gut gespielt, in New York gesehen. Es waren fest konstruierte Stücke, solid gebaut, wie es sich für ein Schweizer Produkt gehört, aber hie und da brach etwas durch wie ein Blitz in einem sehr fremden tropischen Himmel. Das Befremdende erschien einem nur als absurd, weil man daran glaubte. Da in der Schweiz alles solid ist, selbst die Hirngespinste, ist das nicht besonders erstaunlich. Aber ich muß gestehen, daß ich mir einen Schweizer Rimbaud oder Lautréamont nicht vorstellen kann, außer als eine sehr junge Wasserleiche.

Das Theater war wahrscheinlich das hauptsächliche Vehikel seiner Berühmtheit, aber Dürrenmatt war ein vielseitiger

Schriftsteller. Er schrieb Romane, Erzählungen, Hörspiele, Szenaria und Essays. Mich als einseitigen Mann interessierten die Essays, eine nicht leicht zu definierende Gattung, außer mit Hilfe von Verneinungen. Alles Geschriebene, was nicht schöngeistig ist, aber noch nicht direkt zur Wissenschaft gehört, ist ein Essay. (Wie fast alle Definitionen hinkt auch diese auf allen vier Füßen.) Nur die Feuilletons, die ich einmal als Nichts mit Schlagobers beschrieben habe, gehören nicht dazu; die gehören nirgendswohin. Wenn man Schriftsteller wie Montaigne, La Bruyère, Hazlitt, Bloy, Péguy, Bernanos oder Karl Kraus Essayisten nennen darf, so hat Dürrenmatt sicherlich nicht den Anspruch empfunden, in diese Reihe zu gehören. Diese Art von Literatur war gewiß eine seiner zahlreichen Nebentätigkeiten. Immerhin füllt sie fünf oder sechs Bände der Werkausgabe des Diogenes Verlags.

Wenn man die jetzt allenthalben auf der Welt grassierenden Gesamtausgaben von Schriftstellern unserer Zeit betrachtet, gewinnt man den Eindruck, daß die Verleger ihren Ehrgeiz dareinsetzen, die Schlachthöfe von Chicago zu übertreffen. Pflegte man von diesen zu sagen, daß sie alles vom Schlachttier verarbeiteten außer dem Todesschrei, so sind die Bücher manchmal noch kompletter. Glücklicherweise trifft das auf die Bände, die ich in der Hand habe, nicht zu, wahrscheinlich weil sie noch zu Dürrenmatts Lebzeiten zusammengestellt wurden. Die Bücher heißen: 1. *Kritik* (K); 2. *Literatur und Kunst* (L); 3. *Philosophie und Naturwissenschaft* (Ph); 4. *Politik* (P); 5. *Versuche* (V); 6. *Zusammenhänge, Essay über Israel – Nachgedanken* (Z). Wenn ich zitiere, gebe ich das Abkürzungszeichen an, gefolgt von der Seitenzahl.

2.

I Ich wurde am 5. Januar 1921 in Konolfingen (Kanton Bern) geboren. Mein Vater war Pfarrer, mein Großvater Politiker und Dichter im großen Dorfe Herzogenbuchsee. (L, 11)

II Ich war ein kriegerisches Kind. Oft rannte ich als Sechsjähriger im Garten herum, mit einer langen Bohnenstange bewaffnet, einen Pfannendeckel als Schild, um endlich meiner Mutter erschöpft zu melden, die Österreicher seien aus dem Garten gejagt. (L, 12)
III Ich bin kein Dorfschriftsteller, aber das Dorf brachte mich hervor, und so bin ich immer noch ein Dörfler mit einer langsamen Sprache, kein Städter, am wenigsten ein Großstädter, auch wenn ich nicht mehr in einem Dorfe leben könnte. (L, 13)
IV Wie mir im Atelier des Dorfkünstlers die Malerei als ein Handwerk gegenübertrat, als ein Hantieren mit Pinsel, Kohle und Feder usw., so ist mir heute die Schriftstellerei ein Beschäftigen und Experimentieren mit verschiedenen Materien geworden. Ich schlage mich mit Theater, Rundfunk, Romanen und Fernsehen herum, und vom Großvater her weiß ich, daß Schreiben eine Form des Kämpfens sein kann. (L, 12)

Wahrhaftig, er hat sich viel herumgeschlagen, der langsame Sprecher, denn die Werkausgabe umfaßt dreißig Bände. Das sollte heißen, daß es ihm schwergefallen sein müßte, noch außerdem viel zu lesen, aber irgendwie hat er es getroffen. Natürlich habe ich nicht das Recht, etwas darüber zu sagen, denn ich weiß über ihn nur, was er mir sagt, und das ist nicht viel. Vielleicht sind langsame Sprecher sehr rasche Schreiber. Eine Selbstbiographie hat er, glaube ich, nicht verfaßt, nur wenige kurze Skizzen. Selbst wenn es eine gäbe, würde es nicht viel nützen, denn einem Autobiographen darf man nicht aufs Wort glauben, was er über sich selbst erzählt. So einer meißelt sein ganzes Leben an einer Selbstskulptur herum, je gründlicher, desto künstlicher. Wer möchte schon den erstarrten synthetischen Tränen des Rousseau als Dokument vertrauen? Dabei können sie als Kunstwerk einen hohen Rang besitzen.

Wenn man die Bücher durchsieht, in denen Dürrenmatts Prosa gesammelt ist, wird man merken, daß sie eigentlich wenige Essays – zumindest in dem Sinne, den ich dieser Bezeichnung gebe – enthalten. Das meiste ist, was ich Gelegenheitsprosa nennen würde: Rezensionen, Theaterkritiken und Dankreden für die zahlreichen Preise und Medaillen, die er empfangen hat. Ich denke nicht, daß das in andern Ländern der Fall ist, aber im gegenwärtigen Deutschland wird fortwährend gekrönt, und wenn man nichts Besseres kriegt, wird man Stadtschreiber von, sagen wir, Bückeburg. Das ist Dürrenmatt meines Wissens nie gewesen, aber allein an Schillerpreisen hat er drei erhalten und macht sich darüber lustig. (V, 96) Andere längliche Verbeugungen quittieren die Buber-Rosenzweig-Medaille (Ph, 125), den Georg-Büchner-Preis (V, 57), den Großen Literaturpreis des Kantons Bern (P, 46), den Literaturpreis der Stadt Bern (P, 164), die Ehrendoktorate der Hebräischen Universität Jerusalem (P, 152) und der Temple University in Philadelphia (L, 138).

Einige Stücke sind jedoch echte Essays, auch wenn sie aus Höflichkeit irgendeinem Komitee, das ihn geehrt hatte, vorgelesen wurden. So nenne ich besonders den schönen, langen Text über sein Wohnhaus in einem Tal in der Nähe von Neuchâtel, betitelt *Vallon de l'Ermitage* (V, 9); die Ansprache *Georg Büchner und der Satz vom Grunde*, in der er einige gescheite Dinge über Büchner sagt (V, 57); die etwas umständliche Frankfurter Poetik-Vorlesung *Kunst und Wissenschaft* mit einem Schwanz von weiteren vier Titeln, zu lang um sie zu kopieren (V, 70). Andere Texte befassen sich mit seiner Tätigkeit als Schriftsteller: *Schriftstellerei als Beruf* (L, 54); *Vom Sinn der Dichtung in unserer Zeit* (L, 60); *Vom Schreiben* (L, 74). Eine mit Recht Monstervortrag genannte Vorlesung *Über Gerechtigkeit und Recht* bezeichnet sich als »eine kleine Dramaturgie der Politik« (Ph, 36). Ich muß gestehen, ich war ein bißchen abgeschreckt, da ich Monstern gerne aus dem Wege gehe. Dann aber zeigte es sich, daß der Text mit zwei von Dürrenmatts ausgezeichneten Parabeln gewürzt war; die eine handelte vom Propheten Mohammed und einem Geldbeutel, die andere vom Kalifen Harun al Raschid, einer schönen Sklavin und vielen Flaschen Wein. Da ich lieber unterhalten als belehrt werde, war ich dankbar für die kleine Gunst.

Einer der längsten Vorträge – mit Nachwort, Anmerkungen und Bibliographie 54 Seiten – heißt *Albert Einstein* (Ph, 150). Ich habe ihn jedoch gemäß einem vor Jahren getanen Gelübde nicht gelesen. Daß Dürrenmatt mehr von Einstein hielt als von den Kritikern seiner eigenen Theaterstücke ist verständlich, und so enthält meine Liste auch eine amüsante *Plauderei über Kritik vor der Presse* (K, 90). Dieser Text befindet sich in einem Band, der Theaterkritiken, oft sehr gescheite und teilweise angenehm unfreundliche, enthält und eine Auswahl von Zeichnungen, denn Dürrenmatt liebte es zu zeichnen und zu malen und hatte in seinem Haus auch ein Atelier.

Der bei weitem längste Essay, und diesmal ein richtiger, ist Israel gewidmet. Er trägt die Jahreszahl 1975, umfaßt 150 Seiten und heißt *Zusammenhänge* (Z, 9). Dieser Text hat Dürrenmatt gewiß viel mehr Arbeit gekostet als irgendein anderer seiner Essays. In der Buchausgabe folgt ihm ein zweiter Aufsatz, 1980 geschrieben, dessen Titel so bezeichnend ist für die Person des Autors, daß ich ihn trotz seiner hyperboreischen Länge hersetze: *Nachgedanken unter anderem über Freiheit, Gleichheit und Brüderlichkeit in Judentum, Christentum, Islam und Marxismus und über zwei alte Mythen* (Z, 163).

3.

Wenn man den Inhalt dieses Riesentitels gebührlich in sich aufgenommen hat, sieht man ein, warum Dürrenmatt von sich gesagt hat, er sei »so gar nicht ein Denker, sondern ein Drauflosdenker« (Ph, 149). An sich habe ich immer Furcht gehabt vor Sprudlern, deren typischste Personifikation für mich Oswald Spengler gewesen ist. Ein höher gestimmtes Beispiel sind die zwölf wuchtigen Bände von *A Study of History* von Arnold Toynbee. Ganz unten auf der Leiter, schon am Eingang zur Hölle, ist *Mein Kampf* angesiedelt. Ich brauche nicht hinzuzufügen, daß Dürrenmatt nicht in meine Liste von Sprudlern gehört.

Gott und die Welt sind zu viel für zwei Buchdeckel, aber in seltenen Fällen finden sie Platz in einem Aphorismus. Nun war, denke ich, Dürrenmatt nicht ein aphoristischer, sondern ein sarkastischer Denker; und was noch mehr ist, er war ein eminent zitierbarer Schriftsteller.

   V Ich gebe zu, ich bin insofern unseren Literaturpäpsten gegenüber im Vorteil, daß sie zwar sagen müssen, was sie von mir denken, aber ich nicht zu sagen brauche, was ich von ihnen halte. (P, 165)

 VI Ich gab neulich ein Interview. Einer Journalistin. Sie wollte meine Meinung über die neueste Literatur wissen. Ich antwortete ausweichend, daß ich noch keine Zeit gefunden hätte, sie zu lesen, weil es mir schwerfalle, mich abends mit der neuesten Literatur abzugeben, wenn ich den ganzen Tag selber neueste Literatur produziert habe. Das schrieb die Dame nicht. Sie schrieb: Dürrenmatt liest keine Bücher. Man fällt immer wieder herein. Man nimmt an, Journalisten könnten schreiben, weil sie Journalisten sind. Aber sie sind oft Journalisten, weil sie nicht schreiben können. (K, 91)

In den letzten Sätzen höre ich unverkennbar die Stimme von Karl Kraus, wie ich sie so viele Jahre in seinen Vorlesungen und auf den Seiten der »Fackel« vernehmen konnte. Dürrenmatt hatte offenbar eine sehr hohe Meinung von Karl Kraus. Sein Name erscheint an verschiedenen Stellen der Schriften. In der »Weltwoche« besprach er 1953 die gerade erschienene »Dritte Walpurgisnacht«, das große Heft der »Fackel«, das Kraus 1933 geschrieben, aber zurückgehalten hatte, weil ihm zu Hitler zu viel Unsagbares einfiel (L, 38). Im Essay über Israel nennt er Karl Kraus und Albert Einstein »die letzten großen Juden« (Z, 107), eine Zusammenkopplung, die durch die folgenden Vergleiche nicht weniger seltsam wird:

VII Bei Karl Kraus erscheint der Mensch in seiner Beziehung zur Sprache, ist die Sprache das Menschliche; und indem sie das Menschliche ist, richtet die Sprache über die Sprache: der Mensch kommt vor sein eigenes Gericht. Bei Albert Einstein kommt das Nichtmenschliche zur Sprache, das Kosmische, doch so, daß es seinem Wesen nach nur Sprache sein kann, denn die Welt außer uns, die Einstein meint, ist auch außerhalb des Bildes, das wir uns von ihr machen, sie ist nicht mehr anschaulich, nur noch Sprache, mathematische Sprache, und nicht mehr in eine andere Sprache übersetzbar. Bei Karl Kraus verdichtet sich das Weltgericht in der Sprache, bei Albert Einstein wird das Weltgericht durch die Sprache herstellbar: durch die Atombombe. (Z, 108)

Ich habe kein Recht, diese etwas dickliche Kontrastierung zu beurteilen, denn ein altes Übel hindert mich schon seit langem, das erste »s« im Worte »kosmisch« zu hören. Ich habe den Eindruck, der auch durch viele anderen Stellen in seinen Schriften bestätigt wird, daß Dürrenmatt die Naturwissenschaften viel zu sehr hieratisiert hat. Die Welt hat die Naturforscher in eine Rolle gedrängt, die sie daraufhin sehr gerne spielen. In Wirklichkeit ist alles ganz anders.

Dennoch hatte Dürrenmatt ein sehr offenes Auge für die verhängnisvollen Folgen, die die rapide Technisierung der Naturwissenschaften mit sich führte. So schreibt er in einem 1969 gedruckten Aufsatz (Ph, 31 f.):

VIII ... Es ist leichter, auf den Mond zu fliegen, als mit anderen Rassen friedlich zusammenzuleben, leichter als eine wirkliche Demokratie und einen wirklichen Sozialismus durchzuführen, leichter als den Hunger und die Unwissenheit zu besiegen, leichter als den Vietnamkrieg zu vermeiden oder zu beenden, leichter als den wirklichen Mörder eines Präsidenten zu finden, leichter, als zwischen den Arabern und den Juden und zwischen den Russen und den Chinesen Frieden zu stiften, leichter, als die Sahara zu bewässern, leichter, als den von einer kleinen Volksgruppe besiedelten Kontinent Australien auch für andere Rassen zu öffnen, ja leichter, als das Zweistromland des Tigris und des Euphrat wieder zu jener fruchtbaren Ebene zu machen, die es einst war.

Nicht der Mondflug ist das Schlimmste, er ist nichts als eines jener technischen Abenteuer, die durch die Anwendung von Wissenschaften immer wieder möglich werden: Schlimm ist die Illusion, die er erweckt. Ein neuer Kolumbus ist unmöglich, denn er entdeckte einen neuen Kontinent, der zu bevölkern war, Apollo 11 jedoch erreichte nichts, was der Erde entsprach, sie erreichte bloß die Wüste der Wüsten, den Mond. Wie weit wir auch unser Sonnensystem durchmessen, immer werden die Bedingungen auf den anderen Planeten so schlecht, so jämmerlich, so unmenschlich sein, daß diese Welten von der Erde aus nie besiedelt werden können. ... Daß der Papst im gleichen Jahre, da er vor dem Bildschirm die Mondlandung segnete, die Pille verbot, symbolisiert die Katastrophe, der wir, schneller als den Sternen, entgegeneilen. ... Es gibt keine andere Heimat, und jeder Fluchtversuch ist eine Utopie. Der Weltraumflug hat nur dann einen Sinn, wenn wir durch ihn die Erde entdecken und damit uns selber.

Zweiundzwanzig Jahre später, und wir haben nichts entdeckt als Unsinn und Grauslichkeiten. Der Staat, in dem ich lebe, ist gerade dabei, dem Zweistromland wieder zur Blüte zu verhelfen oder, besser gesagt, zu Blut, zu sinnlos vergossenem Blut. Das waren schöne und wahre Sätze, die Dürrenmatt damals schrieb, aber die Stimme des einsamen Rufers läßt die Wüste nur wüster erscheinen. Die großen jüdischen Propheten erhielten wenigstens die posthume Genugtuung, das Alte Testament schmücken zu dürfen. Jetzt aber wird Kassandra jeden Tag schreiend begraben.

4.

Wie bereits gesagt ist *Zusammenhänge*, der sich mit dem Staat Israel auseinandersetzende Essay, der weitaus längste, den Dürrenmatt geschrieben hat. Er trägt die Jahreszahl 1975 und ist ein Text von zum Teil sehr großer Intensität. Das Buch ist anscheinend aus einer Reihe von Vorträgen, die er an mehreren Orten in Israel hielt, hervorgegangen. Bemerkenswert daran ist die Einsicht, daß eine Kenntnis der früheren Geschichte der Palästiner für ein Verständnis des neuentstandenen Staates Israel nötig ist. Dieser genoß Dürrenmatts volle Zustimmung, wie aus vielen Stellen hervorgeht; aber er war ein zu gescheiter Mensch, um sich zu verhehlen, daß der Weg, den der Staat eingeschlagen hatte, gefährlich war und zum Ruin führen konnte. So schreibt er in Z, 48:

> IX Aus der Unberechenbarkeit der Weltgeschichte heraus geboren, wurde der jüdische Staat in ihre Unberechenbarkeit zurückgestoßen, und was notwendigerweise entstanden ist, besteht nicht mit gleicher Notwendigkeit weiter. Druck erzeugt Gegendruck, Nachbarschaft Mißtrauen, Macht Furcht, Erfolg Neid, auch fällt er den Zufälligkeiten und den Launen der Geschichte zum Opfer, den hinfälligen Konstellationen, der Instabilität der Verhältnisse, der Irrationalität der Beweggründe, den Fehlspekulationen der Verständigen und den Einfällen der Verrückten. Was zur Rettung des jüdischen Volkes geplant und mit Mut und Erfindungskraft durchgeführt wurde und mit unsäglichen Opfern verbunden war, kann den Untergang dieses Volkes herbeiführen.

War es das, fragte ich mich, was der Kaiser Caligula gegenüber seinem eigenen Volk im Sinn hatte, wenn er sich wünschte, die Römer hätten nur *eine* Gurgel? Sind alle Juden der Welt in Israel versammelt, so haben auch sie nur *eine* Gurgel.

Hie und da, leider nicht oft genug, kommt unter der dicken

Kruste historisch-philosophischer Überlegungen die Sprache des wundervollen Parabeldichters zum Vorschein. Mit Bezug auf die vielen Diskussionen, ob Israel überhaupt notwendig sei, schreibt er (Z, 18 f.):

> X Muß schon die Notwendigkeit eines Staates bewiesen werden und, ist der Zuhörer ein Bürger dieses Staates, damit auch die Notwendigkeit des Zuhörers selbst, überhaupt zu existieren, so müssen offenbar starke Einwände vorhanden sein, die diese Notwendigkeit bezweifeln. Das definiert denn auch die Lage des Staates Israel: Er ist zwar, aber er scheint vielen nicht notwendig zu sein, ja mehr und mehr störend: man wäre froh, wenn er nicht wäre, auch jene wären glücklich über seine Nichtexistenz, die seine Existenz bejahen. Ein Verdacht nur, gewiß, doch ein berechtigter Verdacht. So halte ich denn meine Rede vor einem bedrohlichen, dunklen Hintergrund, irgendeinem dubiosen Weltenrichter sind schon schwer entzifferbare, von unzähligen Händen verschmierte und ständig umgeschriebene Anklageschriften zugegangen, noch ist er nicht entschlossen, sie zu lesen, aber er könnte sie lesen; ob er dann einen Urteilsspruch sprechen würde, ist ungewiß, aber er könnte ihn fällen, und wie er dann ausfiele, ist noch ungewiß, und irgendwo, hinter allen Welthintergründen, putzt der Weltenhenker mechanisch an seinem Beil herum, noch hat er keinen Befehl bekommen, aber er könnte ihn bekommen: So ist denn meine Rede, ob bewußt oder unbewußt, eine Verteidigungsrede, zudem ist sie aber auch eine Anklagerede, darüber nämlich, daß es dreißig Jahre nach Auschwitz abermals notwendig ist, eine solche Rede zu halten.

Die Stelle vom Weltenrichter und Weltenhenker hat ganz die Stimmung von Kafkas *Prozeß*. Noch näher sind wir dieser Stimmung, wenn wir die wundervolle Parabel lesen, die in den Essay eingeflochten ist. Ich denke an die im Jahre 760 beginnende Geschichte vom islamischen Gottesgelehrten Abo Chanifa und den Rabbi Anan ben David. Beide waren eingekerkert und in eine Zelle gesteckt worden, und jetzt sitzen sie zusammen durch Hunderte von Jahren in einem immer mehr verfallenden und vergessenen Gefängnis und disputieren endlos über Religion, wobei es beiden gelingt einander zu überzeugen, immer tiefer in spintisierende Senilität versinkend (Z, 82 bis 87). Die Erzählung geht weiter und verzweigt sich durch den ganzen langen Text, so wie die beiden einander nicht unverwandten Religionen weitergehen in ewigem Widerstreit (Z, 148–162).

Was den Leser dieses Essays besonders beeindruckt ist, daß Dürrenmatt bei all seiner Sympathie für den jungen Staat Israel niemals vergessen läßt, daß in dem von den Juden eingenommenen Land bereits andere Menschen durch Tausende von Jahren angesiedelt waren. Ein letztes Zitat aus dem Essay (Z, 114 f.):

XI Dennoch bleibt Israel nichts anderes übrig. Braucht es die Geduld, um jetzt zu überleben, wird es die Weisheit brauchen, um später zu überleben. Was kommt, weiß niemand. Die Konstellationen ändern sich, änderten sich schon. Eine Voraussage ist unmöglich, weil auch das jetzt Unmögliche einmal möglich werden kann, wenn es um die Rettung des jüdischen Staates geht, um die Rettung der Rettung. Eine Verständigung zwischen den Mächtigen ist immer möglich; eine Verschiebung im weltpolitischen Kräftespiel, und unversöhnliche Feinde versöhnen sich: dann kann es sein, daß der jüdische Staat den nicht vergessen darf, den alle vergessen haben: seinen palästinensischen Bruder.

5.

Je weniger man vom Leben erwartet, desto mehr bringt es. Daher kommt es, daß ein Pessimist in mancher Beziehung ein glücklicher Mensch ist, denn er kann nur angenehm überrascht werden. Inwieweit dies auf Dürrenmatt zutrifft, kann ich nicht sagen: das Leben hat uns zu viele Masken aufgesetzt, und es gibt keinen Wunderspiegel, in dem man auch nur sich selbst sehen könnte, wie man ist. Als Eschatologe des Skurrilen war Dürrenmatt wahrscheinlich ein Stoiker. Am wenigsten trifft das auf seine Essayprosa zu, in der er den Unsinn, den die Welt ihm zutrug, nicht mit Geduld ertrug, sondern zu verstehen und auszumerzen suchte. Jedenfalls war er, denke ich, das Gegenteil von einem Romantiker. Andererseits scheint er auch weder kampf- noch streitlustig gewesen zu sein – aber da mag ich mich irren –, und er schrieb keine polemische Prosa wie z. B. Karl Kraus, den er bewunderte. Von sich selbst sagt er, er sei nicht ein Rechter oder Linker, sondern ein Querer (P, 170). (Unterdessen ist die Bezeichnung »Querdenker« leider ein neudeutsches Klischeewort geworden und wahrscheinlich lobend gemeint. In den Wörterbüchern finde ich das Wort nicht, während Querkopf schon bei Lessing auftritt und keinesfalls in einem freundlichen Sinn.)

An keiner Stelle habe ich Dürrenmatt mir so nahe gefühlt wie in der folgenden (Z, 177):

XII Doch herrscht die Ratio allein, die Vernunft, wird das
   Ziel des menschlichen Geistes nur darin gesehen, alles zu
   verstehen, verdorrt die Phantasie. Eine verstandene
   Welt wäre eine todlangweilige Welt, der menschliche
   Geist braucht das Rätsel ebenso wie die Lösungen,
   das Chaos ebenso wie die Ordnung.

Ich würde sagen, und habe es mehrmals gesagt: der Mensch braucht das Geheimnis mehr als dessen Erklärung, das Rätsel mehr als seine Lösung, kann aber ohne Chaos ganz gut auskommen.

Aus vielen Stellen seiner Schriften geht hervor, daß Dürrenmatt eine sehr hohe Meinung hatte von den Naturwissenschaften und der Naturforschung. Er muß sich sehr gut hineingelesen haben in die Physik und die Kosmologie. Die Biologie hingegen nahm er kaum in die Sphäre seiner Interessen auf.

Da er als junger Mann Philosophie studiert hatte – er hatte die Absicht gehabt, eine Dissertation über »Das Tragische bei Kierkegaard« zu schreiben (L, 138) –, versucht er immer wieder, die philosophischen Grundlagen des Weltgeschehens herauszuarbeiten. Allerdings kann ich nicht behaupten, daß es mir gelungen ist, seinen Gedankengängen in allem zu folgen. (Vielleicht, weil bei ihm der Teufel nicht vorkommt.) Ich frage mich, ob er, wäre er ihr begegnet, die Stelle in den *Pensées* gutgeheißen hätte, wo Pascal sagt, daß alle Menschen von Natur aus einander hassen (Lafuma Nr. 210). So wie Brecht in seinen späten Jahren ein Freund der Freundlichkeit war, predigte Dürrenmatt Duldsamkeit: 1977 hielt er eine schöne Rede, die »Über Toleranz« hieß (Ph, 125).

Apropos Satan: vielleicht kommt er bei Dürrenmatt doch vor. Eines seiner Gedichte heißt »Elektronische Hirne« (Ph, 25) und es handelt von den gigantischen Rechenmaschinen, die uns das Leben verhunzen unter dem Vorwand, es uns leichtzumachen. »Dumm, stur, emsig« führten sie aus, was wir ihnen vorschreiben, aber schon seien sie unkontrollierbar geworden. Das Gedicht endet mit den folgenden Versen:

> Doch bald
> Werden sie weiter rechnen
> Ohne uns
> Formeln finden,
> die nicht mehr zu interpretieren sind
>
> Bis sie endlich Gott erkennen,
> ohne ihn zu verstehen
> Schuld- und erbarmungslos
> Straf- und rostfrei
> Gefallene Engel

Solange der elektronische Luzifer einen Steckkontakt braucht, um funktionieren zu können, würde ich mir keine besonderen Sorgen machen, außer um die menschlichen Gehirne, die vergessen haben, daß da ein Knopf ist, mit dem man den gefallenen Engel abdrehen kann. Erst wenn das von mir seinerzeit an die Wand gemalte Modell vorhanden ist, Dracula XIII, das ohne Elektrizität arbeitet, ist es Zeit, zum Ludditenhammer zu greifen. Mit einer Verbeugung vor dem berühmtesten Ausspruch des Philosophen, den Dürrenmatt kaum gekannt zu haben scheint, Ludwig Wittgenstein, würde ich nämlich sagen: Was kein Mensch begreifen kann, darüber müssen auch die Maschinen das Maul halten.

König Agenors Urenkel

Über den Begriff des Europäers

I

Nie habe ich mich so sehr als Europäer empfunden als damals, im Herbst 1928, als ich zum ersten Mal den Boden Amerikas betrat. Der Kulturschock – oder besser der Unkulturschock – war so heftig, daß ich noch jetzt einen Schauer verspüre, wenn ich daran denke. Es hätte wenig Sinn, im einzelnen ausführlich zu beschreiben, was fast ein jeder, der diese Reise unternahm, gefühlt haben muß und in vielen Fällen auch schriftlich festgehalten hat.

Die Europäer haben natürlich nichts zu tun mit dem mythischen phönizischen König Agenor, dessen Namen ich mir für den Titel ausgeborgt habe. Nur war er der Vater der schönen Prinzessin Europe, die vom als Stier aufgemachten Zeus entführt und mit drei Söhnen begabt wurde, darunter Rhadamanthys und Minos, wichtigen Stützen der mythologischen Gesellschaft. Ob es diese Prinzessin war, die dem Weltteil den Namen gab, ist ein bißchen kontrovers, aber die Sage klingt zu schön, um aufgegeben zu werden. Jedenfalls bin ich gewiß, daß die zahlreichen Europäer, die mich in Ellis Island umgaben, jenem amerikanischen Konzentrationslager für Besucher des »land of the free«, daß diese Jammergestalten an ganz anderes dachten als den Namen des Kontinents, den sie gerade verlassen hatten; aber den Schock, den haben sie sicher gespürt.

Wie so oft auf unserer nicht völlig logischen Welt definiert sich die Bejahung durch eine Verneinung. Wir werden leichter einen Zustand gewahr, wenn er sich von einem andern, der uns meistens unangenehm in die Augen fällt, unterscheidet. Wieviel Ruhmrednerei und Eingebildetheit auch darin gelegen haben mag, so hatte doch noch in meiner Jugend der Begriff

Europa eine besondere Bedeutung, ein spezielles Aroma, die es paradoxerweise jetzt, gerade wenn oder weil es sich einigen will, verloren hat.

Als allerdings sehr vage geographische Bezeichnung reicht das Wort Europe oder Europa weit ins Altertum zurück. Man findet sie häufig im Herodot, so gleich am Anfang im Buch 1, 4: »Denn die Perser sehen Asien mit seinen Völkern als ihr Land an. Europa und das Land der Griechen, meinen sie, liegt vollkommen außerhalb ihrer Grenzen.« (1) Oder, adjektivisch verwendet, bei Curtius Rufus in 7, 2: »Die Baktrer trennt der Tanais von den Skythen, die man die europäischen nennt; zugleich bildet er die Grenze zwischen Asien und Europa.« (2) Das ist vielleicht ein frühes Zugeständnis, daß Rußland, der Sitz der Skythen, zu Europa gehört.

So geht es ziemlich unverändert weiter durch das Mittelalter, ohne besondere Erwähnung des Europäers als eines von den Bewohnern anderer Kontinente verschiedenen Menschenschlags. So finde ich zum Beispiel irgendwo im Boccaccio die Feststellung, das »mare europico«, das europäische Meer, reiche bis zur Insel Kreta. Erst nach der Begründung der Nationalstaaten und dem Beginn des Kapitalismus vermehrt sich die Verwendung des Substantivs; in den mir zugänglichen Wörterbüchern der großen Sprachen stammen die meisten Zitate für »Europäer« aus dem späten 17. und dem 18. Jahrhundert. Ein seinerzeit bekanntes Buch des Italieners Gemelli Careri, *Viaggi per Europa*, erschien im Jahre 1722. Viel Signifikantes läßt sich nicht finden. Eine Bemerkung des scharfsinnigen Montesquieu bildet eine Ausnahme. Er verfaßte 1734 einen kurzen Aufsatz, den er jedoch, obwohl schon als Korrekturfahne gesetzt, vom Druck zurückzog. Diese Schrift, *Réflections sur la monarchie universelle*, enthält den folgenden bemerkenswerten Paragraphen (XVIII):

> Europa bildet nur mehr *eine* Nation, die aus einigen zusammengesetzt ist; Frankreich und England benötigen Polens und Rußlands Reichtum, so wie eine ihrer eigenen

Provinzen die anderen braucht: und der Staat, der seine Macht durch die Vernichtung seines Nachbarn zu vergrößern glaubt, schwächt sich im allgemeinen selbst. (3) Auch bei diesem mit Vorsicht zu genießendem Genie, bei Jean-Jacques Rousseau, das so viel Richtiges verschwommen verkündet hat und so viel Falsches klar und deutlich, begegne ich einer bedeutsamen Äußerung. In seinem erst posthum gedruckten, 1771/72 geschriebenen Essay über die Verfassung Polens schreibt er: »Heute gibt es weder Franzosen, noch Deutsche, noch Spanier, ja nicht einmal Engländer, was immer man sagen mag; es gibt nur Europäer.« (4) Das war natürlich geschrieben, bevor der aufkommende Nationalismus gezeigt hatte, was er konnte; außerdem war Rousseau gar nicht einverstanden mit dieser Entwicklung. Dennoch klingt der Satz wie eine Vorahnung der Europäischen Gemeinschaft.

II

Rousseaus unerwartete Feststellung war vielleicht der Anlaß, mich in den tiefen Teich weit zurückliegender Jugenderinnerungen zu versenken. Auch die Wirklichkeit kann weiße Haare kriegen. Und so muß ich mich fragen, wieviel Verfärbung und Umtönung die langen Jahre den Empfindungen meiner verblichenen Jugend angetan haben. Fühlte ich mich beim Zusammenstoß mit dem damals besonders turbulenten Amerika wirklich als Europäer, oder benahm ich mich eher als eingefleischter Österreicher? Diese Erben wider Willen einer doppelköpfigen und doppelzüngigen Monarchie erwarteten in allem einen 50 %igen Rabatt, so daß man sagen könnte, ich habe mich in jenem milden amerikanischen Gulag als zweifacher Europäer empfunden. »Now double activity at half the price«, diese übliche Anpreisung jedes unwirksamen Kopfschmerzmedikaments, gilt auch für meine Einstellung zum täglichen Leben im Land der immer mehr beschnittenen Möglichkeiten.

Dennoch bleibt die Frage, ob ein Europäer im Zusammenstoß mit dem so ausdrücklich Andersartigen sich eher als, sagen wir, Ire oder Tscheche oder Franzose deklarieren möchte denn als Europäer. Meine Antwort ist: er bleibt immanent Europäer, gerade weil er sich als Ire, Tscheche oder Franzose betrachtet. Europa ist der Kontinent der Vaterländer, der Heimaten, der Muttersprachen. Ich komme noch darauf zurück.

Hier möchte ich jedoch eine zögernde Betrachtung einfügen, die möglicherweise auf sehr subjektiven Eindrücken beruht. In ihrer Bereitschaft, sich in der Höhle der Trolle mit neuen Augen versehen zu lassen, scheinen große Verschiedenheiten zwischen den Nationen zu herrschen. Ein deutschsprachiger Einwanderer ist anscheinend viel eher geneigt, seine Muttersprache aufzugeben, ja zu vergessen, als zum Beispiel ein Franzose. (Ihre Akzente werden sie alle nicht loswerden.) Es gibt Nationen, deren Exmitglieder, ohne je die Sprache des neuen Landes zu erlernen, sofort begeisterte Chauvinisten werden und sehr bereit sind, in Demonstrationen mit Transparenten aufzutreten, deren Texte sie nicht lesen können. Im Zuge der zunehmenden Amerikanisierung der ganzen übrigen Welt dürfte diese Erscheinung allerdings nicht auf Amerika beschränkt sein. *Cuius regio, eius religio* gilt auch vom Geld, nicht nur vom Land. Wo ein jeder frei ist, dem andern das Fell über die Ohren zu ziehen, also zum Beispiel in der freien Marktwirtschaft, bekommen wir die Marsyasgesellschaft, eine Gesellschaft von blutenden Leichen.

III

Hegel hat über alles nachgedacht, so auch über Europa:

> Europa ... hat die terrestrischen Unterschiede nicht, wie wir sie bei Asien und Afrika auszeichneten. Der europäische Charakter ist der, daß die früheren Unterschiede, ihren Gegensatz auslöschend oder denselben doch nicht scharf festhaltend, die mildere Natur des Übergangs an-

nehmen. Wir haben in Europa keine Hochländer den Ebenen gegenüberstehend. (5) ... Die Weltgeschichte geht von Osten nach Westen, denn Europa ist schlechthin das Ende der Weltgeschichte, Asien der Anfang. (6)

Jedenfalls ist das nicht dasselbe »Ende der Weltgeschichte«, mit dem uns jetzt unbegabtere Scheherezaden die Ohren beschmutzen. Daß die Geographie einen wesentlichen Einfluß auf die Geschichte der verschiedenen Regionen und auf den Charakter ihrer Bewohner ausübt, ist wohl zweifellos. Aber kann man mehr sagen als »Gottes ist der Orient! / Gottes ist der Okzident! / Nord- und südliches Gelände / Ruht im Frieden seiner Hände.«?

Leider haben die Gelände sehr wenig im Frieden geruht, und ich fürchte, die Welt geht in ein noch blutigeres Jahrhundert. Nur ist es nicht sicher, daß Europa, »wo die Weltgeschichte endet«, nochmals der Hauptdarsteller in der grauenhaften Pantomime sein wird. Es war schon lange genug die Blutscheide gewesen, von der die Ströme der Vernichtung nach allen Seiten flossen.

Es besteht kein Zweifel, daß das Bewußtsein, ein Europäer zu sein, immer eine lokal bestimmte Separatfarbe tragen wird. Um bei dem mir nächstliegenden Beispiel zu bleiben: meine Mutter sprach zu mir mit einer österreichischen Stimme; der Kaffee hatte einen Wiener Geschmack; das Restaurant führte nicht in seiner Speisekarte Schweinebauch mit Brechbohnen, wie sie mir bei meinem ersten Mittagessen in Berlin entgegenlachten; die Spatzen und die Wolken, die Mädchen und die Crèmeschnitten, die Elektrische und der Prater; alles war ganz anders als in Leipzig oder London. Das hat nichts mit Schönheit oder Güte zu tun. Alle Muttersprachen sind die schönsten. Der Boden, auf dem ich stand – schicken wir zur Abwechslung die Genetik zur Hölle, wo sie hingehört! –, dieser Boden war wienerisch, österreichisch und daher (aber nicht nur daher) europäisch. Denn absurderweise war hier der Durchschnitt größer als die Summe.

Die Statistik ist ein Netz, das nur die großen Fische fängt. Aber für die Ermittlung der geistigen Haltung einer Epoche braucht man die Gründlinge; und so scheint mir, daß vor dem Ersten Weltkrieg, als wenig Rede war von Europa, der Begriff des Europäers fester begründet war als später, gerade weil man ihn so wenig in den Mund nahm. (Mein Vater, geb. 1870, war in seiner Jugend viel gereist, aber seinen ersten Paß erhielt er erst 1918 oder 1919.)

IV

Ein kleines Gedankenexperiment: Wenn zwei Leute, der eine aus Chicago, der andere aus Brüssel, einander kennenlernen, und der eine stellt sich vor, »Ich bin Amerikaner«, was wird der andere erwidern? Ich denke, er wird sagen »Ich bin Belgier«. Der erste hat, ohne auch nur an Südamerika zu denken, den Namen des Weltteils mit dem der Vereinigten Staaten von Amerika gleichgesetzt, der andere hat aber nicht »Ich bin Europäer« geantwortet. Hinter diesem supponierten Unterschied, wenn man ihn gelten läßt, verbergen sich die Zweifel, mit denen ein in USA Lebender die Bemühungen um die Gründung, Erweiterung und Stabilisierung der Europäischen Gemeinschaft verfolgt. Jeder Amerikaner, wie eingesessen seine Familie auch sein mag, weiß, daß einmal ein Vorfahre, ob aus Zwang, ob aus Drang den großen Sprung gemacht haben muß. Dabei hat er viel aufgeben müssen, oft seine Sprache, seine Erinnerungen, alles was ihm in der Heimat lieb war. Er hat sich in die Quintessenz der Fremde begeben, er ist in ein Nachtasyl von gigantischen Ausmaßen umgezogen; er muß schwimmen oder sinken. Was aber hätte der gerade erwähnte Belgier aufgeben müssen, um sich als Europäer zu deklarieren? Nichts, möchte ich sagen, außer vielleicht der Farbe seines Passes. Ich fürchte allerdings, daß diese Antwort sich als eine verhängnisvolle Unterschätzung erweisen wird. Ich halte nämlich das, was ich den großen Sprung genannt habe, als unerläßlich im menschlichen Leben. Was müßte also der hypothetische Belgier aufgeben, bevor er sich Europäer nennen dürfte? Seine Sprache, seine Geschichte? Er weiß es noch nicht, aber ich denke, es wird viel mehr sein, als sich mit ein paar Worten bezeichnen läßt.

Unsere Vorstellung davon, was Europa bedeutet, ist, glaube ich, durch den Ersten Weltkrieg erschüttert worden. Die Jahre 1914 bis 1918 waren ein so vielfacher Schlußpunkt, daß es fast leichter wäre, das aufzuzählen, was damals nicht zu Ende gegangen ist. Aus diesem Grund betrachte ich meine bereits fast verschwundene Generation als die letzte, die noch in einem schwachen Abglanz zu sehen vermochte, wie menschlich das Leben des Menschen sein konnte. (7)

Es ist seltsam, daß gerade zu einer Zeit, da der Begriff Europa vielen, die den Weltteil von außerhalb betrachten, verblaßt und verschwimmt, die Bestrebungen, ihn zu einer einheitlichen Gemeinschaft zusammenzuschließen, immer heftiger werden. Ich fürchte, daß diese Bemühungen keiner höheren Philosophie entstammen als der, die ich einmal Konsumenzia genannt habe. Schon vor dem Zweiten Weltkrieg hatte man den Eindruck, daß die fortschreitende Amerikanisierung Europas unaufhaltsam ist. »Schlechtes Geld wird immer das gute vertreiben«, hatte Sir Thomas Gresham schon im 16. Jahrhundert gelehrt, und ich habe bereits früher betont, daß diese ökonomische Regel auch auf die Menschen zutrifft. Mißgünstig betrachtet, ist »Gresham's Law« auch die einfachste, weil durchaus pessimistische Beschreibung des Fortschritts.

V

Wie schon früher gesagt, mir ist Europa immer als der Kontinent der Vaterländer, der Heimaten, der Muttersprachen erschienen. Auf den letztern liegt mein hauptsächlicher Nachdruck. Ich kann mir nämlich ein mit den Vereinigten Staaten von Amerika vergleichbares Europa nicht vorstellen ohne das gleichzeitige oder vorhergegangene Verschwinden der vielen hier gesprochenen Sprachen. Was soll also die Sprache der Vereinigten Staaten von Europa sein?

Es ist seltsam, daß diese mir so wichtig erscheinende Frage anscheinend nicht oft diskutiert wird. Da kann man aus der Geschichte der USA manches lernen, u. a. auch, wie viel der einzelne verliert, wenn er seiner Muttersprache verlustig werden muß. Erst die Urenkel haben dann wieder eine, aber es ist eine verarmte ausgetrocknete Sprache. Ich denke sogar, daß diese Verarmung erblich ist, wenn auch nicht auf genetische Weise, so daß am Ende eine permanente Sprachschrumpfung resultiert. Ich habe schon bei einer früheren Gelegenheit ausgeführt, daß dies nach meiner Meinung auf das Amerikanische zutrifft.

Ich lege demnach großes Gewicht auf den Begriff der Muttersprache. (8) Jedes ihrer Wörter vibriert gleichzeitig zwischen vielen Ebenen, wie es nie geschieht mit einer später angelernten; geheimnisvolle »unterirdische« Kanäle führen Saft und Kraft von einem zum andern; und so entstehen die assoziativen Bruderschaften, ohne welche, denke ich, echte Dichtung nicht vorstellbar ist. Nichts Ärgeres kann einem Volk widerfahren als der Verlust, der Raub seiner Muttersprache. Das muß nicht immer einem Vernichter, einem Eroberer zur Last gelegt werden: es gibt eine Art von Selbstverstümmelung, der, so scheint es, die Deutschen besonders stark gefrönt haben. Kein anderes großes Volk hat sich so bereitwillig, ja jubelnd vom Ballast seiner eigenen klassischen Dichtung befreit, nicht erkennend, daß gerade dieser unmäßig erscheinende Ballast es ist, der ein Volk vor dem Zerflattern schützt. In dieser Beziehung sind die Engländer und waren die Franzosen den Deutschen überlegen. (Jetzt scheinen die Franzosen ein seltsam pragmatisches Volk geworden zu sein. Dennoch ist eine solche Bücherreihe wie die französische Pléiade in Deutschland undenkbar.) Wer die Vergangenheit verleugnet verliert die Zukunft. Für mich liegt die große Vergangenheit eines Volks in seiner Sprache, nicht in den blutigen Zufälligkeiten seines Schlachtenkalenders.

Ich glaube, daß ein jeder mit seinem eigenen Lexikon, mit seiner eigenen Grammatik, ja mit seiner eigenen Logik zur Welt kommt, und das alles im Rahmen des Gefüges seiner Muttersprache. Ich denke nicht, daß das mit dem, was uns jetzt über die materiellen Grundlagen der Vererbung bekannt ist, erklärt werden kann. Es gibt Erscheinungen, die durch Erklärungen nur verworrener werden. Das gilt für solche Begriffe wie Geist oder Zeit, aber auch für so einfach erscheinende Wörter wie Muttersprache, von der man glaubt alles gesagt zu haben, wenn man erklärt, sie sei die erste Sprache, die der reifende Verstand des Kindes in sich aufnimmt. Uns fehlt überhaupt die Fähigkeit, die Untertöne zu beschreiben, die mit jedem in Worte gefaßten Gedanken mitschwingen. Wie fein hat Hamann die nicht bestimmbare Richtung einer Aussage beschrieben, wenn er in den *Sokratischen Denkwürdigkeiten* schreibt:

> Die Wörter haben ihren Werth, wie die Zahlen von der Stelle, wo sie stehen und ihre Begriffe sind in ihren Bestimmungen und Verhältnissen, gleich den Münzen nach Ort und Zeit wandelbar. ... Außerdem leidet jeder Satz, wenn er auch aus einem Munde und Herzen quillt, unendlich viel Nebenbegriffe, welche ihm die geben, so ihn annehmen, auf eben die Art, als die Lichtstrahlen diese oder jene Farbe werden nach der Fläche, von der sie in unser Auge zurückfallen. (9)

Ich glaube demnach, ganz ohne in Sprachmystik verfallen zu wollen, daß wir nur in unserer »angeborenen« Sprache den legitimen Ausdruck finden und aufnehmen können. Wenn Dichtung der Ort ist, wo solcher Ausdruck vorherrschen muß, so wird der Vergleich eines großen Gedichts mit seiner Übersetzung uns zeigen, was es heißt, sich der Muttersprache zu bedienen.

VI

Ist Muttersprache nichts als die erste Sprache, in der zum erwachenden Kind geredet wird, oder ist sie mehr? Jetzt, da die Wissenschaft den Menschen als eine nicht sehr gut funktionierende Maschine betrachtet, als einen unzuverlässigen Computer, weil er aus vergänglichem Fleisch konstruiert ist, wird man sagen, daß das Kind die Fähigkeit zu sprechen aus den Genen seiner Eltern bezogen habe. Was die Anatomie der Sprechwerkzeuge betrifft, mag das richtig sein. Aber ist das alles? Trifft es, um ein jetzt verächtlich gewordenes Wort zu gebrauchen, auf den Geist des Kindes zu? Begriffe wie Geist oder Seele sind jetzt geächtet, weil die Biologie sich vor ihnen nicht wohl fühlt. Ist das ein zureichender Grund, und nicht eher eine Mahnung an die Schuster, ihre Leisten nicht als den Mittelpunkt des Universums zu betrachten? Hie und da wäre es nicht schlecht, wenn wir uns daran erinnerten, was Hamlet dem Horatio über die Schulweisheit gesagt hat.

Man wird diesen Zeilen vielleicht vorwerfen, daß sie sich zu sehr mit einem Nebenproblem befassen. Auf die Sprache komme es nicht an, wenn einmal der ECU in allen Taschen klingele. (Vorläufig hört man allerdings nicht viel Geklingel.) Ich bin nicht dieser Meinung. Ich glaube, daß kein Europäer mit marktwirtschaftlichem Öl gesalbt werden kann, bevor er europäisch spricht. Nur die Länder, die der Gemeinschaft noch nicht angehören, wären vielleicht bereit, ihre Sprachen für Geld aufzugeben. Kaum eine der auf dem Festland gesprochenen Sprachen kommt in Betracht, als das Europäische ausgerufen zu werden: da wären die andern viel zu beleidigt. Es müßte eine Sprache sein, die zu erlernen alle Gemeinschaftler gleich viel Schweiß zu vergießen hätten. Ich würde das Estnische vorschlagen. Von dessen Ausrufung würden höchstens die Finnen ein bißchen profitieren. Auch die im Estnischen bestehende Literatur dürfte recht klein sein: ein weiterer Vorzug; so kann die europäische Literatur mit einem *novus ordo rerum* beginnen. Wenn sie in 200 Jahren auch nicht weiter ist als ihr Vorbild, die Amerikaner, was macht das? In 200 Jahren werden ohnedies nur die Computer noch lesen können.

Da dieser Vorschlag viel zu vernünftig ist, um angenommen zu werden, wird wahrscheinlich das Amerikanische, dieses uneheliche Kind des Englischen, die Sprache der Gemeinschaft werden. Ob die Ehre, *the honour*, der Engländer es ertragen wird, in Wörtern wie colour, honour, harbour etc., ohne das schamhaft vorgehängte U öffentlich zu erscheinen, wird sich zeigen müssen.

VII

Nietzsche, den man über, für und gegen alles, was es auf Erden gibt, anführen kann, hat eine komische Notiz, die sich in seinem Nachlaß aus dem Frühjahr 1888 findet:

> Die »Verbesserung des Menschen«, im Großen betrachtet, zum Beispiel die unleugbare Milderung Vermenschlichung Vergutmüthigung des Europäers innerhalb des letzten Jahrtausends – ist sie vielleicht die Folge eines langen heimlich-unheimlichen Leidens und Mißrathens, Entbehrens, Verkümmerns? (10)

Da ist Nietzsche ein bißchen zu früh gekommen. Er hätte unsre Gegenwart, die mit 1914 begonnen hat und mit 1989 leider nicht zu Ende gegangen ist, die hätte er besuchen sollen, um den milden, menschlichen, gutmütigen Europäer wirklich kennenzulernen. Es ist wahr, die Zahnbürste, mit der man 1938 den alten Juden veranlaßte, den Stephansplatz zu säubern, mag vom hygienischen Standpunkt aus besser konstruiert gewesen zu sein, als was die Hohenstaufen zur Verfügung hatten; aber wir reden ja hier nicht von Zivilisation, sondern von Bestialitäten, die sich in früheren Jahrhunderten nicht vor den Augen so vieler teilnahmsloser Millionen abspielten.

In dieser Beziehung (Bestialität) kann man also sagen, daß die Europäer alle an sie geknüpften Erwartungen der Weltgeschichte erfüllt haben. Was sie vorläufig nicht getan haben, ist dem Zukunftsbild zu entsprechen, das Nietzsche an einer andern Stelle des Nachlasses von ihnen skizziert hat:

> Gesamt-Anblick des zukünftigen Europäers: derselbe als das intelligenteste Sklaven-Thier, sehr arbeitsam, im Grunde sehr bescheiden, bis zum Excess neugierig, vielfach verzärtelt, willensschwach – ein kosmopolitisches Affekt- und Intelligenzen-Chaos. ... Problem: wo sind die *Barbaren* des 20. Jahrhunderts? Offenbar werden sie erst nach ungeheuren socialistischen Krisen sichtbar werden und sich consolidiren, – es werden die Elemente sein, die der *größten Härte gegen sich selber* fähig sind, und den *längsten Willen* garantieren können. (11)

Barbaren? – stimmt schon; größte Härte? – gegen andere, nicht gegen sich selbst; längster Wille? – 13 Jahre, Gottseidank ein bißchen wenig, aber es ist ja noch nicht aller 1000 Jahre Abend. Außerdem zeigt die Schilderung, daß ein ganzer Weltteil, heruntergekommen wie er sein mag, nicht über einen Kamm geschoren werden kann. Wenn die vorhergesagten sozialistischen Krisen den Selbstmord der Sowjetunion einschließen, so ist es verständlich, daß Nietzsche den gefährlichsten Sprengstoff unserer Zeit, die Konsumgier, nicht hat in Rechnung stellen können.

Ein Nietzsche weit unterlegener Geist, aber um eine Generation jünger, Paul Valéry, hat in einem 1919 geschriebenen Essay *La crise de l'esprit* versucht, eine Definition des Europäers zu geben. Die Völker Europas sind ihm zufolge diejenigen, die im Lauf ihrer Geschichte drei enormen Einflüssen ausgesetzt waren; diese waren das alte Griechenland, das *imperium romanum*, das Christentum. Ich zitiere aus dem Schluß des Aufsatzes:

> Überall wo der europäische Geist dominiert, sieht man das Maximum von *Bedürfnissen* hervortreten, das Maximum von *Arbeit*, das Maximum von *Kapital*, das Maximum von *Ertrag*, das Maximum von *Ehrgeiz*,

das Maximum von *Macht,* das Maximum von *Veränderung der äußeren Natur,* das Maximum von *Beziehungen* und von *Austausch.* Dieses Ensemble ist Europa, oder ein Bild von Europa. (12)

Schade, daß Paul Valéry nicht mehr das heutige Japan besuchen konnte. Da hätte er das Europa seiner Träume zu sehen bekommen, wenn auch recht unbeleckt von Griechenland, Rom und Christentum. Ich fürchte, alle diese Maxima sind nichts als bunte Ballons, und wenn man sie aufsticht, kommt üble Luft heraus.

VIII

Pauschalbeschreibungen von Völkern können sich selbstverständlich nur mit Oberflächlichkeiten befassen, niemals mit dem, was den einzelnen angeht, – so wie im vorigen Jahrhundert die Völkerkunde die sogenannten Wilden beschrieb. Auch ist es klar, daß man über die Bewohner eines ganzen Erdteils noch weniger global Gültiges sagen kann als z. B. über die Tungusen. Was ist es dann, was die meisten Europäer verspüren, wenn sie nach USA kommen? Was sie spüren muß etwas sein, das über Valérys Definition eines Europäers weit hinausgeht, denn seltsamerweise trifft jene auf den Amerikaner ebenso zu wie auf den Europäer. Auch der Amerikaner kommt aus einer auf Griechenland, Rom und Christentum ruhenden Kultur. Was er daraus gemacht hat ist eine andere Sache. Was der europäische Besucher Amerikas als erstes merkt, wenn er Augen und Ohren offen hat, ist eine Entwurzelung, ein Nichtzuhausesein, das vor Hitlers Zeiten in Europa fehlte. Es ist ein Schwanken, ein Flattern in einem riesigen strukturlosen Raum. Der Mensch hat, viel mehr als noch jetzt in Europa, aufgehört, der Natur eigen zu sein. Er ist nur Nutznießer, Ausbeuter und zugleich Ausgesaugter.

Ich habe Hitler, nicht zu meiner Freude, genannt, denn ich denke, es war das nationalsozialistische Deutschland, das der

Enteuropäisierung Europas, die schon seit dem Ersten Weltkrieg langsam vor sich ging, einen gewaltigen Stoß erteilte. Ich würde sagen, daß die Idee der Vereinigten Staaten von Europa erst aufkommen konnte, als Europa durch Entwurzelung und Heimatschwund unterzugehen begann.

Was in diesen Zeilen geboten werden kann sind daher Kontraste, nicht Charakteristiken. Ich denke, man kann sagen, daß jene Europäer, die noch in Ruhe leben können, noch immer eine Heimat haben und eine Muttersprache. Die furchtbaren Vorgänge in dem so sinnlos zerbrochenen Jugoslawien zeigen, daß alle Aussagen über Europa daran sind, sich in ihr Gegenteil zu verwandeln. Was aus Rußland werden wird ist im Augenblick des Schreibens völlig dunkel. Die Kunst der Diplomatie scheint auf der ganzen Welt ausgestorben zu sein, die Staatsmänner sehen alle aus wie Herr Kissinger.

Weitere Kontraste gegenüber Amerika. Der Europäer ist mehr behutsam als draufgängerisch, mehr sparsam als verschwenderisch, mehr am Alten hängend als am gewaltsam Neuen. Bevor die Medien ihre Hobelarbeit unternahmen, hätte ich gesagt, daß er mehr skeptisch ist als gutgläubig, mehr pessimistisch als glückstrahlend, mehr zurückhaltend als expansiv, mehr hinterhältig als vordergründig, mehr neidig und kleinlich als großzügig, mehr abweisend als gutmütig. Er besitzt eine kompliziertere Natur als der Amerikaner, aber dafür seltener Schußwaffen. Nur zu den Klängen seiner Nationalhymne wird er bestialischer. Er ist ein Laie der Volksverblödung, während der Amerikaner auf diesem Gebiet bereits Fachmann ist. Was jedoch das Wichtigste ist: die Europäer haben zwar nicht *eine*, kurze Geschichte, die in der Hauptsache die eines recht erfolgreichen Hotelbetriebs ist, aber sie haben viele alte Geschichten, und darunter große Erinnerungen an herrliche Werke der Kunst, der Musik, der Dichtung. Auf ihrem Boden lebten und starben Heilige, Helden, Denker, und Tausende von Unbekannten, die nicht hätten vergessen werden dürfen.

Diese ganze wuchtige Vergangenheit, soll sie jetzt weggeblasen sein? Europa will das erste große Staatswesen sein, das unter der Ägide des Computers, im Zeichen der Effekten- und Warenbörse gegründet worden ist.

Kann Chargaff sich Europa nicht als (lockere) Föderation vorstellen?

IX

Es scheint, daß es ein noch nicht formuliertes Naturgesetz gibt, das aussagt, daß die Menschen immer jenem System zuneigen werden, das die größte Bürokratisierung ermöglicht. Viele Einrichtungen, die dem Volkswohl zu dienen vorgeben, können auf diese Weise erklärt werden. Man könnte dies einem <u>allgemeinen Drang zur Institutionalisierung</u> zuschreiben. Der Haruspex, der in den Eingeweiden las, aber auch die katholische Kirche sind frühe Beispiele. Vielleicht kann auch das seit dem Ersten Weltkrieg schwelende und immer lebhafter werdende Verlangen nach einem Paneuropa und später nach der Europäischen Gemeinschaft so erklärt werden. Ich bin überzeugt, daß die meisten in den letzten Jahren ausgerufenen Staaten, lange bevor sie Milch für die Kinder hatten, sich um die Besetzung von Gesandten- und Konsulposten in den großen Städten der Welt kümmerten. Die EG ist gewiß ein hervorstechendes Beispiel für den Hang zur Einrichtung von Körperschaften, in denen möglichst viele Körper untergebracht werden können.

In meiner Eigenschaft als behördlich anerkannter skeptischer Pessimist bin ich davon durchdrungen, daß die EG in ihren schließlichen Absichten scheitern wird, wenn die von mir berührte Frage der europäischen Sprache nicht entschieden ist. Die Wichtigkeit von Sprache wird in unsrer Zeit meistens unterschätzt. Sie ist es – das weiß ein jeder –, die uns, nicht immer zu unserem Vorteil, von den Tieren unterscheidet. Die Sprache ist immer gescheiter als wir, und wenn wir ihr zu dumm oder zu schlecht vorkommen, stellt sie den Verkehr mit uns ein.

Wenn auch der Vorschlag, das Estnische zur Europasprache

zu machen scherzhaft ist – ich hätte auch an das Baskische denken können –, ist das Problem einer gemeinsamen Sprache weit von trivial. In dieser Beziehung haben die Gründerväter der EG eine viel schwerere Aufgabe als ihre amerikanischen Kollegen vor 200 Jahren. Die konnten alle miteinander sehr gut reden. Ein Parlament, in dem wirklich gearbeitet wird, ist in polyglotter Form undenkbar. Höchstens so etwas wie die United Nations wäre vorstellbar: Attitüden mit schlechter Simultanübersetzung, Herumagieren mit Phrasen.

Es ist vielleicht ein Fehler, die Vereinigung Europas zu einem Staat zu sehr unter dem Gesichtspunkt der USA zu betrachten. Es gibt mindestens so viele Verschiedenheiten, wie es Ähnlichkeiten gibt. Was die beiden Fälle verbindet ist jedoch, daß es sich immer um *den* Menschen in seiner unvorhersehbaren Einzigkeit handelt, in seiner einmaligen, nicht auszulotenden Tiefe. In dieser Hinsicht ist das Schwergewicht, welches diese Zeilen der Sprache einräumen, verständlich. Können ein Portugiese und ein Grieche, ein Däne und ein Spanier, ja sogar ein Franzose und ein Engländer zufrieden unter einem Dache leben? Die in der deutschen Sprache beheimatete Redewendung »polnische Wirtschaft« ist kein gutes Zeichen. Ich habe sogar den Eindruck, daß in ein und demselben Land, z. B. der Schweiz, zwischen einem Appenzeller und einem Genfer mehr Reibungsflächen auftreten als, sagen wir, zwischen einem Texaner und einem New Yorker. Immerhin kann man hoffen, daß den sich neu bildenden Europäern der gleiche Wein und der gleiche Käse gut schmecken werden.

Anmerkungen

1 Herodot, Historien (Hrsg. Feix), 1. Bd., S. 8 (München, 1977).
2 Q. Curtius Rufus, Geschichte Alexanders des Großen (Hrsg. Müller und Schönfeld), S. 443 (München, 1954).
3 Montesquieu, Œuvres complètes (Hrsg. Caillois), 2. Bd., S. 34 (Pléiade, Paris, 1951).
4 J.-J. Rousseau, Considérations sur le Gouvernement de Pologne et sur

sa Reformation Projettée, in Œuvres complètes, 3. Bd., S. 260 (Pléiade, Paris, 1964).
5 G. W. F. Hegel, Vorlesungen über die Philosophie der Geschichte, in Werke in zwanzig Bänden, 12. Bd., S. 132 (Frankfurt, 1970).
6 Wie in Anm. 5, 12. Bd., S. 134).
7 Epochen, durch die gewaltige Bruchlinien durchgeschnitten wurden, ähneln einander. Guizot erzählt in seinen Memoiren, daß Talleyrand ihm einmal gesagt habe: »Wer nicht die Jahre vor 1789 erlebt hat, weiß nicht, was Lebensfreude ist«.
8 Was wir Muttersprache nennen hieß im Lateinischen *patrius sermo*, also Vatersprache. Das Russische spricht von Stammes- oder Verwandtensprache, *rodnoi jasyk*. Im Deutschen erscheint das Wort im frühen 15. Jahrhundert, später als im Mittellateinischen (in 1119 *materna lingua*) und in den romanischen Sprachen (bei Dante *palar materno*) ...
9 J. G. Hamann, Sämtliche Werke (Hrsg. Nadler), 2. Bd., S. 71 f. (Wien, 1950).
10 F. Nietzsche, Sämtliche Werke, Kritische Studienausgabe (Hrsg. Colli und Montinari), 12. Bd., S. 180 (München und Berlin/New York, 1980).
11 Wie in Anm. 10, 13. Bd., S. 17 f.
12 Paul Valéry, Œuvres (Hrsg. Hytier), 1. Bd., S. 988 (Pléiade, Paris, 1957).

Seltsamkeit des Wortes Selbsthaß

I

Einem Menschen, der an der äußersten Kante des Volksbewußtseins – nicht zu reden vom Rassenbewußtsein – gelebt hat, muß das Schlagwort vom »jüdischen Selbsthaß« immer fragwürdig erschienen sein. Das ist mein Fall gewesen, obwohl ich in jener Stadt aufgewachsen bin, die vielleicht die Wiege des jüdischen Selbsthasses gewesen ist. Bevor ich jedoch den Zustand in Wien vor dem Ersten Weltkrieg betrachte, möchte ich ein paar Worte über das Substantiv sagen, über das Wort Selbsthaß, das anscheinend zuerst im Deutschen auftritt.

Im kurzen Artikel »Selbsthaß« im 13. Band von Grimms Wörterbuch stammt das erste Zitat von Goethe; es ist die Rede von Byron und dessen »heftigem Selbsthaß«. Da »Selbstliebe« schon im 17. Jahrhundert gebucht ist, dürfte auch das Gegenwort älter sein als sein erster Nachweis vermuten läßt. Die englische Entsprechung »self-hatred« ist noch jünger: sie wird vom großen Oxford English Dictionary erst 1865 nachgewiesen, in einem Brief des Malers und Dichters Dante Gabriel Rossetti. Ob mittels Umschreibung, Anpassung oder direkter Übersetzung finden sich entsprechende Ausdrücke wahrscheinlich jetzt in den meisten Sprachen. Übrigens kann man feststellen, daß das Aufkommen solcher Wörter wie Eigenliebe, Selbstliebe, Selbsthaß, Haßliebe, Schadenfreude usw. ein Anzeichen für die zunehmend psychologisierende Tendenz aller Sprachen ist, die, hinausgehend über die eher monochrome Geradlinigkeit der früheren Zeiten, einer verfeinerteren, aber auch verschwommeneren Haltung Ausdruck gibt. Trotz meiner Verehrung für Flaubert bin ich nie den Eindruck losgeworden, daß der *mot juste* die Wucht des sprachlichen Ausdrucks vermindert. Noch immer trifft der unverzierte Pfeil eher ins Ziel. Wie treffsicher war Luthers Deutsch, das die neueren Ausgaben der Lutherbibel vielfach verschandelt haben.

Es ist jetzt bereits einige Jahre her, daß ich über solche Wörter wie Selbsthaß nachzudenken begann. Das geschah im Laufe meiner Arbeit an einem englischen Essaybuch, das schließlich Anfang 1987 das spärliche Licht der Welt erblickte. (1) Dieser Band war ähnlich gebaut wie mein später erschienenes deutsches Buch *Alphabetische Anschläge:* nach dem Alphabet aneinandergereihte kurze Texte, Vademekums für intelligente Schlaflose.

Im englisch geschriebenen Buch war der Buchstabe J durch einen Text vertreten mit dem Titel *Jewish Self-Hatred and Other Idiot Words.* Das mag manchem als eine zu abrupte Verurteilung des Begriffes vom jüdischen Selbsthaß vorkommen, eines Begriffes also, der, wie ich ihn so ansehe, vielfach abgerieben und abgenutzt dasteht und mich stumpf anblickt. Er fungiert, wie viele nuancierende Verkürzungen des Vokabulars, als Denksurrogat, als faule Ausrede. Die andern Idiotenwörter, von denen der englische Aufsatz handelte, gehören nicht hierher; sie waren Verformungen, die nur für die englische Sprache typisch waren. Wir bleiben beim Deutschen.

II

»Selbsthaß« ist demnach ein seit mindestens 200 Jahren lexikalisierter Ausdruck, obwohl er nicht ohne gewichtigen Widerspruch angenommen worden ist. Im *Siebenkäs* (1796) schreibt Jean Paul, vielleicht übertrieben reduzierend: »*Selberhaß* ... ist nicht möglich: denn Haß ist nichts als ein Wunsch des fremden Unglücks«. Mir scheint allerdings, daß Haß viel mehr bedeuten kann als bloß den Wunsch fremden Unglücks. Für mich liegt in dem Wort eine wilde Wut, ein rasender Wille, dem Gehaßten das Ärgste anzutun, dessen man fähig ist, ihn zu vernichten. Nicht umsonst leben wir in der Zeit des Nazismus, des Terrorismus, des Fundamentalismus, der jeder Zurückhaltung beraubten Bürgerkriege. Wenn unser Jahrhundert einen Beinamen verdient, so ist es der des Hasses. Schaum vor dem

Maul, früher ein Zeichen der Tollwut, ist das Attribut unserer Zeit. Von Abchasien bis Zulu, welch ein blutiges Alphabet! Wir sind also ganz andere Spezialisten als Jean Paul, in seinem stillen Hof oder Bayreuth.

Aber Selbsthaß? Was ist das Selbst, wenn dem Wort Selbsthaß ein Adjektiv vorangeht? Wenn einem Menschen, gleichsam als Hundemarke, die Eigenschaft des »deutschen Selbsthasses« angehängt würde, so kann das zweierlei bedeuten: 1) Ein Deutscher, der die Deutschen haßt; 2) ein Deutscher, der sich selbst haßt, weil er ein Deutscher ist. Die Verwendung des Volksnamens scheint zu unterstellen, daß es sich um etwas für das Volk Charakteristisches handelt. Aber gibt es so etwas wie den »deutschen Selbsthaß«? Hier ein Zitat aus den *Apokryphen,* einer Sammlung von Bemerkungen des ausgezeichneten Schriftstellers Johann Gottfried Seume (1763–1810):

> Wenn ein Deutscher zu sogenannter Würde oder auch nur zu Geld kommt, bläht er sich dick, blickt breit, spricht grob, setzt sich aufs große Pferd, reitet den Fußsteg und peitscht die Gehenden. Nun ist das ganze Hundspack nur für ihn da, und mit jedem Umschauen nimmt er ein Privilegium in Besitz. Nun müssen Polizei und Gerechtigkeit Respect vor ihm haben; denn er ist mehr als ihr Repräsentant, er ist ihr Inhaber. Nur gegen einen Größeren ist er ebenso weggeworfen kriechend, als dummgroß er gegen Diejenigen ist, die er für Schofel hält. Das ist deutsch und Privilegium: und nun soll es mir die Nation nicht so sein, wie es ist. (2)

Ich kann mir ein weiteres Zitat aus derselben Sammlung nicht verwehren:

> Fast werde ich anfangen zu hassen, und zwar die Deutschen. Eine so empörende Weggeworfenheit hat kaum die Geschichte, als man jetzt überall findet; und am Niederträchtigsten unter Allen sind die Gelehrten. Es wäre unbegreifliche Dummheit, wenn sie nicht zu den

Privilegierten gehörten. Hier macht die Schlechtheit
die Verächtlichkeit erklärlich. Ein deutscher Gelehrter
ist ein Amphibion zwischen Auster und Polypen: er
schläft, langt zu, gähnt, deraisonniert und schläft wieder
ein. (3)

Seume war also »fast« ein Deutschenhasser, und wenn man
will, könnte man ihn in meine Kategorie Nr. 1 einreihen, aber
nicht in Nr. 2. Daß er sich selbst hasse, davon ist nicht die
Rede. Sein Urteil entspringt einer gefaßten Festigkeit und
Skepsis, die ihrer sicher sind und also wenig Deutsches an sich
haben. Es war sozusagen der Anblick vom Parterre, aus dem
er seine Schlüsse zog.

III

Aus viel höheren Höhen kam ein Schrei der Verzweiflung.
Hölderlin im *Hyperion*, 2. Band, 2. Buch. Es ist eine berühmte,
oft zitierte Stelle, aber sie gehört hierher:

> So kam ich unter die Deutschen. Ich foderte nicht viel und
> war gefaßt, noch weniger zu finden...
> Wie anders gieng es mir!
> Barbaren von Alters her, durch Fleiß und Wissenschaft
> und selbst durch Religion barbarischer geworden, tief-
> unfähig jedes göttlichen Gefühls, verdorben bis ins Mark
> zum Glück der heiligen Grazien, in jedem Grad der
> Übertreibung und der Ärmlichkeit belaidigend für jede
> gutgeartete Seele, dumpf und harmonielos, wie die
> Scherben eines weggeworfenen Gefäßes – das... waren
> meine Tröster.
> Es ist ein hartes Wort und dennoch sag' ichs, weil es
> Wahrheit ist: ich kann kein Volk mir denken, das zerriß-
> ner wäre wie die Deutschen. Handwerker siehst du, aber
> keine Menschen, Denker, aber keine Menschen, Priester,

> Manchmal gibt es Wiederholungen prononcierter Wertungen, was durch die Zusammenstellung verstreuter Aufsätze zustande kommt. Die Wiederholungen stören, das Bonmot wird schal.

> aber keine Menschen, Herrn und Knechte, Jungen, und gesezte Leute, aber keine Menschen – ist das nicht wie ein Schlachtfeld, wo Hände und Arme und alle Glieder zerstükelt untereinander liegen, indessen das vergoßne Lebensblut im Sande zerrinnt? (4)

Diese schönen und gewiß zutreffenden Worte enthalten keine Spur von »deutschem Selbsthaß«; sie zeugen von der Mutlosigkeit, von der Verzweiflung, in der Hölderlin sich befand, als er den zweiten Band des Romans beendigte. Der geplante abschließende Band des Hyperion ist nie geschrieben worden.

Nietzsche, dieses kochende Quecksilber der deutschen Literatur, ist hingegen ein Schriftsteller, in dessen umfangreichem Nachlaß es leicht ist, Belegstellen für jede gewünschte Haltung zu finden. An seiner scharfen Kritik des deutschen Volks, dem er nicht angehören wollte – mal nannte er sich einen Schweizer, mal einen Polen –, hielt er jedoch fast immer fest. Ich zitiere hier einige vielleicht nicht allzu bekannte Stellen.

> Siehe P. 175

Aus einem Brief an Köselitz, 20. 8. 1880: »Es giebt viel Polen hier und diese – es ist wunderlich – halten mich durchaus für einen Polen, kommen mit polnischen Grüßen auf mich zu – und glauben es mir nicht, wenn ich mich als Schweizer zu erkennen gebe.« (5)

Aus einem Brief an Franziska und Elisabeth Nietzsche, 14. 3. 1885: »Zum Enthousiasmus für »deutsches Wesen« habe ich's freilich noch wenig gebracht, noch weniger aber zum Wunsche, diese »herrliche« Rasse gar rein zu erhalten. Im Gegentheil, im Gegentheil –« (6)

Das Folgende aus einem Brief an Meta von Salis vom 29. 12. 1889 könnte man dem Datum nach als ein Produkt der einsetzenden Verwirrung ansehen, aber es stimmt mit vielen früheren Äußerungen überein: »Ich halte ernsthaft die Deutschen für eine *hundsgemeine* Art Menschen und danke dem Himmel, daß ich in allen meinen Instinkten Pole und nichts Anderes bin.« (7)

Aus dem Nachlaß der achtziger Jahre: »Welche Wohltat ist

ein Jude unter Deutschen! Wieviel Stumpfheit, wie flächsern der Kopf, wie blau das Auge; der Mangel an *Esprit* in Gesicht, Wort, Haltung; das faule Sich-strecken, das deutsche Erholungs-Bedürfnis, das nicht aus Überarbeitung, sondern aus der widrigen Reizung und Überreizung durch Alkoholika herkommt...« (8)

Auch Nietzsche gehört also zu meiner Kategorie eins, obwohl er das Deutschsein abschwört. Damit macht er es sich freilich zu leicht. Mitgefangen, mitgehangen: man darf nicht »die prachtvolle nach Beute und Sieg lüstern schweifende *blonde Bestie*« (9) verherrlichen, man darf nicht leicht schmunzelnd zusehen »dem Wüthen der blonden germanischen Bestie« (10) und gleichzeitig der selbst geknüpften Schlinge zu entkommen versuchen, indem man parenthetisch einfügt »obwohl zwischen alten Germanen und uns Deutschen kaum eine Begriffs-, geschweige eine Blutsverwandtschaft besteht« (10). Hinweise auf die eigene polnische Abstammung oder abweichende Haarfarbe nützen auch nicht viel: ich habe von dunkelhaarigen Bestien garantiert polnischer Abstammung gehört.

Das Gerede von Blutsverwandtschaft und von dem in privilegierten Adern zirkulierenden reinen Blut ist natürlich eine wackelige Metapher. Wenn es »reine« Rassen gäbe, würden wir sie nicht erkennen. Was bei den zahllosen Wanderungen ganzer Völker, was in den dunkeln Nächten heißer Steppen und Savannen geschehen ist oder in den Pogromdörfern der Ukraine, bleibt undurchdringlich. Jetzt, wo wir so viel wissen, wissen wir erst, wie wenig wir wissen. Austrittserklärungen aus der Menschheit, der Nation, der Rasse können nur von den Betroffenen unterschrieben werden und besitzen eine rein private Gültigkeit.

IV

Sicherlich gibt es so etwas wie Deutschenhaß, Franzosenhaß, Judenhaß, Negerhaß, aber diese nicht besonders edeln Gefühle sind gewöhnlich auf diejenigen beschränkt, für die der Franzose, der Deutsche, der Jude oder der Neger ein Sinnbild *des Andern, des Fremden* ist. Darüber, sicherlich nicht das schönste Attribut der Menschlichkeit, habe ich in früheren Aufsätzen einiges gesagt (11, 12). Wenn einem aus Gott weiß welchen Gründen die Gruppe, der der einzelne Andere angehört, unsympathisch ist, werden sich leicht Gründe finden, warum der Andere, allein oder als Gruppe, ausrottungsbedürftig ist. Der berühmte altverbriefte Vorwurf des *foetor Judaicus*, der z. B. bei Schopenhauer oft vorkommt, wurde noch in meinen Kinderzeiten gegen die Leopoldstadt erhoben, einen großen Wiener Bezirk, in dem viele arme Juden wohnten; ein Vorwurf, neuerdings in Deutschland auf unbemittelte Türken ausgedehnt. Ähnliches wurde (und wird) in Amerika den Schwarzen nachgesagt. Die Sache ist einfach: den Reichen haben die Armen immer gestunken.

Das alles hat aber mehr mit Haß als mit Selbsthaß zu tun, besonders wenn »Selbst« auf das Individuum bezogen wird und nicht auf die Gruppe, der es angehört. Wenn Seume die anmaßenden preußischen Offiziere haßte, die nach der Niederlage von 1806 noch arroganter geworden waren, so war das kaum Deutschen- und gewiß nicht Selbsthaß. Er wäre von der völkischen Greifzange eines Ernst Moritz Arndt nie erfaßt worden; der turnväterliche Begriff vom Volkstum ist erst in Seumes Todesjahr enthüllt worden. Die großen Dichter der Nation waren, vielleicht mit Ausnahme Kleists, von all dem wenig berührt.

Aber der Selbsthaß? Man könnte darüber streiten, ob Spuren davon bei den Juden und den Negern, also Völkern sehr spezieller Art, nachweisbar sind. Ich habe schon anfangs erwähnt, daß ich meine Jugend in Wien verbrachte, wo das Klischee vom jüdischen Selbsthaß oft gehört werden konnte. Dieser, sagte man, komme bei manchen Juden in einer seltsamen Art von Antisemitismus zum Vorschein. Da man wußte, daß ich ein lebhafter Bewunderer des großen Schriftstellers Karl Kraus war, verwies man mich auf ihn als deutlichen Antisemiten. Schon damals – und ich war 18 oder 19 Jahre alt – war meine Antwort, daß, wenn ein Jude von einem andern mit Recht sagte, er sei ein abgefeimter Gauner oder ein widerlicher Journalist, man dies kaum als Antisemitismus bezeichnen könne. So dürfe man mit einem großen Satiriker nicht verfahren: wenn er einen jüdischen Missetäter anprangere, so tue er dies nicht als Antisemit, sondern als Anti-Missetäter. Ich mußte jedoch einsehen, daß Diskussionen dieser Art zu nichts führten. Seit Auschwitz muß Schweigen die einzige Antwort sein. Daß selbst Kraus aus einem Paulus ein Saulus geworden war, geht aus seiner spätgeschriebenen rührenden »Dritten Walpurgisnacht« klar hervor. Sarglos sind so viele Millionen hinübergegangen, deren einziger Katafalk die Himmelskuppel gewesen ist.

V

Am Anfang des Jahrhunderts war Wien hinter dem Rücken seiner Bevölkerung eine der Gründungsstädte der Moderne geworden. Es wäre leicht, viele Namen zu nennen, in der Musik, Architektur, Malerei, Philosophie, vielleicht weniger in der Dichtung. Wissenschaft war wahrscheinlich nicht Wiens stärkste Seite, aber wohlhabende Leute, die gerne an heilbaren Krankheiten leiden wollten, strömten in die »Ordinationen« der Psychoanalytiker. Das schnell zerfallende Regime der Habsburger hatte zwar nur ein seniles Lächeln für all das, aber es kann nicht geleugnet werden, daß das Leben nicht schläfrig war in den großen Städten, besonders in Wien. Dabei denke ich an die Generation, deren Geburtsjahre zwischen 1870 und 1890 liegen, also etwa zwischen Adolf Loos und Ludwig Wittgenstein. Die beste Schilderung dieser Epoche stammt von meinem jung verstorbenen Freund Albert Fuchs. (13)

Es muß damals viele lebhafte und abenteuerlustige junge Leute gegeben haben. Einen davon will ich nennen: Otto Weininger (1880–1903). In bescheidenen Umständen in Wien geboren – sein Vater war Goldschmied – hatte Weininger an der

Wiener Universität unter F. Jodl, einem Positivisten mittleren Ranges, Philosophie studiert und eine Doktorarbeit geschrieben, die er dann zu seinem hauptsächlichen Buch umarbeitete. Dieses großes Aufsehen erregende Buch, in seinem Todesjahr erschienen, ist *Geschlecht und Charakter, Eine prinzipielle Untersuchung*, ein Wälzer von über 600 Seiten. In dieses Buch, ein erstaunliches Werk für einen 22jährigen, goß Weininger alles hinein, was einen jungen Mann von großen Geistesgaben und weitreichender Belesenheit bewegte. Es enthielt eine Metaphysik der Geschlechter und Rassen, eine Philosophie des Judentums, dem der Verfasser angehörte und an dem er litt, ein feuriges Bekenntnis zu Richard Wagner (vielleicht ebenso sehr als Antisemiten wie als Musiker und Dichter). Es ist ein blendend geschriebenes, jedoch sehr weitporiges Buch (oder eher ein Riesenpamphlet), in dem fast jede Behauptung zuerst atemberaubend und dann fragwürdig erscheint.

Geschlecht und Charakter hatte sieben Auflagen in den ersten zwei Jahren und weitere fast alljährlich, so daß, als ich es mir 1922 kaufte, dies die 23. Auflage war.

Ich kann nicht sagen, daß das Buch auf mich den tiefen Eindruck machte, den es auf frühere Generationen ausgeübt hatte. Ich habe immer ein großes Mißtrauen gegen geistige Wolkenkratzer gehabt, ob sie nun *Der Untergang des Abendlandes* (Spengler) oder *A Study of History* (Toynbee) heißen. Am meisten interessierte mich das 13. Kapitel des Zweiten Teils, betitelt *Das Judentum*. Es enthält, 40 Jahre vor der »endgültigen Lösung«, das erbittertste Plaidoyer für den Antisemitismus, unendlich besser geschrieben als irgend etwas in *Mein Kampf*. Das lange Kapitel, 45 Seiten, ist gleichsam aufgewertet durch eine Fußnote auf S. 402: »Der Verfasser hat hier zu bemerken, daß er selbst jüdischer Abstammung ist.« Ich zitiere einige erstaunliche Sätze aus diesem Kapitel:

> Zuvor jedoch will ich genau angeben, in welchem Sinne ich vom Judentum rede. Es handelt sich mir nicht um eine Rasse und nicht um ein Volk, noch weniger freilich um

ein gesetzlich anerkanntes Bekenntnis. Man darf das Judentum nur für eine Geistesrichtung, für eine psychische Konstitution halten, welche für alle Menschen eine *Möglichkeit* bildet, und im historischen Judentum bloß die grandioseste *Verwirklichung* gefunden hat. (14)

Oder die folgenden Stellen, die ich aus anderen Absätzen auswähle:

> Die echtesten Arier sind keine Antisemiten; sie können... den feindseligen Antisemitismus gar nicht begreifen.
> ... Im aggressiven Antisemiten wird man hingegen immer selbst gewisse jüdische Eigenschaften wahrnehmen; ja sogar in seiner Physiognomie kann das zuweilen sich ausprägen, mag auch sein Blut rein von allen semitischen Beimengungen sein.... Wie man in anderen nur *liebt*, was man gern ganz sein möchte und doch nie ganz ist, so *haßt* man im anderen nur, was man nimmer sein will, und doch zum Teil noch ist. So erklärt es sich, daß die allerschärfsten Antisemiten unter den Juden zu finden sind. ... Wer immer das jüdische Wesen haßt, der haßt es zunächst in sich. ... Der Mensch haßt nur durch wen er sich unangenehm an sich selbst erinnert fühlt. (15)

Hier begegnen wir also dem »jüdischen Selbsthaß« in Reinkultur. Dennoch denke ich, daß er eine sehr seltene Erscheinung ist, der ich in solcher Form sonst nie begegnet bin. So lese ich mit Staunen und etwas Skepsis über die brüderliche Umarmung von berufener Seite, die Weininger angeblich zuteil geworden ist: »Hitler nennt ihn, der sich, der ›Substanzlosigkeit‹ seiner Rasse innewerdend, selbst liquidiert habe, in unüberbietbarem Zynismus einen ›ehrenwerten‹ Juden.« (16) (Wahrscheinlich, weil Weininger ihm die Mühe abgenommen hat, ihn später umzubringen.)

Als Ort des Selbstmords wählte Weininger Beethovens Sterbezimmer in der Schwarzspanierstraße: ein in seiner Symbolbeladenheit zum Jugendstil passender Akt. Warum er sich

Es ist auffällig, Chargaff erwähnt mit keinem Wort, daß in „Geschlecht und Charakter" vor allem die Frauen („die Frau") geschlachtet werden. Überhaupt, wo sind bei Chargaff die Frauen?

getötet hat, wird man nie wissen, und man braucht es auch nicht zu erfahren. Große Augenblicke sind etwas Seltenes im Leben und Sterben des Menschen, und man soll das Gerede davon fernhalten. Ein großer Dichter, August Strindberg, war von diesem Tod so ergriffen, daß er durch Karl Kraus einen Kranz auf das Grab niederlegen ließ. Später hat Spengler den Tod Weiningers mythologisiert, indem er aus ihm den eines morgenländischen Heiligen machte (17); eine Einschätzung, die Wittgenstein seltsamerweise gutgeheißen hat. (18) Dieser große Philosoph war übrigens ein guter Kenner Weiningers, dessen Einfluß auf sein eigenes Denken er hervorhebt. (19)

VI

Eine der letzten Bemerkungen Wittgensteins lautet:

> Gott kann mir sagen: »Ich richte Dich aus Deinem eigenen Munde. Du hast Dich vor Ekel vor Deinen eigenen Handlungen geschüttelt, wenn Du sie an Andern gesehen hast.« (20)

Hier ist also ein »Selbstekel« ausgedrückt, und von da ist es nicht weit zum Selbsthaß. Dickhäutigere, rohere Exemplare würden, wenn Gott sich herabließe, zu ihnen zu reden, sicherlich anderes hören, denn Selbstekel, nicht zu reden von Selbsthaß, wäre ihnen fremd. Die Leute haben eher eine viel zu hohe Meinung von sich selbst als den Drang sich zu vernichten. Dagegen habe ich den Eindruck, daß es so etwas gibt wie eine gegen sich selbst und seinesgleichen gerichtete Ironie, so wenn zum Beispiel amerikanische Neger das ihnen verhaßte Schimpfwort »Nigger« auf sich und andere anwenden.

Eine unter bedeutenden Leuten nicht sehr seltene Haltung könnte man als Welthaß oder Menschheitshaß bezeichnen. Ein einziges Beispiel mag genügen. Aus einem Brief, den Flaubert am 10. Januar 1859 an einen Freund schrieb:

On a dit que nous dansions sur un volcan; la comparaison est emphatique! Pas du tout! Nous trépignons sur la planche pourrie d'une vaste latrine. L'humanité, pour ma part, me donne envie de vomir, et il faudrait aller se pendre, s'il n'y avait par-ci par-là de nobles esprits, qui désinfectent l'atmosphère. (21)

Auch bei Swift ließe sich viel Ähnliches finden.

Meine wissenschaftlich nicht beweisbare Meinung ist, daß es den Selbsthaß nicht gibt, außer als eine spät aufgetauchte Redensart; daß er nicht vereinbar ist mit der Bewußtheit des Menschen seiner selbst; daß es nur *ein* Ich gibt, das sich nicht hassen kann, ohne seine eigenste Essenz aufzugeben; daß, wenn das Ich durch ein Es ersetzt wird, welches laut Lichtenberg in einem denkt, dies nur eine Namensänderung ist. Was es hingegen sehr wohl gibt ist die Verzweiflung; es gibt schwere Krankheit, schweres Elend; es gibt die Furcht vor der Zukunft; die unbeschreibliche Angst; die Verlassenheit in einem Käfig, dessen einziger Schlüssel in der Tasche einer unnennbaren Instanz liegt; die unsägliche Müdigkeit in einem Labyrinth, dessen vermauerter Ausgang nur durch Pistole oder Gift geöffnet werden kann. »Du hast an mir getan, ich sage nicht, was in Kräften einer Schwester, sondern in Kräften eines Menschen stand, um mich zu retten: die Wahrheit ist, daß mir auf Erden nicht zu helfen war.« So Heinrich von Kleist »am Morgen meines Todes«. Und er schrieb dies »in Freude und unaussprechlicher Heiterkeit«. (22) Auch ihn hat das Weltgericht nicht nach den Gründen gefragt, denn es wußte sie besser als er.

Anmerkungen

1 E. Chargaff, *Serious Questions. An ABC of Skeptical Reflections* (Boston – Basel – Stuttgart, 1986).
2 J. G. Seume, *Apokryphen*, S. 94 (Sammlung Insel 18, Frankfurt am Main, 1966).
3 Wie in Anm. 2, S. 121.

4 Hölderlin, *Sämtliche Werke* (Hrsg. F. Beißner), 3. Bd., S. 153 (Stuttgart, 1957).
5 Nietzsche, *Sämtliche Briefe*, Kritische Studienausgabe (Hrsg. Colli und Montinari), 6. Bd., S. 137 (München und Berlin, 1986).
6 Wie in Anm. 5, 7. Bd., S. 23.
7 Wie in Anm. 5, 8. Bd., S. 561.
8 Nietzsche, *Werke in drei Bänden* (Hrsg. Schlechta), 3. Bd., S. 806 (München, 1956).
9 Nietzsche, *Zur Genealogie der Moral*, in *Sämtliche Werke*. Kritische Studienausgabe (Hrsg. Colli und Montinari), 5. Bd., S. 275 (München und Berlin, 1980).
10 Wie in Anm. 9, S. 276.
11 E. Chargaff, *Über den Haß der Völker*, in *Abscheu vor der Weltgeschichte*, S. 26 (Stuttgart, 1988).
12 E. Chargaff, *Sprachmeditationen über das Anderssein* in *Zeugenschaft*, S. 91 (Stuttgart, 1985).
13 A. Fuchs, *Geistige Strömungen in Österreich. 1867–1918* (Wien, 1978).
14 O. Weininger, *Geschlecht und Charakter – Eine prinzipielle Untersuchung*, S. 402 (Wien, 1922).
15 Wie in Anm. 14, S. 403 f.
16 D. Grieser, *Wiener Adressen*, S. 132 (Insel Taschenbuch, 1989).
17 O. Spengler, *Der Untergang des Abendlandes*, S. 956 f. (München, 1963).
18 L. Wittgenstein, *Vermischte Bemerkungen*, S. 37 f. (Frankfurt am Main, 1977).
19 Wie in Anm. 18, S. 43.
20 Wie in Anm. 18, S. 164.
21 Flaubert, *Correspondana* (Hrsg. Bruneau), 3. Bd., S. 3 (Pléiade, Paris, 1991) – »Man sagt, daß wir auf einem Vulkan tanzen; der Vergleich ist zu pompös! So ist das nicht! Wir trampeln auf dem verfaulten Brett einer riesigen Latrine. Was mich betrifft, macht mir die Menschheit Lust zu speien, und man müßte sich aufhängen, wenn es nicht hie und da edle Geister gäbe, welche die Atmosphäre desinfizieren.«
22 Kleist, *Sämtliche Werke und Briefe* (Hrsg. Sembdner), 2. Bd., S. 887 (München, 1970).

IV

Was ist Natur?

I

Wenn man das Wort »Natur« in einem großen Wörterbuch nachsieht, wie z. B. im Oxford English Dictionary oder im Deutschen Wörterbuch der Brüder Grimm, findet man eine sehr große Anzahl von Definitionen. Es handelt sich um eines der komplexesten Wörter der Sprache. Seltsamerweise wird man jedoch finden, daß diejenige Bedeutung des Wortes, mit der wir am vertrautesten sind, kaum 300 Jahre alt ist. Wenn jemand sagt »Ich liebe die Natur« oder »Nur in der Natur finde ich Ruhe«, verwendet er das Wort in einer Bedeutung, die, sagen wir, der griechischen oder der lateinischen Sprache fremd war und, bis über die Renaissance hinaus, auch den europäischen Kultursprachen. Im Englischen zum Beispiel wird die erste Verwendung des Wortes Natur in seiner gegenwärtigen Hauptbedeutung mit dem Jahre 1662 angegeben. Im Altertum und im Mittelalter bezeichnete das Wort Natur insbesondere die Gesamtheit der das Universum lenkenden Gesetze; es stand aber auch für so etwas wie »Charakter«.

Mir erscheint es keineswegs als zufällig, daß die neue Definition des Wortes fast zu derselben Zeit auftritt, in welcher man gewöhnlich den Beginn der modernen Naturwissenschaften zu sehen glaubt. Die Erweiterung der Bedeutung des Wortes geht einher mit einer neuen verinnerlichten Weise, mit der Natur im Landschaftsgemälde und in der Naturpoesie vergegenwärtigt ist. Wir begegnen hier gewissermaßen einem Paradox: Gerade wie der Mensch der Natur entgegentritt als Erforscher, Ausbeuter und Vernichter, wird er ihrer auch gewahr als Quelle der Schönheit und Seelenruhe.

Die Definition, mit der der gegenwärtige Text operiert, ist noch naiver: Natur ist das Weltall ohne den Menschen. Diese Antwort habe ich schon früher gegeben, und sie klingt schwachsinnig. Trotzdem halte ich sie aufrecht. Fraglos hätte man, wie schon gesagt, in früheren Zeiten andere Definitionen vorgeschlagen, obwohl radikale Denker sagen werden, daß schon der Sündenfall die Austrittserklärung der Menschheit aus der Natur war. Sollte es auf fernen Sternen noch intelligentere Wesen geben, als wir sind, so werden sie sich hüten, uns zu verständigen. Wie auch die Natur dort aussehen mag, vielleicht haben sich jene »Menschen« aus ihr nicht zurückgezogen.

Jedenfalls hat es Zeiten gegeben, als der Mensch sich als einen Teil der Natur betrachtete. Die großen vorsokratischen Philosophen lebten in der Wahrheit, also in der Wirklichkeit, in dem was *ist*. (Sie taten das, ohne sich beim Bischof Berkeley, jenem lebhaften irischen Kopf zu entschuldigen.) Sie wußten, daß Bäume und Felsen und Wasser nicht heucheln können, daß sie sind, wie sie sind. Da die Vorsokratiker Menschen waren, vertraten sie verschiedene Temperamente: Heraklit, »der Weinende«, Demokrit, »der Lachende«. Worüber Heraklit geweint hat, ist verständlich: er sah das Schicksal der Welt und der Menschen, und daß alles vorübergeht. Aber warum lacht Demokrit? Lacht er aus Freude über die kommende Spaltung des Atoms?

Wie dem auch sein mag, ein Zeitpunkt *post quem* kann in dem Aufkommen unserer Art von Naturforschung gesehen werden: in der Spätrenaissance oder im Frühbarock war die Spaltung zwischen Mensch und Natur vollständig geworden. Von da an war es nur eine Frage des Tempos der Entfremdung, der Entwurzelung: langsam bis zur Entstehung des Kapitalismus und der Maschinenzivilisation, immer schneller bis zum Ende des Zweiten Weltkriegs, und dann rasend. Jetzt müssen die Forscher sich schon besonders anstrengen, um genügend Sakrilege zu finden. (Außerdem haben sie begonnen zu schwindeln.) Die vor kurzem bekannt gewordenen abscheulichen Experimente über das Klonen von Menschen haben ihnen sicherlich neue Hoffnung gegeben. »Da ist mehr, wo das herkommt!«, höre ich sie rufen. Der unerschütterliche Optimismus der Übeltäter ist es, was ihn für junge Leute so anziehend macht. Die

Naturwissenschaften sind das einzige auf der Welt, an das man innig glauben kann, ohne zu irgendwelchen Folgerungen verpflichtet zu sein.

Ich will aber hier die Naturwissenschaften verlassen, denn sie haben fast nichts mehr mit der Natur zu tun; sie denaturieren das davon Übriggebliebene.

II

Die anfangs erwähnte allumfassende und zugleich restriktive Definition der Natur findet sich natürlich nicht in den Wörterbüchern. Dagegen enthalten diese drei oder vier Bedeutungsgruppen, darunter die viel verwendete, in welcher Natur so etwas wie Charakter oder Wesen bezeichnet, wie z. B. im Satz »Es liegt in der Natur des Menschen, seinem Nächsten ein Bein zu stellen.« Diese Bedeutungen sollen hier außer acht gelassen werden.

Das Wort ist uralt, und es mag bezeichnend sein, daß im Lateinischen *natura* das Geborenwerden, das Entstehen betont ist, im Griechischen *physis* jedoch das Wachsen. Angesichts unseres Verhaltens gegenüber der Natur mag man sich fragen, ob es nicht bald nötig sein wird, von der *Moritur* (mit Betonung der letzten Silbe) zu sprechen und nicht mehr von der Natur. Es ist ein Glück, daß die Verdeutschungswut des Barock vor diesem Wort versagt hat. Schottelius erwähnt zwar »Zeugemutter« als mögliche Übersetzung, lehnt sie aber erfreulicherweise ab. (1) Sonst müßten sich die Naturforscher vielleicht »Zeugemuttersöhne« oder gar »Zeugemutterschänder« nennen.

Wie die Menschen in alten Zeiten die Natur zur Kenntnis genommen haben, ist aus ihrer Literatur kaum zu erkennen, denn sie selbst waren in der Natur. Das großartigste Lehrgedicht der Weltliteratur, *De rerum natura* von Lukrez, von dessen Leben so erstaunlich wenig bekannt ist, personifiziert die Natur als *rerum creatrix*, als »Schöpferin der Dinge« (I,

629); es bietet eine höchst poetische Schilderung der epikureischen Naturphilosophie, aber obwohl es das Walten der Jahreszeiten erwähnt, die Entstehung von Blitzen beschreibt usw., kann man nicht behaupten, daß wir dort das finden, was wir jetzt Natur nennen. (2) Das mag allerdings gegen uns sprechen und als ein Zeichen unserer entfremdenden Denaturierung angesehen werden.

Anders steht es mit den bildenden Künsten. Aus den auf uns gekommenen Fresken des Altertums – meistens das Werk von Dekorateuren und nicht von Künstlern, die man vor dem Einbruch unserer abstrakten Periode Maler genannt hätte –, und besonders aus den landschaftlichen Hintergründen, geschaffen von den Meistern des Mittelalters und der Renaissance, kann man viel lernen. Es sind zum Teil wunderschöne zusammengesetzte Darstellungen von Fels, Wiese und Wald, Fluß und Himmel, aber es fehlt meistens der Eindruck individueller Wirklichkeit. Wenn ich im ausgezeichneten Buch von Bianchi Bandinelli über die Kunst der Römer (3) die Illustrationen von hellenistischen und römischen Werken betrachte, finde ich bemerkenswerte phantastische Landschaften (z. B. Fig. 119, 131, 148), aber es sind Staffagen. Die großen flämischen, holländischen, italienischen und deutschen Maler bieten natürlich viel mehr. Der waldige Hintergrund im Genter Altar von van Eyck (4) ist nicht weniger schön und individuell gesehen als Dürers großes Rasenstück. (5) Über dieses 1503 geschaffene Aquarell sagt Otto Benesch: »... Dürers Aquarelle sind ... Zeugen des erwachenden naturwissenschaftlichen Interesses.« (6)

Wenn Dürer ein früher Zeuge dieses rauschartigen Interesses war, so war Pieter Brueghel d. Ä., 50 Jahre jünger, ebenfalls ein sehr bedeutender Schöpfer einzigartiger Landschaften, die mehr als nur Hintergrund sind. (7) Brueghel war ein Maler von Parabeln; in vielen seiner Gemälde wuchtet die Natur über den winzigen Figuren oder wie im Wiener »Seesturm« das Meer über dem kleinen bedrängten Schiff. In fast allen seiner Bilder wirkt die Landschaft einzigartig, nicht mehr konstruiert. Ich bin nicht kompetent, die weitere Entwicklung der Naturwiedergabe zu besprechen. Woran mir liegt, ist zu betonen, daß diese in einem gewissen Ausmaß die Loslösung des Menschen aus der Natur widerspiegelt. Bevor die Erforschung der Natur ein Gewerbe geworden war, konnte man dies bereits von ihrer künstlerischen Darstellung in Landschafts-, Blumen- und Tierbildern sagen. Solche Namen wie Claude Lorrain, Ruisdael, Rembrandt, Constable, Courbet sind Etappen auf einem Weg, der zur Glorie des Impressionismus führt. Der Weg ging noch etwas weiter, aber schon bei van Gogh wurde es eine hysterische Natur, die sich gequält an die Brust schlug, jeder Baum eine Anklage an seinen Schöpfer. Jetzt, denke ich, ist es ganz zu Ende: die Natur ist von uns weggegangen.

In den alten Zeiten muß die Schilderung der Natur den Künstlern als eine Art von Gottesdienst vorgekommen sein, ein liebendes Insichaufnehmen der Herrlichkeit der Schöpfung. Sie sahen sich als ehrliche Handwerker, und gute Arbeit war die Pflicht des Gläubigen. Was vielleicht auffällt ist, daß die Furcht vor der erhabenen Gewalt der Natur früher ins Bild trat, so etwa bei Hieronymus Bosch, als die Freude an ihr. Aber in Brueghels Darstellung der Kornernte (New York) kommt diese gewiß zum Ausdruck.

III

Was die Haltung der Menschen zur Natur anlangt, wäre man geneigt anzunehmen, daß Lyrik und Epik besonders aufschlußreich sein würden. Ich denke jedoch nicht, daß das der Fall ist. Natürlich spielt die Natur eine gewaltige Rolle in der großen Dichtung: die Furcht vor der Natur, die Freude an ihr, die Ehrfurcht vor ihr kommen schon bei den frühesten Dichtern zu unübertrefflichem Ausdruck. Aber ich glaube, daß es ein Fehler wäre, aus einem dichterischen Werk Schlüsse zu ziehen auf die Haltung des Volks oder der Gesellschaft, welcher der Dichter entstammt. Große Dichter sind das Untypischeste, was ich mir vorstellen kann. Wie Goethe sich vor Napoleon tief verneigte, war vielleicht typisch deutsch, aber nicht, wie er schrieb. Seine Stellung zur Natur kann vielleicht aus »Faust« abgelesen werden, aber kaum die der Deutschen am Anfang des 19. Jahrhunderts. Da ist Wagner viel typischer (natürlich der Famulus, aber eigentlich auch der Richard).

Anders verhält es sich mit Briefen, Tagebüchern, Gesprächen, zumindest bevor deren Verfasser den Talar der Öffentlichkeit angelegt hatten. So sind zwar Eckermanns Gespräche ein sehr schönes Buch, aber sie stellen eine überaus offizielle Privatfigur vor. Um zu zeigen, was ich im Sinn habe, folgt hier eine kleine Auswahl von aufs Geratewohl erhaschten Ausschnitten. Dithyramben und hymnische Ergüsse habe ich nicht aufgenommen und auch sonst die Einfachheit bevorzugt.

1. Goethe schreibt aus Chamounix an Frau von Stein am 4. November 1779 (8):

> Schon sahen wir die Schneegebürge vor uns, das Thal fing an zu stoken, die *Arve* schoß aus einer Felskluft hervor, wir mußten einen Berg hinan und wanden uns, die Schneegebirge rechts vor uns, immer höher. Abwechselnde Berge, alte Fichtenwälder zeigten sich uns rechts, theils in der Tiefe, theils uns gleich. Links über uns waren die Gipfel des Bergs kahl und spitzig. Wir fühlten dass wir einem stärkern und mächtigern Saz von Bergen immer näher rükten. Wir kamen über ein breites troknes Beet von Kieseln und Steinen, das die Wasserfluthen die Länge des Berges hinab zerreissen und wieder füllen.... Die Massen werden hier immer grösser, die Natur hat hier mit sachter Hand das Ungeheure zu bereiten angefangen. Es wurde dunkler, wir kamen dem Thale *Chamouni* näher und endlich darein. Nur die grossen Massen waren uns sichtbar, die Sterne gingen nacheinander auf und wir bemerkten über den Gipfeln der Berge, rechts von uns, ein Licht, das wir nicht erklären konnten, hell, ohne Glanz

wie die Milchstrasse, doch dichter, fast wie die Pleiaden,
nur grösser, unterhielt es lang unsre Aufmerksamkeit,
biss es endlich, da wir unsern Standort änderten,
wie eine Piramiede, von einem innern, geheimnisvollen
Lichte durchzogen, das dem Schein eines Johanniswurms
am besten verglichen werden kann, über den Gipfeln aller
Berge hervorragte und uns gewiss machte, dass es der
Gipfel des *mont blanc's* war. Es war die Schönheit dieses
Anbliks ganz ausserordentlich, denn da er mit den Sternen,
die um ihn herumstunden, zwar nicht in gleich raschem
Licht, doch in einer breitern zusammenhängendern Masse
leuchtete, so schien er den Augen zu einer höhern
Sphäre zu gehören und man hatte Müh', in Gedanken
seine Wurzeln wieder an die Erde zu befestigen. Vor ihm
sahen wir eine Reihe von Schneegebürgen, dämmernder
auf dem Rüken von schwarzen Fichtenbergen liegen, und
wir sahen ungeheure Gletscher zwischen den schwarzen
Wäldern herunter in's Thal steigen.
2. Heinrich Christian Boie an seine spätere Frau, 10. Juni 1779 (9):
Gestern nach Tische machten wir einen Spaziergang nach
Walkenried, einem ehemaligen reichen Kloster, ... eine
Stunde von hier. Man muß über einen nicht hohen Berg,
von welchem man eine Aussicht in das Tal von Ellrich hat.
Kommt man von der andern Seite den Berg hinunter, so
hat man vor sich eine Wiese, wodurch ein klarer Forellen-
bach sich schlängelt, dahinter Saatfeld, mit Büschen und
Bäumen durchzogen, und ein Teil des Harzes mit seinen
finstern Wäldern schließt die Szene.
3. Derselbe aus Seelust, 24. Juli 1780 (10):
Julchen führte mich zu einer der schönsten Aussichten.
Man übersieht Kopenhagen mit seinem Hafen und der
Reede voll Schiffe, Hügel und Tal, Wiesen und Gärten,
Wälder und Kornfeld dazwischen.
4. Görres an seine Familie aus Zürich, 8. Juli 1820 (11):
Fährt man auf dem See, dann sind besonders die Wider-

scheine im Wasser ganz herrlich, der See spielt in den violetten, roten und gelben Lichtern wie eine Seifenblase, während er im Rücken im direkten Auffallen der Abendsonne brennt, das Bild erhält durch diese Reflexe die doppelte Höhe und seitwärts ist es gar zu freundlich, wie die Häusergruppen in den Büschen und Bäumen, wo in den Gipfeln das Licht überall durchspielt, sich verbergen und die Wohlhäbigkeit, so weit das Auge reicht, überall und aus allem ihm begegnet, wodurch denn auch eine Art sittlicher Harmonie wieder in den Ton der äussern fällt und nun alles aufs Beste zusammenstimmt.

5. Derselbe an seine Familie aus Bellinzona, 21. Juli 1820 (12):
Wir gingen den Morgen von Tusis den Sattel hinauf der *Via mala* zu... Hohe senkrecht abstürzende Felsenwände steigen an beiden Seiten auf, so daß stellenweise zwischen Sonnenaufgang und Untergang kaum einige Stunden liegen, große Blöcke überragen anderwärts die Straße, die sich mit Mühe unter ihnen durchgebissen, die Schutthalden, die die Ufer des Rheines bilden, sind mit dichten Wäldern besetzt..., unten in der Tiefe hört man den Rhein unsichtbar brausen, dazu schlug aus den Schluchten abwärts von den Minen eine beständige, durch das Echo verlängerte Kanonade, als würde da drinnen im engen Raume von unsichtbaren Heeren eine Schlacht geschlagen, und dazwischen läuteten wieder friedlich die Glocken einer ganzen Karawane von Saumrossen.

6. Lenau schreibt aus Gmunden an Sophie von Löwenthal, 16. August 1838 (13):
Meine Fahrt über den Traunsee war sehr rasch. Die drei Kerle arbeiteten aus allen Kräften mich aus Eurem Anblick hinwegzurudern. Der See ward immer stiller, der Traunstein glühte auf einige Minuten auf wie eine große steinerne Rose, das glatte Wasser spiegelte das schöne Bild in voller Klarheit, die beiden Ufer schienen sich im Wasser entgegenkommen zu wollen; dann erhob sich ein Windhauch, und der See hatte wieder alles vergessen.

Ich aber hatte und werde nichts vergessen von den schönen Tagen, welche ich bei Euch verlebt.
7. Bismarck an seine Braut aus Schönhausen, 23. Februar 1847 (14):
Auf meinem Fenster stehen unter allerhand Crocus und Hyacinthen 2 Camellien, die mir immer eigentümliche Gedanken machen. Die eine, schlank und nett mit zierlicher Krone und zarter blaß, sehr blaß-rosa Blüthe, aber wenig Laub und nur 2 Knospen, versetzt mich nach Reddentin, hält sich etwas steif und lispelt englisch. Die andre fällt von Weitem weniger zierlich ins Auge und ihr Stamm verräth in seinen knorrigen Windungen Mangel an Sorgfalt im Beschneiden; mitten aus der Krone sieht ein abgestorbner Ast hervor; aber die Krone ist reich an Laub und das Laub grüner als das der Nachbarin; sie verspricht eine reiche Blüthe in 8 Knospen, und die Farbe tief dunkelroth und weiß in unregelmäßigem bunten Wechsel. Nimmst Du den Vergleich übel? Er hinkt übrigens, denn Camellien liebe ich nicht, weil sie duftlos sind und Dich liebe ich grade wegen (um) des Duftes Deiner Seelenblüthe, die weiß, dunkelroth und schwarz zeigt.
8. Friedrich Wöhler an Justus Liebig, Göttingen, 22. Juli 1847 (15):
Jedenfalls ist es nun wieder hohe Zeit, sich gründlich durchzulüften, sich in freier Natur, in reiner Bergesluft zu baden, und sich für eine Zeit lang die ganze Chemie sorgfältig vom Leibe zu halten. Deine Einladung in den Odenwald ist sehr verführerisch, aber diese kleine Natur genügt mir nicht. Ich muß Alpenzacken und Gletscher und Meer sehen, wenn ich mich erholen und Leib und Seele stärken soll.
9. Derselbe an denselben, Mentone, 30. März 1870 (16):
Der Himmel ist heute grau, es weht ein garstiger Nord-Ost, die Meeresbrandung unter unsern Fenstern hört nicht auf zu brausen und zu donnern. Schwärme von großen und kleinen Möven suchen in den zierlichsten Flugbewe-

gungen auf den Wellen ihren Raub zu erhaschen; das alles wird man zuletzt müde zu betrachten, man nimmt wieder ein Buch in die Hand oder setzt sich hin zum Briefeschreiben.

10. Rilke an Otto Modersohn, Schloß Haseldorf, 25. Juni 1902 (17):
Der große Park um das Schloß ist nicht zu gepflegt und wirkt vor allem durch seine Riesenbäume. Es gibt Linden und Kastanien wie Berge; Bäume mit dunkelroten Blättern (ich weiß nicht, wie sie heißen), die wie Träume sind, und Nadelhölzer, irgendwelcher fremdländischen Art, mit langen zottig hängenden Zweigen, die an das Fell urweltlicher Urtiere erinnern. Und das Blühen all dieser großen, alten Azaleenbüsche und ganzer hoher Hänge von Jasmin! Pfingstrosen brennen irgendwo im Dunkel von Bäumen wie Lagerfeuer, und der Goldregen fällt aus einer Höhe nieder, als käme er aus dem lichten Sommerhimmel. Und die Rosen beginnen. Hier habe ich eine Art Rose gesehen mit langen Ranken und Dornen, die gleichsam – Schwimmhäute haben. So sitzen sie, die Dornen am Stamm, und die ganze Fläche ist rot und durchscheinend, wie von lebendigem Blute: das wirkt ganz seltsam.

11. Ernst Barlach an Moeller van den Bruck, Güstrow, 26. Jänner 1911 (18):
Wir haben schon Frühlingsstimmungen gehabt, heute wieder, wir suchen die Knospen an den Sträuchern und freuen uns darauf, wenn erst die Frösche in den Gräben auferstehen und quacken. Es dunstet und wittert schon, neulich fanden wir Marienblümchen, viele, im Walde, aber sie sind noch vorjährig. Der Specht hämmert, was er kann, wir beschleichen ihn, und wir legen die Ohren an den Stamm, es dröhnt nur so. Der blaue Eisvogel treibt sich an der Nebel [Fluß] herum, und der Zaunkönig spukt im Gebüsch an den Gräben. . . . Aber unsere Überwintergäste sind die wilden Gänse und fliegen immer

fleißig in Keilform über Felder, Wiesen, Stadt und Wald. Am sonderbarsten ist es, wenn sie im Nebel unsichtbar oben im Nichts schreien. Nein, es ist noch Winter im Lande.

IV

In den hier vorgestellten Stücken kommt, wenn ich mich nicht irre, das Wort Natur fast nicht vor. Das Wort ist so groß, die Erscheinungsformen sind so vielfältig, so überwältigend, daß man schon sehr dumm sein muß, um sich anzumaßen, etwas Gescheites über die Natur zu sagen. Selbst das Wort Leben, über das man auch wenig sagen kann, das wert ist gehört zu werden, hat sein Gegenwort, Tod; aber was ist das Gegenwort zu Natur? Sogar der Begriff Unnatur gehört, indem wir ihn prägen und anwenden, bereits der Natur an. Das griechische Wort _kosmos_ wird in den Wörterbüchern übersetzt als »Weltall, Ordnung, Schmuck«, d. h. die strenge Ordnung des Universums wurde als schön erkannt. Das war ganz im Sinne des antiken Menschen. Wenn im Zweiten Teil des Faust, in der Szene »Tiefe Nacht«, der Türmer Lynkeus singt »So seh ich in allen / Die ewige Zier, / Und wie mir's gefallen, / Gefall ich auch mir«, meint Goethe gewiß den Kosmos, der im Griechischen auch die Bedeutung »Zier« vermittelt.

Auch die Menschen, solange sie wirklich Menschen waren, haben in ihrer Betrachtung der Natur ganz gemäß dem Ideal der Griechen gehandelt: sie haben die Ehrfurcht vor der Gewalt der Naturerscheinungen mit der Freude über deren Schönheit verbunden. Allerdings muß eingeräumt werden, daß die Religionen, mit Ausnahme der griechischen, sich darin nicht hervorgetan haben. Kunst und Dichtung waren es, die die Führung übernommen hatten. Und auch jetzt, da Kommerz, Konsum, Verkehr, Wissenschaft und Information an die Stelle der Religion getreten sind, kann man nicht behaupten, daß diese Aftermächte unserer Zeit sich als Freunde der Natur aufführen. Im Gegenteil, sie sind schuldig am Elend unserer Welt.

Was die hier vorgelegten Briefproben vermitteln sollen ist der langsame Wandel in der Stellung zu den Naturerscheinungen. Wie in so vielem andern ist Goethe (Nr. 1) auch darin eine glorreiche Ausnahme: er kann klassischer sein als die Klassiker und romantischer als die Romantiker. Ich hätte gerne Dokumente aus noch früheren Zeiten gefunden, aber das ist mir nicht gelungen, vielleicht wegen der Unzulänglichkeit meiner Bibliothek, auf die ich angewiesen bin. Die Suche wäre wahrscheinlich nicht besonders erfolgreich gewesen, denn die Leute waren damals sehr lakonisch, was ihr Gemüt und ihre Gefühle vor der Natur, zu der sie sich gewiß selbst rechneten, angeht. Als z. B. Albrecht Dürer 1520 seine Reise in die Niederlande unternahm, führte dieser große Augenmensch ein ausführliches Reisetagebuch (19), das seine Ausgaben für Unterkunft und Speise, seine Einnahmen aus den von ihm unterwegs verkauften Kunstwerken genau dokumentiert, aber fast nichts über Erlebnisse und Beobachtungen mitteilt. Wie die Natur sich ihm darstellte kann man hingegen den auf der Reise entstandenen schönen Zeichnungen und Aquarellen entnehmen.

Ebenso wie am Anfang unserer Naturwissenschaften die Beschreibung der Vorgänge und die Aufzählung der Eigenschaften vorherrschten, bieten auch frühe Briefe eher einen dürren Katalog (Nr. 2 und 3). Allerdings war Boie ein trockener, eher langweiliger Schreiber; auch seine Liebesbriefe lesen sich wie Wäschezettel. Das ändert sich mit dem Aufstieg der romantischen Bewegung. Die hier angeführten Beispiele aus Görres (Nr. 4 und 5) und Lenau (Nr. 6) zeigen eine bemerkenswerte Empfindlichkeit für die Dynamik und die Farbe der Erscheinungen. Zu meinem Erstaunen gibt es in Bismarcks Briefen (Nr. 7) Stellen, die von Clemens Brentano oder seiner Schwester Bettina hätten geschrieben sein können; sie entstammen der Zeit, bevor er ein anerkannter Staatsmann war.

Als die Blütezeit der Industriezivilisation begann, änderte sich die Stimmung: einerseits trockene Sachlichkeit, andererseits ein Ton, der uns nicht vergessen läßt, daß wir uns auf dem Höhepunkt des Impressionismus befinden (vgl. Rilke in Nr.

10). Der Briefwechsel zwischen zwei großen Chemikern der Frühzeit, Liebig und Wöhler, zeugt von unerwarteter Menschlichkeit (Nr. 8 und 9). Allerdings befanden sich damals die Naturwissenschaften »noch im Flügelkleide«. Barlachs Briefe sind die eines hervorragenden und besonders anständigen Menschen, und das zu einer Zeit, als viele Künstler ihr Leben bereits als Galeristensklaven fristen mußten. Wie sich die Deutschen damals zu ihren großen Künstlern benahmen, wird einer der Schandflecke ihrer Geschichte bleiben.

V

Da die Natur uns im täglichen Leben hauptsächlich in Form von Tier und Pflanze, von Landschaft, Himmel und Wetter entgegentritt, sind dichterische Schilderungen vielleicht ergiebiger. Darin war Adalbert Stifter der größte Meister, dennoch hatte er es schwer, anerkannt zu werden. Sein herrlich stilles Werk, *Der Nachsommer*, lag jahrelang sehr wenig verkauft bei seinem Verleger Heckenast. (20) Wie verheerend die Borniertheit der Tiefbesaiteten sein kann, mag man aus Friedrich Hebbels (21) gehässigen Angriffen auf Stifter, sicherlich einen der eindringlichsten Schilderer der erhabenen, gewalttätigen und zugleich sanften Natur, entnehmen. Das Komma im Frack (Hebbels Spottname für Stifter) hat jedoch zweifellos gesiegt über das Ausrufezeichen in Unterhosen.

So finden sich denn in Stifters Werken die schönsten Prosagedichte über die Natur, die ich kenne. Es sind einfache unemphatische Sätze, die dem Menschen, der nicht läuft, während er liest, eine lebhafte Freude machen können. Ungeduldige bleiben besser weg. Ich will mich auf zwei Proben beschränken.

Aus *Feldblumen*, 10. Kapitel (22):

> Oder ich lese eine Nacht aus, in der ich auf einen der Westberge Wiens steige, um den Tagesanbruch über der großen Stadt zu sehen, wie erst sachte ein schwacher Lichtstreif im Osten aufblüht, längs der Donau weiße

Nebelbänke schimmern, dann die Stadt sich massenweise aus dem Nachtdufte hebt, teilweise anbrennt, teilweise in einem trüben Goldrauche kämpft und wallt, teilweise in die grauesten Ferntöne schreitet, und wie der ganze Plan durchsät von goldenen Sternen ist, die da von Fenstern blitzen, von Metalldächern, Turmspitzen, Wetterstangen, und wie draußen das blaßgrüne Band des Horizonts schwach und sanft durch den Himmel gehaucht ist.

Aus *Der Hochwald*, 4. Kapitel (22):

Mittlerweile blieb der See und Wald ruhig, wie sie es den ganzen Tag waren. Die Sonne, eine weißglühende Lichtkugel, lag schon am Rande der Felsenwand; breite Schatten rückten über Haus und Rasenplatz auf den See heraus, dieser war glatt und schwarz, nur auf dem Schiffe lag das müde Nachmittagslicht, ... und im grün-roten Schimmer floß es um das Gehäge der Fichten.

Wir gewöhnlichen Sterblichen können nicht umhin, gegenüber der Natur ins Beschreiben zu verfallen, wenn wir uns auch darüber keine Rechenschaft geben. (In dieser Hinsicht hat Lessings so bedeutende Schrift *Laokoon* mehr Schaden als Nutzen gebracht.) Was jedoch in jeder Beschreibung schwer vermieden wird, ist, daß Namengebung immanent auch ein Werturteil enthält. Wörter können Todesurteile sein, z. B. das Wort Ungeziefer. Ich erinnere mich nicht, diesem Wort bei Stifter begegnet zu sein: er war ein natur-trunkener Dichter und weit davon entfernt, die goldenen Tierlein auf der Heide so zu nennen. Seine Schilderung der Natur war ein Gebet. In der deutschen Nazizeit hingegen hat die Verfolgung der »Rassenfremden« alle Attribute der Ungezieferausrottung angenommen.

Die impressionistische oder gar pointillistische Haltung zur Natur ist oft in Gefahr, in einzelne Flecken zu zerfallen. Als Beispiel zitiere ich hier einen bemerkenswerten Text von Rilke (23).

Das Meer unter nahem grauem Himmel in drei Streifen herbewegt, der fernste schwarz und schwer; der mittlere in beständiger Erhebung, dunkelflaschengrün; der nahe ebene: sich in Schichten übereinanderschiebender kalkweißer Schaum. Wo der zweite Streifen in den nächsten hineinfällt entsteht in jeder Welle ein lichtgrüner unbeschreiblich heller durchscheinender Sturz, durch den man das Innere der Woge sieht, eine Sekunde lang, ehe sie im Schaum ihres eigenen Niederfalls verloren geht.

Dennoch ist das das schönste Abbild einer Meereswelle, das ich kenne.

VI

Die Natur ist weder Freund noch Feind; sie *ist*. Einer Milbe, die im Urwald lebt, kann allerhand begegnen, und wenn sie, wie wir es tun, sich als den Mittelpunkt des Urwalds betrachtet, und wenn sie eine sehr dumme Milbe ist, wird sie diesen als Feind ansehen. Ihre Fähigkeit, aus diesem imaginierten Feindverhältnis Konsequenzen zu ziehen, ist nicht beschränkter als unsere gegenüber der Natur. Nur verfahren wir wahrscheinlich auf eine viel dümmere Art. Wir sind gewohnt, die Natur als feindselig anzusehen, wenn sie uns unangenehm ist. Die meisten Menschen werden nicht gerne naß, wenn sie auf der Straße gehen. Aber wenn der Regen zur Natur gehört, so tut das auch der Regenschirm. Sich vor den Unbilden zu schützen ist nichts, was die Ethik angeht. Anders ist es, wenn wir Leute damit betrauen nachzudenken, wie der Regen abgeschafft oder dorthin abgelenkt werden könnte, wo die Andern, die Fremden, die Feinde wohnen.

Wann die Menschen aufgehört haben, die Natur als *das* Gegebene zu betrachten, als das uns vorübergehend Anvertraute, als das, was vor uns da war und nach uns sein wird, kann ich nicht sagen. Wahrscheinlich fiel das mit dem Zeitpunkt zusammen, als die Menschheit ihren Austritt aus der Natur vollzog. Zeitpunkt ist ein irreführendes Wort: es muß viele Zehntausende von Jahren gedauert haben, bis Prometheus es zusammenbrachte, das Feuer zu stehlen. Und dann wieder eine unendliche Zeit, bevor einer aufstand und verkündete, die Natur sei voller Fehler, die korrigiert, voller Gebrechen, die ausgemerzt werden müßten. Dazu sei die Wissenschaft da. Ich sagte gerade »bevor einer aufstand«; aber in Wahrheit ist es ein Kollektivgegacker, eine *Association for the Prevention of Cruelty to Ph. D.'s*. Krankheiten seien eine Gemeinheit von seiten der Natur, eine vermeidbare Schuld auf seiten der von ihnen Befallenen. Erdbeben, Überschwemmungen, Katastrophen und Unfälle aller Arten müßten abgeschafft werden, über den Tod sei man sich noch nicht ganz einig.*

Die Natur ein Erzfeind der Menschheit? Ich glaube, wir sind bei diesem unsinnigen Standpunkt angelangt. Winterkälte und Sommerhitze werden gebrandmarkt als Angriffe auf die demokratischen Rechte des Bürgers, der durch seine Einwilligung geboren zu werden das Recht erworben hat, von der Natur in Ruhe gelassen zu werden: als lebte die Natur von den Menschen. Dieser sinnlose Anspruch bildet, obwohl nicht in Worte gefaßt, den Grundton fast aller Ansuchen um Unterstützung naturwissenschaftlicher Forschung. Wir haben anscheinend in unserer Eigenschaft als Menschen die Pflicht auf uns genommen, die Natur zu bekämpfen.

---

* Um dem Vorwurf zu entgehen, ich sei einer von denen, die Lichtenbergs Notiz beschreibt: »Er trieb einen kleinen Finsternis-Handel« (24), will ich zugeben, daß die Anklagen gegen die Natur, wie sie hier angeführt werden, gewöhnlich nicht mit so krassen Worten erfolgen. Satire muß ein bißchen übertreiben, sonst bleibt sie bald gegen die Wirklichkeit zurück.

VII

In einer englischen Zeitschrift las ich vor kurzem in einem von einem Biologieprofessor geschriebenen »Brief an den Herausgeber« den folgenden erschreckend albernen Satz: »At least Professor G. und I agree that science is mankind's greatest achievement.« (25) Wie man so etwas schreiben kann, ohne am nächsten Morgen mit Eselsohren aufzuwachen, ist mir unerklärlich. Selbst wenn alle Professoren auf der Erde mir einstimmig versicherten, die Naturwissenschaft sei die größte Leistung der Menschheit, würde ich sie für Dummköpfe erklären. Wie hätte man eine solche Behauptung überhaupt beweisen können? Läßt man alle Leistungen der Menschheit, seit sie den Affenstand verließ, Revue passieren, und dann gibt man die Krone der nur leicht errötenden Naturwissenschaft? Oder ist das Ganze nichts als eine unverschämte Reklame für den Beruf, den man gewählt hat: was der amerikanische Slang als »hype« bezeichnet?

Da die gegenwärtigen Naturwissenschaften fast nichts mit der Natur zu tun haben, könnte man fragen, warum ich dieses Intermezzo eingeschaltet habe. Natürlich ist das Zitat eine große Dummheit, aber es zeigt wie hysterisch empfindlich die Naturforscher geworden sind. Sie spüren, daß in vielen Leuten eine gefährliche Abneigung gegen den von ihnen ausgeübten Beruf zu schwelen begonnen hat. Ich glaube, daß das daher kommt, daß die Naturwissenschaft zu plötzlich zu nützlich werden wollte. Was für alle menschlichen Tätigkeiten gilt, gilt auch für sie, nämlich daß man sich hüten muß, die natürlichen Grenzen des Berufs zu überschreiten. Für alle Dinge dieser Welt gibt es ein Maß, und wenn dieses mit Gewalt hinaufgetrieben wird, merkt es der einzelne, sobald er darüber nachdenkt. Dieses Maß kann selbstverständlich nicht beziffert werden, indem man feststellt, wie viele Naturforscher – oder Porträtmaler, Komponisten usw. – Amerika oder Deutschland braucht. Dennoch behaupte ich, daß es ein Maß gibt; wird dieses beträchtlich überschritten, so merken wir es. Wenn mir zum Beispiel berichtet wird, in Amerika gebe es fast zwei Millionen Naturforscher, muß ich ausrufen »Um Gotteswillen, so viel Natur gibt es ja gar nicht!«

So ein Ausruf wäre selbstverständlich scherzhaft, denn wie könnte man den Bestand der Natur numerieren? Tatsächlich ist man daran, es dummerweise zu versuchen. Dazu kommt noch, daß alles zusammenhängt, in nur zum kleinen Teil erkennbaren, meistens jedoch geheimnisvollen Querverbindungen, so daß Natur, wenn wir sie umfassen könnten, als ein einziges Phänomen, als ein einziger Organismus erscheint, den man eher besingen als beschreiben kann. Mehrere Jahrhunderte hindurch hatten wenige nachdenkliche Männer das erkannt; ihr Geist war scharf, ihr Finger zaghaft; sie wußten, was Beschränkung ist.*

Dem Spott, den Goethe über A. von Hallers berühmten Vers »Ins Innre der Natur dringt kein erschaffner Geist« ausgoß, habe ich mich nie angeschlossen. Es kommt nämlich darauf an, was man als Innen ansieht. »Natur hat weder Kern noch Schale«? Da hat Goethe natürlich recht, und damit verdammt er die ganze analytische, übertrieben zerschneiderische Zukunft der Forschung. Aber ist es nicht möglich, daß Haller sogar tiefer gesehen hat? Daß die Natur, wenn derart zudringlich angegangen, ein falsches Labyrinth wird, das den Forscher einsaugt in bodenlose Abgründe, wo jeder Kern einen Kern hat, und dieser wieder einen usw.? Auf solche Endlosigkeit wird zwar eine endlose Wissenschaft gegründet, aber wozu? Es gibt Unendlichkeiten, auf die nur ein Zusammenbruch folgen kann.

---

* Goethe hat in den »Maximen und Reflexionen« eine Notiz von erstaunlicher Voraussicht (Nr. 1161), in der er vor den krankhaften Entartungsformen des Wissenschaftsbetriebs warnt, bevor es diesen eigentlich gab. Die Bemerkung lautet: »Die Wissenschaften zerstören sich auf doppelte Weise selbst: durch die Breite, in die sie gehen, und durch die Tiefe, in die sich versenken.« (26)

VIII

Durch eine geraume Zeit hatten die damals noch seltenen Naturforscher das Glück, keine Methoden zu besitzen. So konnten sie ungebundene Ausflüge in die Natur unternehmen. Diese Behauptung wird vielfachen Widerspruch erregen, denn es ist nicht genügend anerkannt, daß das Vorhandensein einer reichhaltigen und weitgefächerten Methodik der Wissenschaft nicht nur Nutzen bringt, sondern auch Gefahren. Metaphorisch gesprochen: eine Methode ist gleichsam eine Furche, in den Boden gegraben; sie hat vektorielle Eigenschaften und bestimmt die Richtung, in die sich die Arbeit bewegt. Je mehr Methoden eine Untersuchung verwendet, um so größer die Möglichkeit, daß der unbewußte Einsatz nahezu parallel verlaufender Methoden einer Vorbestimmung der Resultate gleichkommt.*

Solang die Anzahl verfügbarer Methoden sehr spärlich war, waren, soweit ich sehen kann, die Arbeiten origineller, überraschender, interessanter. Jetzt hingegen bietet ein buntes Mosaik zahlreicher Methoden (d. h. aus der Literatur bezogener Verfahren) den nicht wegzudenkenden Boden jeder experimentellen Arbeit. Nun sind Methoden (wie alles Menschenwerk) notwendigerweise von sehr verschiedener Qualität. In den heiligen Hallen der Wissenschaft geht allerhand vor sich. Es wird nicht nur ehrlich gearbeitet, es wird geschwindelt, es wird auch gepatzt. In einem gewissen Sinn muß man sagen, daß die Naturwissenschaften, je mehr sie triumphieren, desto unsicherer werden. In dunklen Tagen erinnern sie mich an den New York Stock Exchange.

Kein Mensch kann die Natur als ganze überschauen; seit den Anfängen der modernen Wissenschaft drängte sich Arbeitsteilung auf, und diese wird jetzt immer extremer. Ich glaube, daß es heutzutage keine Naturphilosophie geben kann, kaum eine

---

* Ich verweise auf meinen Aufsatz »Wege machen Ziele – Bemerkungen über den Begriff der Methode in den Wissenschaften«. (27)

Soziologie der Naturwissenschaften, und gewiß nicht eine sogenannte Bioethik. Spezialethiken sind eine faule Ausrede. Getrennt marschieren und vereint Lärm machen ist ja keine sehr sinnvolle Parole. Die Naturforschung hat sich damit geholfen, daß sie der Natur einen Raster von Rahmen aufgezwängt hat, sie dadurch in ein Gemisch von unzähligen Tableaus verwandelnd, denn der Rahmen ist ein Werkzeug der Verfremdung. Das heißt, daß je näher wir der Natur zu kommen glauben, sie uns immer ferner wird. Der Hirtenknabe in Stifters »Das Haidedorf« war ihr näher als der Präsident der *National Academy of Sciences of the United States*.

Eine andere Möglichkeit bleibt noch zu erwägen. Dieser Tage oder dieser Jahre wird Herr Christo die Natur einpacken, und zwar rascher als die Naturwissenschaften es zustandebringen.

IX

»Was aber die Schonheit sei, das weiss ich nit«: Albrecht Dürers rührendes Eingeständnis ist berühmt. Es findet sich in seinem Nachlaß, im *Preis der Malerknaben* (28). Er war ein gewissenhafter Künstler und hatte sich sein ganzes Leben hindurch bemüht, mit Hilfe der Meßkunst die Proportionen des Schönen zu ergründen. Auf Erden kam er zu keiner Lösung.

»Was aber ist Natur?« Die Antwort erscheint leichter als in Dürers Fall, ich habe sie anfangs gegeben. Sie ist nur scheinbar anthropozentrisch; eher könnte man sie anthropoexzentrisch nennen. Da es schwer ist für den Menschen, sich auszuradieren, von sich zu abstrahieren, wird meine anfangs vorgeschlagene Definition wenig Anklang finden. Dennoch halte ich sie aufrecht, obwohl ich zugeben muß, daß mir die Vorstellung vom zeitbedingten Wandel der Natur, und also auch der Begriff der Zeit, viel Schwierigkeit macht. Auch der Kosmos ist einem Ablauf unterworfen, dessen Rhythmen uns glücklicherweise verborgen sind. (Man denke nur an das vielfache Geblödel, zu dem der »Urknall« Anlaß gibt.) Zwar gebiert sich die Natur immer wieder neu, und aus Zicklein werden Ziegen, aus Samen werden Blüten. Dennoch fühlen wir, daß selbst die Natur nur auf Abruf existiert. Wer ruft ab? Ich wollte, ich könnte mich bei Heraklit erkundigen.

Während der einfache Mann sich am Busen der Natur erquickt, wie die kitschige Phrase es will, werden die Naturforscher, diese Heiligen der Neugier, ganz wild vor dem Überschwall der sich zwar nicht anbietenden, aber zur Vergewaltigung bereitliegenden Natur. »So viele Naturerscheinungen! Und wenn wir sie nicht erlegen, werden die Feinde, die Konkurrenten es tun.« Die Völker, durch ihre gewählten Gimpel vertreten, lassen sich das nicht zweimal sagen und geben Geld her und immer mehr Geld. Mit diesem Geld werden Forscher in dauernd wachsenden Mengen gebildet, und da jeder von ihnen ein numeriertes Stückchen Natur herausgerissen hat, von dem er zu leben gedenkt, erheben sie alle Anspruch auf dauernde Unterstützung durch das Volk. Auf diese Weise wird viel zuviel, viel zu schnell und viel zu oberflächlich geforscht und die Natur verzettelt (in beiden Bedeutungen des Worts). Da sie jedoch zweifellos die Menschheit überdauern wird, braucht sie nur zu warten, was sie besonders gut kann.

Da der Plan, den Schöpfer zu entlarven, den Raumforschern und -fahrern vorläufig nicht in Erfüllung gegangen ist, muß die Naturforschung sich nach anderen Sakrilegien umschauen. Eines der ärgsten, das letzthin zuviel Lärm gemacht hat, ist der Versuch, den Menschen zu klonen. Er wird unter Absegnung durch die Professoren der Bioethik, und wahrscheinlich auch bald durch das Patentamt, unternommen und wird zweifellos mit der Zeit zu patentierbaren und verkäuflichen »Menschen« führen. Nun glaube ich, daß man sagen kann, die Natur als *rerum creatrix*, als Schöpferin, scheue die Erzeugung völlig identischer Lebewesen. Kein Baum, kein Blatt, nicht zu reden vom Menschen, gleichen völlig einem andern. Über die recht seltenen eineiigen Zwillinge weiß ich nicht genug, um mich dazu zu äußern; aber ich denke, daß die Nichtidentität ihrer Produkte im allgemeinen im Plan der Natur enthalten ist. Daher nenne

ich das in den letzten zwanzig Jahren aufgekommene Herumpantschen der Genetiker ein Sakrileg.
Wie wird also der Kampf der Menschen gegen die Natur ausgehen? Da man kaum wird sagen können, die Gegner seien schließlich unversöhnt geschieden, wird dieser sinnlose Krieg das Verschwinden der Menschheit bedeuten. Endlich wird die Natur wieder aufatmen können.

Anmerkungen

1 J. G. Schottelius, *Ausführliche Arbeit Von der Teutschen Haubt-Sprache* (Braunschweig, 1663), S. 1368 (Deutsche Neudrucke, Niemeyer, Tübingen, 1967).
2 Titi Lucreti Cari De rerum natura (Hrsg. Bailey), 3 Bde. (Oxford. 1947).
3 R. Bianchi Bandinelli, *Rome. le centre du pouvoir* (Paris, 1969).
4 L. Baldass, *Jan van Eyck* (London, 1952).
5 H. Wölfflin, *Albrecht Dürer Handzeichnungen* (Berlin, o. J.).
6 O. Benesch, *Meisterzeichnungen der Albertina*, S. 337 (Salzburg, 1964).
7 Bruegel, *Die Gemälde* (Hrsg. Grossmann, London, 1966).
8 *Goethes Briefe an Charlotte von Stein* (Hrsg. Petersen), 1. Bd., S. 205 f. (Leipzig, 1923).
9 *Ich war wohl klug, daß ich dich fand.* Heinrich Christian Boies Briefwechsel mit Luise Mejer (Hrsg. Schreiber), S. 42, (München, 1961).
10 Wie in Anm. 9, S. 71.
11 J. v. Görres, *Ausgewählte Werke und Briefe* (Hrsg. Schellberg), 2. Bd., S. 322 (Kempten und München, 1921).
12 Wie in Anm. 11, S. 341.
13 Nikolaus Lenau, *Briefe an Sophie von Löwenthal* (Hrsg. Härtling), S. 102 (München, 1968).
14 Bismarck, *Briefe* (Hrsg. Rothfels), S. 82 (Göttingen, 1955).
15 *Aus Justus Liebigs und Friedrich Wöhlers Briefwechsel in den Jahren 1829–1873* (Hrsg. Schwarz), S. 175 (Weinheim/Bergstr. 1951).
16 Wie in Anm. 15, S. 358.
17 R. M. Rilke, *Briefe* (Hrsg. Altheim), 1. Bd., S. 30 ff. (Wiesbaden, 1950).
18 E. Barlach, *Die Briefe* (Hrsg. Dross), 1. Bd., S. 363 (München, 1968).
19 Albrecht Dürer, *Tagebuch der Reise in die Niederlande*, in *Schriftlicher Nachlaß* (Hrsg. Faensen), S. 22 ff. (Berlin, 1965).
20 A. R. Hein, *Adalbert Stifter*, 2 Bde. (Wien, Bad Bocklet, Zürich, 1952).
21 F. Hebbel, *Sämtliche Werke* (Hrsg. Krumm), 2. Bd., S. 203; 13. Bd., S. 523; 14. Bd., S. 143 (Leipzig, o. J.).

22 A. Stifter, *Gesammelte Werke* (Hrsg. Stefl) 1. Bd., S. 101 u. 268 (Wiesbaden, 1959).
23 R. M. Rilke, *Aufzeichnungen aus Neapel und Capri* in *Sämtliche Werke* (Hrsg. Zinn), 6. Bd., S. 987 (Frankfurt a. M., 1966).
24 G. C. Lichtenberg, *Schriften und Briefe* (Hrsg. Promies), 1. Bd., S. 907 (L 386), (München, 1968).
25 The Times Literary Supplement, Nr. 4725 (22. Oktober 1993) S. 17.
26 Goethe, Berliner Ausgabe, 18. Bd., S. 645 (Berlin, 1972).
27 E. Chargaff, *Zeugenschaft*, S. 193 (Stuttgart, 1985).
28 Wie in Anm. 19, S. 225.

Vorschlußlorbeeren

Betrachtungen über die Naturwissenschaften in Amerika

I

Mein Titel stammt aus einem unangenehmen Gedicht Heinrich Heines, worin der damals bereits verstorbene Graf Platen und dessen Nachahmer verhöhnt werden. Unter anderem wird ihnen vorgeworfen, daß sie sich sozusagen vorausbezahlen ließen für Leistungen, die sie später weder vollbrachten noch zu vollbringen fähig gewesen wären. Auf Platen bezogen ist das ein unangebrachter und schäbiger Spott. Jedenfalls habe ich, indem ich Heine die Bezeichnung entlehne, nicht die Absicht zu spotten. Ich will nur zum Ausdruck bringen, daß in meiner Meinung die amerikanische Naturforschung und auch viele andere Wissenschaften sich selbst oder einander mit Lorbeeren bekränzen, die sie wahrscheinlich nie verdienen werden. Das ist nicht so sehr auf den schlechten Charakter der Ausübenden zurückzuführen wie auf die Erwartungen, die auf die Wissenschaften gesetzt, und auf die Art, in der diese unterstützt werden.

Auf zwei Dinge muß ich einleitend hinweisen. 1. Im Deutschen und den meisten europäischen Sprachen bezeichnet das Wort Wissenschaft alle Tätigkeiten, die das Wissen der Menschheit aufzeichnen und zu dessen Vermehrung beitragen. Im Englischen und dessen amerikanischer Abart steht *science* jetzt nur für Naturwissenschaft; *scientists* sind also Naturwissenschafter oder Naturforscher – abgesehen von einigen entarteten Angehörigen anderer Disziplinen, die behaupten, auf Grund ihrer induktiven und streng experimentellen Arbeitsweise ebenfalls Anspruch auf diese Bezeichnung zu haben. Dazu möchte ich allerdings bemerken, daß ein altes Motto aus meinem Labor, als man dort noch Deutsch sprach, sich nur auf den

Chemiker oder Physiker bezieht: »Wer wägt gewinnt«; andere Fächer machen sich dadurch eher lächerlich. – 2. Obwohl diese Betrachtungen sich hauptsächlich mit den Vereinigten Staaten befassen, gelten sie, denke ich, mehr oder weniger für alle Länder, in denen Wissenschaft und insbesondere Naturforschung betrieben werden. Die nach dem Zweiten Weltkrieg einsetzende Amerikanisierung, ein gutes Beispiel für die Gültigkeit des Greshamschen Gesetzes, hat es zustande gebracht, daß eine Art von Pidgin-Amerikanisch die Sprache der Wissenschaften geworden ist und daß alle Teilnehmer denken und verfahren, wie sie glauben, daß die Amerikaner es tun. Mir erscheint diese Entwicklung, wenn sie auch für die sprachunbegabten Amerikaner bequem ist, nicht unbedenklich: soweit sogar die Naturforschung noch eine geistige Tätigkeit ist, muß sie auf Klarheit des Denkens und des Ausdrucks bestehen. Eine monoglotte Wissenschaft begibt sich aller Nuancen, aller Schattierungen, die nur dem in seiner Muttersprache Denkenden zugänglich sind. Sonst bildet sich eine Kasernenhofatmosphäre, wobei die nach den Methodologien aufgereihten Forscher strikt im Kreis marschieren.

Für das geistige Leben der Völker ging das 19. Jahrhundert erst mit dem Ersten Weltkrieg zu Ende. Die normalerweise sehr langsame tektonische Bewegung der Kontinente des Geistes schien sich aus unerfindlichen Gründen plötzlich beschleunigt zu haben. Es entstanden völlig neue Bruchlinien. Dies gilt für die bildenden Künste, die Musik und größtenteils auch für die Literatur. Die Wissenschaften hingegen folgten mehr oder weniger noch der alten Observanz bis zum Zweiten Weltkrieg, als sie eine Erschütterung erlitten, aus der sie zwar mit ihren alten Namen, aber vielfach als neue Gebilde hervorgingen.

Als ich im Jahre 1928 als ganz junger Mann mein Forschungsstipendium an der Yale-Universität antrat, hatte ich den Eindruck, in die Viktorianische Zeit zurückversetzt zu sein, in Hinsicht auf die gesellschaftlichen Bedingungen wie auch auf die wissenschaftliche Fragestellung. Es herrschten eine Stille und eine leicht phlegmatische, leicht lethargische Seelenruhe, wie ich sie seither nie mehr erlebt habe. Nie wieder sollte ich sogar den Naturforscher als Gentleman antreffen. Diese bukolische Stille, so dachte ich schon damals, muß ein Anzeichen dafür sein, daß das so pragmatische, business-bewußte, geldgierige amerikanische Volk die Wissenschaft, alle Wissenschaften, als ein stilles Wasser ansah, das zwar tief sein mag, aber wenig Schätze enthält.

Da irrten sich aber die Amerikaner: manche Wissenschaften enthielten ungeahnte ungeheure Schätze. Hiroshima und Nagasaki konnten bald als lebende – weil tote – Monumente der Physik und der Chemie angesehen werden. Später sind noch einige weitere Denkmäler dazugekommen, für die Biologie, für die Genetik, für angewandte Wissenschaften wie die Medizin usw. Unsere so tödlich und magisch strahlende wissenschaftliche Welt mag vielen als ein Paradies erscheinen, unsern Großvätern wäre sie noch wie eine Hölle vorgekommen.

Noch eine kleine Randillustration: während der ganzen langen Zeit, als ich als Professor der Biochemie an der medizinischen Fakultät der Columbia-Universität tätig war, hätte ich normalerweise kein Patent anmelden können und ich besitze auch keines. Ich war vielleicht ein Sucher, vielleicht sogar ein Finder, aber sicherlich kein Erfinder. Die Medizinschulen im allgemeinen waren damals noch um den Ruf der Gemeinnützigkeit besorgt, bevor sie zu Maklern zwischen ratlosen Kranken und reißerischen Ärzten, zwischen Patentanwälten und Assistenzprofessoren wurden. Unterdessen haben selbst die Hühner das Lachen über soviel Weltfremdheit aufgegeben, denn die kleinsten Leute verbringen jetzt mehr Zeit mit ihren Patentanwälten als im Labor.

Hier sehe ich eines der auffallendsten Wahrzeichen tiefgreifender Veränderungen: die Forschung muß Geld einbringen. Das ist natürlich nicht die Form, in der diese Forderung erhoben wird. Man sagt: sie muß der Menschheit Segen bringen. Aber angesichts der uns als Heilsbotschaft verkündeten freien Marktwirtschaft kommt das auf das gleiche heraus. Man könnte sich natürlich fragen, was die Wissenschaft mit der Marktwirtschaft zu tun hat. Abgesehen davon, daß die meiste Forschung jetzt sehr teuer geworden ist und ungeheure Geldmassen verschlingt – eingedenk des vielerorts herrschenden nackten Elends eine paradoxe Situation –, dekretiert der jetzt grassierende Krämergeist, daß alle Wissenschaften, alle Forschungsergebnisse anwendbar, das heißt verkäuflich sein müssen. Selbst die abstrusesten Entdeckungen, die trivialsten Resultate werden in den Zeitungen breitgetreten und noch mehr trivialisiert; die Leser warten gierig auf die sogenannten Durchbrüche, und diese kommen auch jeden Tag mit dem Morgenblatt und jeden Abend im Fernsehen. So ist aus der Welt der Wissenschaft ein Zirkus geworden: allabendlich ein neuer Akrobat, applaudiert, vergessen. Da wir jetzt in einer Dienstleistungsgesellschaft leben, kann man das leider auch von den Naturwissenschaften sagen: sie gehören unter anderem zum Amüsierbetrieb. Wenn der Bürger hört, was da an Großartigem herausgekommen, bzw. für morgen geplant ist, wird er den zufriedenen Schluß ziehen, daß er nicht für nichts soviel Steuer zahlt. Was die wahnwitzigen Ausgaben für Waffen angeht, ist er nicht mehr ganz so sicher. Hat es sich nicht vor kurzem herausgestellt, daß die im Golfkrieg so hoch gerühmte Raketenabwehrkanone »Patriot« mehr Schaden als Nutzen gebracht hat?

III

Ich habe früher davon gesprochen, daß in vielen Fällen die naturwissenschaftliche Forschung überaus kostspielig geworden ist. Daß das überhaupt erwähnt werden muß, zeigt, wie gewaltig die Veränderung war, die im Verlauf des Zweiten Weltkriegs eingetreten ist. Vorher gab es in den angeblich wertfreien Wissenschaften überhaupt nur »Kleine Wissenschaft«: wenige Leute um einen Mann. Ich denke dabei an die »reine«, nicht an die technische und industrielle Forschung, obwohl es auch hier nicht viele sehr große Laboratorien gegeben haben wird. Hauptsitz der Forschung waren die Universitäten, die in den meisten zivilisierten Ländern staatliche Institutionen waren. Da zur Erlangung des Doktorats in den meisten Anstalten die Verfertigung einer experimentellen oder theoretischen Dissertation erforderlich war, wurde natürlich viel geforscht, aber die Bezeichnung »Kleine Wissenschaft« ist fast zu groß dafür. Die Professoren und Dozenten selbst betrieben häufig auch Forschung und verfügten meistens über einen oder mehrere Privatassistenten. In den letzten Jahren vor dem Ersten Weltkrieg wurden auch einige bedeutende Forschungsinstitute gegründet, die nicht zum unmittelbaren Lehrbetrieb gehörten und nur zum Teil vom Staat, meistens aus Privatmitteln finanziert waren, so z. B. das Institut Pasteur in Paris, das Rockefeller Institute in New York oder die Kaiser-Wilhelm-Institute im kaiserlichen Deutschland und in der Weimarer Republik. Ich besitze keine Ziffern, aber ich denke nicht, daß die Summe aller in diesen Instituten reine Forschung Betreibenden eine vierstellige Zahl ergeben würde. Das war also die Kleine Wissenschaft, in der noch ich aufgewachsen bin. Ich glaube, daß man sagen kann, daß fast alle großen Entdeckungen, die die Geschichte kennt, dieser Kleinen Wissenschaft zu verdanken sind.

Die Entstehung der »Großen Wissenschaft« datiere ich mit dem Zweiten Weltkrieg, als mit der Gründung des »Manhattan Project«, das zur Konstruktion der ersten verwendbaren und verwendeten Kernbomben führte, das entstand, was ich das erste wissenschaftliche Konzentrationslager genannt habe. Der dort herrschende Wachtturmgeist war natürlich auf die große Erregung des Kriegs zurückzuführen und wiederholte sich nicht in den zahlreichen Großprojekten, die seit jener Zeit in sehr verschiedenen Gebieten der Forschung organisiert worden sind. Ob die unglaublich kostspieligen und sehr viel Terrain erfordernden Partikelzertrümmerer viel mehr als einige Nobelpreise hervorgebracht haben, entzieht sich meiner laienhaften Ignoranz.

Etwas mehr verstehe ich von einem andern Riesenprojekt

(drei Milliarden Dollar), das sich des anheimelnden Namens HUGO erfreut (»Human Genome Organisation«). Diese vorläufig nur bürokratische Mißgeburt stellt sich die gigantische Aufgabe, die Sequenz der etwa drei Milliarden Nukleotidbausteine in der Riesenkette der Desoxyribonukleinsäure des Menschen zu bestimmen. Wobei ich gestehen muß, daß ich nicht begreife, was mit »*der* Mensch« gemeint sein kann. Jeder Mensch ist ein Palimpsest übereinander geschichteter Ungeahntheiten. Ein jeder verschieden vom nächsten, und doch gehören alle zusammen. *Den* Menschen gibt es für den Chemiker nicht. »Menschen, Menschen san mar alle« – aber, Gott, wie verschieden im einzelnen!

Gleichzeitig, oder vorher, soll die Lage aller identifizierten Gene in den Chromosomen – vorläufig ein winziger Bruchteil der geschätzten Gesamtzahl – bestimmt werden. Mir erscheint das als ein typisch neoscholastisches Unternehmen, weil weder die Größe der Nadelspitze noch die der tanzenden Engelfüße bekannt ist. Ich fürchte, die endgültigen Resultate werden erst im Tale Josaphat verkündet werden.

Mit der Zeit werden zweifellos alle in Amerika vertretenen naturwissenschaftlichen Fächer ihre eigenen Riesenprojekte entwickeln. Schon der jeder organisierten Gruppe innewohnende *horror vacui* wird sie dazu bringen, denn es gibt keine bessere Weise, die zahlreichen Unanstellbaren anzustellen und deren Nachwuchs zu sichern.

IV

Bis zum Zweiten Weltkrieg waren, wie bereits erwähnt, die Vereinigten Staaten ein ungewöhnlich unterdotiertes Land, was die Unterstützung von Lehre und Forschung durch das ganze Volk betrifft. Die erstrangigen Colleges und die großen Universitäten waren fast alle privat, obwohl einige Bundesstaaten bereits gute Staatsuniversitäten und sogar städtische Hochschulen aufzuweisen hatten. Die Finanzierung der Forschung kam hauptsächlich von einigen großen Stiftungen. Nach 1945, als der Krieg angeblich zu Ende war, trat jedoch eine rapide Veränderung ein. Die Gründung der National Institutes of Health (NIH) in Bethesda bei Washington rief eine ausschließlich aus Steuergeldern des Bundes finanzierte Doppelorganisation ins Leben: eine ganze Reihe von großen Forschungsinstituten, sozusagen unter einem Dach, mit als Staatsbeamten angestellten wissenschaftlichen Arbeitern; und, parallel dazu, ein Unternehmen, dessen Aufgabe es war, regelmäßige Forschungskredite an Wissenschafter an Universitäten, Spitälern usw. zu vergeben. Dies war der hauptsächliche Anlaß zur Aufblähung der Lehranstalten, weil große Mittel zur Anstellung nicht beamteter Mitarbeiter auf diese Weise verfügbar wurden. Der zu unterstützende Gegenstand ist mit dem eigentlich recht sinnlosen Schlagwort »Biomedizin« nur unscharf umrissen. Was immer der Gegenstand der Forschung war, solang das Präfix »Bio-« ohne allzuviel Lächerlichkeit vorgehängt werden konnte, durfte auf Unterstützung rechnen.

Aber auch dort, wo »Bio-« nicht besser hinpaßte als Knoblauch zu Schokolade, war finanzielle Hilfe bereit. Die Gründung der National Science Foundation (NSF) stellte einen Futtertrog für alle Wissenschaften bereit, wenn auch das weitere Spektrum eine etwas knauserigere Hand erforderte als beim Füllhorn der NIH. Im Laufe der Zeiten konnte die Büchse einer angeblich freundlichen Pandora noch von andern Ämtern nachgefüllt werden, besonders vom Department of Energy, das sich zum Beispiel in HUGO verliebt zu haben scheint.

Die viele Milliarden betragenden Ausgaben kommen alljährlich aus dem Budget des Bundes, das vom Parlament bestätigt werden muß. Die Zuwendungen sind noch immer im Steigen, obwohl sie in manchen Fällen mit der Inflation nicht Schritt gehalten haben. Was sich aber drastisch geändert hat ist die Zahl der um Hilfe ausgestreckten Hände. Als diese vor mehr als vierzig Jahren zur Unterstützung der Forschung begründeten Organisationen zu funktionieren begannen und während der ersten zwanzig Jahre ihres Bestehens war die Zahl der Bewerber verhältnismäßig gering. Ich denke nicht, daß viele, die Förderung verdienten, damals leer ausgegangen sind. Es geschah jedoch, was man hätte erwarten sollen. Je mehr Geld in die Forschung gepumpt wurde, desto mehr junge Leute beschlossen, sich dem Studium der Naturwissenschaften zu widmen, und die Universitäten paßten sich an, vergrößerten rapid den Lehr- und Forschungsapparat und benötigten selbst immer größere Mittel. Es ging wie im uralten Mythos von Deukalion und Pyrrha. Dieses Ehepaar, das allein die Sintflut überlebt hatte, warf, einem Orakel gemäß, die Steine der Erde hinter sich, und, siehe, aus jedem Stein sproß ein Mensch. Es gibt aber mehr Steine in Amerika als Gold und daher mehr junge Forscher als das Land unterhalten kann, besonders angesichts der schon lange währenden schweren wirtschaftlichen Depression. *Navigare necesse est* – aber was tut man, wenn es nicht genug Wasser gibt?

V

Die Frage, wieviel Dichter, Komponisten, Bildhauer usw. es in Amerika gebe, ist sinnlos, schon weil sie nicht beantwortet werden kann, denn die Zählung ihrer an die Öffentlichkeit gelangten Produkte wäre keine hinreichende Handhabe, selbst wenn die Art des Durchbruchs in die Öffentlichkeit und die Art ihrer Aufnahme durch diese in Rechnung gestellt werden könnten. Wir müßten uns eher damit vertrösten lassen, daß man uns aufforderte, in hundert Jahren wieder zu kommen, um zu sehen, wessen Name noch übrig ist. Eine ähnliche Erkundigung nach der Zahl amerikanischer Molekularbiologen kann jedoch Antwort finden, denn die Mitgliedslisten der fachlichen Vereinigungen, die Inhaltsverzeichnisse der wissenschaftlichen Zeitschriften usw. sind zugänglich. Die Aufforderung, in hundert Jahren wieder vorbeizukommen, wäre hingegen frivol: sogar ein professioneller Optimist wüßte schon jetzt das Ergebnis.

Für den Staat, der geistige Arbeit unterstützen soll, sieht die Situation ganz anders aus. Er bemerkt vielleicht, daß es Lyriker, Romanschriftsteller usw. gibt, aber Geld wird er ihnen fast keins geben, denn er sieht sich hier keinem Bevölkerungsdruck gegenüber. Aber eine Million oder 1¹/₂ Millionen Wissenschaftler, die bemerkt der Staat schon. Und da er sich in dieser Angelegenheit durch Befragung des ahnungslosen Volks keinen Rat holen kann, steht er unter starkem Druck durch eine neu formierte Klasse, die Klasse der Wissensproduzenten. Es kann aber politische und wirtschaftliche Umstände geben, unter denen der Staat auch diesem Druck widerstehen muß. Das ist jetzt der Fall, denke ich, bin aber sicherlich in einer kleinen Minorität.

Der Wissenschaftsbetrieb in Amerika befindet sich in einer schweren Krise; er erstickt an der Erschlaffung der Konzepte, der Überfüllung mit Personal, und an der allgemeinen Sinnlosigkeit eines ziellosen Gigantismus. Trotzdem sind die Summen, die für die Naturwissenschaften ausgegeben werden, phantastisch und noch immer im Wachsen. Ich will einige der Beträge (in Dollars) nennen, die im Budgetvorschlag des Präsidenten Bush für 1993 vorgesehen sind. Die National Institutes of Health sollen 5,3 Milliarden erhalten, die National Science Foundation 2,2 Milliarden, die Raumforschung (NASA) 2 Milliarden, und sogar das vielleicht dümmste aller Projekte, die Sequenzierung des menschlichen Genoms, wird mit 110 Millionen bedacht. Für so viel Geld hätte, glaube ich, die Schlange im Paradies sich abkaufen lassen. Um jedoch die Proportionen zu bewahren, sei erwähnt, daß das Kriegsministerium – im Zuge der allgemeinen Tartüfferie heißt es natürlich Verteidigungsministerium –, daß also das Militär für seine sogenannte Forschung allein im nächsten Jahr etwa 40 Milliarden erhalten soll. Die unverwendbaren Wissenschaften, die Geisteswissenschaften, wären wahrscheinlich froh, wenn sie alle zusammen so viel bekommen könnten wie das Militär für Schreibpapier ausgibt. Irgendwo findet sich gewiß auch dieser Posten im gewaltigen Budgetbuch, aber wer möchte dazu 1700 Seiten durchlesen?

Wer das gewiß größte wissenschaftliche Unterfangen der Weltgeschichte schildern will, darf den schwarzen Hintergrund des Gemäldes nicht übersehen. Die großen Städte versinken in Elend und Verbrechen. Allein in der Stadt New York müssen etwa 50 000 Menschen auf den Straßen schlafen, jeden Tag werden durchschnittlich zehn Morde begangen, die Kinder in den Schulen schießen aufeinander, der Drogenkonsum wächst in unvorstellbarer Weise, die Leute sitzen verbarrikadiert in ihren Wohnungen und wagen sich nur ungern auf die Gasse. Ein Bewohner von Washington, New York, Los Angeles kann an den Höllenbildern eines Hieronymus Bosch nur ihre Sanftheit bewundern.

VI

Es hat eine Zeit gegeben – und ich selbst habe in jungen Jahren sie noch miterlebt –, als es durchaus zulässig war, die Erforschung der Natur als eine ausnehmend geistige Tätigkeit anzusehen. Man hätte nicht gezögert, in der Reihe von Musik, bildender Kunst, Literatur, Philosophie auch die Wissenschaft, alle Wissenschaften, zu nennen. Das ist längst nicht mehr wahr, besonders seit Amerika *faute de mieux* die wissenschaftliche Führung an sich gerissen hat. Jetzt haben wir nicht mehr mit einer Wissenschaft der Natur zu tun, sondern in der Hauptsache mit einer Wissenschaft gegen die Natur. Darüber habe ich schon früher manches gesagt und will mich hier nicht wiederholen. Jetzt ist der Großteil der Forschung angewandte Forschung geworden, und der Hauptzweck ist nicht mehr die Natur zu erkennen, sondern sie zu betrügen, zu ersetzen oder zu verbessern. Innovation, Nutzbarkeit sind jetzt die Schlagworte, wobei weniger an den Nutzen für die Menschen als für die Wirtschaft gedacht wird. Entdeckungen und Erfindungen, die man früher wegen ihrer Banalität schamhaft verborgen hätte, werden jetzt offen und stolz patentiert und verschachert. Wie ich schon einmal gesagt habe, ähnelt der gegenwärtige Wissenschaftsbetrieb immer mehr der Börse und der Marktwirtschaft. Wenn Innovation wirklich wirtschaftsfördernd ist, so ist sie auch pleitenfördernd. Was den Erwerb treibt, treibt den Bankrott.

Wenn der Forscher die Natur erforscht, so erforscht die Natur den Forscher. Er kann nur das aus ihr heraushören, was dem entspricht, was in ihm ist. Nur selten kommt es vor, daß einer sich selbst zum Trotz etwas entdeckt. Wenn der Forscher, ethisch gesprochen, schlecht ist, macht er eine, kognitiv gesprochen, schlechte Wissenschaft. Die stark erhöhte Lukrativität der Wissenschaften, zusammen mit der enorm erhöhten finanziellen Unterstützung durch die Staaten, haben eine völlige Veränderung in der Art derjenigen bewirkt, die jetzt zu einer Karriere der »Forschung und Entwicklung«, wie das Schlagwort lautet, verlockt sind. Es ist demnach nicht verwunderlich, daß – zum ersten Mal, denke ich, in der Geschichte – die *chronique scandaleuse* der amerikanischen Naturwissenschaften immer wieder von als Schwindel und ausgepichten Gaunereien entlarvten »Entdeckungen« zu berichten weiß.

VII

Wenn die Wissenschaften sich nicht in den Niederungen aufhalten, wo man Geld verdient, begeben sie sich auf Höhenflüge, die ihnen, fürchte ich, auch nicht gut bekommen werden. Die Physik ist allgemein anerkannt als die Königin der Naturwissenschaften. Sie hat immer die Gescheitesten angezogen (weshalb ich Chemie studiert habe) und führt auch jetzt in das Empyreum der Abstraktion. So ist vor kurzem ein Buch erschienen mit dem originellen Titel *A Brief History of Time;* sicherlich ein sehr zeitgemäßer Gegenstand, denn die Zeit übt noch immer ihre geheimnisvolle Untätigkeit aus. Verfasser ist der theoretische Physiker Stephen Hawking, dessen scharfer Geist allgemeine Bewunderung, dessen Dulderleben allgemeines Mitleid verdienen. Ich will nicht sagen, daß ich das Buch verstanden habe, aber »hie und da legt auch eine blinde Henne ein Ei«, wie meine Großmutter zu sagen pflegte.

So sind mir in diesem Buch die folgenden Sätze aufgefallen:

> Wenn wir schließlich eine vollständige Theorie auffinden, so sollte sie in ihren allgemeinen Grundsätzen mit der Zeit für alle Menschen verständlich sein, nicht nur für wenige Naturwissenschaftler. Dann werden wir alle, Philosophen, Wissenschaftler und auch das gewöhnliche Volk, in der Lage sein, teilzunehmen an der Diskussion, warum es so ist, daß wir und das Universum existieren. Wenn wir die Antwort darauf finden, so wäre das der endgültige Triumph des menschlichen Verstands – denn dann würden wir wahrhaftig den Geist »Gottes« kennen.

(In meiner dürftigen Übersetzung steht Gott in Anführungszeichen wie im Original, in welchem die letzten Worte lauten: »we would truly know the mind of ›God‹.« »Know« kann »wissen«, »kennen« oder »erkennen« bedeuten; und so bin ich nicht ganz sicher, worin der endgültige Triumph bestehen soll.)

Nichts ist gefährlicher als die Dummheit der Gescheiten. »Gott« endlich psychoanalysieren zu können, würde sich gewiß lohnen. Wie man jedoch mit Gott zwischen Gänsefüßchen reden soll, entzieht sich meiner Vorstellungsgabe. Aber – zitterige Hand aufs verzagende Herz – ist das nicht eigentlich ein dummer Satz? Was hätte Leibniz davon gehalten, was der heilige Augustinus? Auch der hatte einen Bestseller geschrieben, die *Confessiones*, worin er viel über den Begriff der Zeit nachdenkt; das elfte Buch dieses Werks ist voll davon. Auch ihm hat dieser Begriff keine Ruhe gelassen; aber die Idee, sich einmal mit »Gott« an einen Tisch zu setzen und alles in Ruhe zu besprechen, wäre ihm wahrscheinlich nie gekommen. Ich habe in meiner Jugend auch einige Atheisten gekannt, ich habe nichts gegen sie, nur sollen sie nicht mit schmutzigen Füßen ins Zimmer kommen. *De Deo taceat scientia.*

Über die ethische Kurzsichtigkeit
der Naturwissenschaften

I

An fast allen größeren Universitäten Amerikas gibt es jetzt Leute, die sich »bioethicists«, also Bioethiker nennen. Ich weiß es nicht, aber vielleicht beginnt dieser fragwürdige Beruf auch schon in Europa zu grassieren. Ich nenne ihn fragwürdig, denn welcher anständige Mensch braucht Kosmetiker für seine Moral, Operateure seiner seelischen Hühneraugen? Es gibt nur eine Ethik, und die ist in den meisten Religionen und in vielen philosophischen Systemen eindeutig und übereinstimmend ausgesprochen. Weil wir jedoch in einer Zeit des lächerlichsten Fachmannstums leben, beanspruchen Biologen und Ärzte jetzt eine Spezialethik – und warum nicht bald auch die Börsenjobber oder die Taschendiebe? Die Funktion dieser sanft mahnenden und schließlich auf alles eingehenden Vergebungsapparatur ist derjenigen ähnlich, die von den Geistlichen aller Länder ausgeübt wird, wenn sie die Waffen der verschiedenen einander mordenden Armeen segnen, Atombomben, Giftgase und tödliche Chemikalien feierlich und aufs numinoseste salbend.

Jetzt also haben die Naturwissenschaften angefangen, sich die Waffen, die sie gegen die Natur einzusetzen vorhaben, gegen ein geringes Entgelt einsegnen zu lassen. Besonders die Genetik und die Medizin haben einen solchen Pauschalpardon sehr nötig. Wie könnten sie sonst ruhig schlafen, wenn sie gerade damit fertig geworden sind, sagen wir, menschliche Gene in Tomaten oder Kartoffeln zu verpflanzen oder den Leichnam eines soeben verschiedenen Kindes zu zerlegen, um seine Organe nutzbringend zu verwenden? Könnte nicht jemand ihnen vorhalten, daß manche ihrer Tätigkeiten einer Gewöhnung der Menschen an den Kannibalismus gleichkämen? Aber nur Geduld: auch die Menschenfresserei wird bald ihre Ethikspezialisten haben. Und jetzt, da man in den Vereinigten Staaten Lebewesen patentieren darf, kann es nur eine Frage der Zeit sein, bis man patentierte Menschen züchten wird, und dann wird es auch dafür Bioethiker geben und darauf spezialisierte Patentanwälte und schließlich vielleicht auch Gourmetköche.

Die Menschen sind durch die ungeheuren Errungenschaften der Naturforschung geradezu gelähmt, abgestumpft in ihren moralischen Gefühlen, so daß sie was immer die Wissenschaften tun als ein Zeichen unaufhaltsamen Fortschritts gutheißen. Und wie wir wissen, waren die Wissenschaften leider nie so geschäftig wie jetzt. Die meisten Menschen wissen nicht, wie sie sich demgegenüber verhalten sollen. Die wenigen, die gewohnt sind, über viele Dinge eine Meinung zu haben, ob diese nun angelesen oder aus ihrem Innern entstanden ist, haben gelernt, auf geistige Arbeit mit großem Respekt zu blicken. Dabei sind sie unbewußt von den Maschinen beeinflußt, die heutzutage Zelebritäten fabrizieren, gleichgültig, ob der gefeierte geistige Großarbeiter damit befaßt ist, den Berliner Reichstag in plastischen Hüllen zu verpacken, *Oedipus Rex* zu komponieren, *Ulysses* zu schreiben oder ein Kalbsherz in einen Sterbenden zu transplantieren. Jedes Ruhmesblatt wird unbezweifelt akzeptiert, ohne zu schauen, was darauf geschrieben ist. Je lauter die Verkündigung, desto bereitwilliger die Aufnahme ins Pantheon.

II

Nicht alles wird jedoch laut verkündigt, manches verschweigt sich in den Akten der Zensur. Was alles an sogenannter medizinischer und genetischer Forschung im nationalsozialistischen Deutschland gemengelt worden ist, ist erst viel später bekanntgeworden. Zur Zeit dieser Missetaten wußte noch jeder Wissenschafter, der sich darauf einließ, daß er unvorstellbare Gemeinheiten beging, und er hielt sie geheim. Erst in den letzten

20 oder 30 Jahren, als die Bioethik bereits mit ihren schwarzen Flügeln zu flattern begann, hat man uns allen klargemacht, daß der edle Forschungsdrang alles, auch das Scheußlichste, entschuldigt. *Homo sum, bestialis nil a me alienum puto.*

Auch das, wovon ich jetzt reden will, hatte seinen Anfang im Zweiten Weltkrieg, ist aber erst vor kurzem in die Zeitungen gelangt. Dieses Mal befinden wir uns aber in Amerika, wo die ersten Atombomben entwickelt und 1945 triumphierend angewandt wurden. Das Beweismaterial ruhte schon, zum Teil seit 50 Jahren, im Archiv der Kommission für Atomenergie, der *Atomic Energy Commission*, die eine Reihe von großen, über das Land verstreuten Forschungslaboratorien unterhielt. Eines davon, in Oak Ridge, Tennessee, habe ich in den fünfziger Jahren häufig besucht, natürlich ohne mit den geheimgehaltenen Experimenten in Berührung zu kommen, denn ich besaß keine »security clearance«, d. h. keinen von der zuständigen Behörde ausgestellten Persilschein. Hingegen war mein Laboratorium an der Columbia University in den dreißiger und vierziger Jahren unter den allerersten (wenn nicht das erste) gewesen, die mit dem radioaktiven Isotop von Phosphor arbeiteten, um den Stoffwechsel und die biologische Rolle von Phospholipoiden zu untersuchen. Dies und unsere Arbeiten über die Nukleinsäuren waren der Grund, warum die Biochemiker in Oak Ridge mich oft einluden. Sie mochten gewußt haben, was ihre radiologischen, biophysikalischen und medizinischen Kollegen trieben, aber mir war es völlig unbekannt, bis vor ein paar Monaten die uralten Neuigkeiten auf uns hereinbrachen.

Die Eröffnungen kamen aus dem Energieministerium, dem Nachfolger der Atomenergiekommission, wo die neue Ministerin, Frau Hazel R. O'Leary, die bis dahin sekretierten Unterlagen zur Veröffentlichung freigab. Gemessen am Hintergrund unseres grauslichen Jahrhunderts erscheinen die hier zu besprechenden Experimente an Menschen dilettantisch und stumpfsinnig, aber wir dürfen diesen Hintergrund nicht außer acht lassen.

Verdun, Stalingrad, Auschwitz, Dresden, Leningrad, Hiroshima: wenige Namen, die für sehr viele stehen müssen, sie sind Zeichen am Wege zum völligen Zusammenbruch menschlicher Sittlichkeit. Auch sie waren Experimente am Menschen, höchst unwissenschaftliche Experimente, ohne Versuchsprotokolle. Nur der letzte dieser Namen, Hiroshima, markiert den Eintritt der »reinen«, der exakten Wissenschaften, Physik, Chemie usw., in das Gehenna der Vernichtung. Die nach der Zerstörung hinterbliebene ionisierende Strahlung programmiert den Tod der Überlebenden. Die Gefährlichkeit dieser Strahlen (Verursachung von Krebs etc.) war seit langem bekannt. Was vielleicht weniger bekannt war, das war die Anziehung, die diese unangenehme Eigenschaft der radioaktiven Elemente und der Röntgenstrahlen auf den so aggressiven Forschergeist ausübt. Er beginnt zu träumen, wie nützlich es wäre, wenn man von diesen Eigenschaften Gebrauch machen könnte, sobald der damals entfesselte Kalte Krieg sich zu erhitzen begänne. Nichts näherliegend, als daß der Forscher sich nach unfreiwilligen Volontären umschaut, freiwillig gemacht dadurch, daß man ihnen verheimlicht, was man mit ihnen vorhat. So geht man zum Beispiel zu einem Internat für geistig Minderwärtige und schlägt der Direktion Untersuchungen des Stoffwechsels von Hafergrütze und anderer Frühstückskost vor, verheimlicht jedoch, daß radioaktive Substanzen beigemischt würden. Die Kinder essen das Zeug, später verlassen sie die Schule; niemand scheint sich dafür interessiert zu haben, was mit ihnen geschehen ist. Jedenfalls bin ich davon überzeugt, daß irgendwo in den Archiven eine Studie herumliegt, wie man den Russen den Genuß von radioaktiven *Corn Flakes* beibringen könnte.

III

Ob die erst jetzt bekanntgewordenen Versuchsserien, in denen die Wirkung von radioaktiven Elementen (Promethium, Plutonium) auf den Menschen als Versuchstier untersucht wurde, ob diese eigentlich recht kopflosen Experimente die Spitze des metaphorischen Eisbergs sind oder der Eisberg selbst, ist ungewiß. Die Nachrichten tröpfeln in langsamem Sprühregen, manche von den Forschern und wahrscheinlich die meisten Versuchsobjekte sind schon tot, und die amerikanische Öffentlichkeit, durch tägliche Enthüllungen und Katastrophen abgelenkt, gewährt den Missetätern die Immunität, die das Land sogenannten Wahrheitssuchern einräumt. Die Leute haben noch nicht gelernt, daß es oft gefährlich ist, die Wahrheit zu suchen; sie kommt schon früh genug.

Wieviel Wahrheit sich in schlampig fundierten und schlampig ausgeführten Experimenten finden läßt, bleibt dahingestellt. Ein Beispiel: lange vor Hiroshima interessiert sich die Armee für die Möglichkeiten radioaktiver Kriegsführung. Einer der damit betrauten Ärzte teilt mit, daß er auf einen geeigneten »Patienten« warte, da Experimente mit Ratten ergebnislos ausgefallen seien. Im Mai 1945 ist das Versuchstier gefunden, ein Anstreicher in der diagnostizierten Endphase eines Magenkrebses. Er erhält eine Plutoniuminjektion mit einem Vielfachen der Letaldose. Trotzdem stirbt er erst 21 Jahre später mit 79 Jahren an einer Herzkrankheit. Der Forscher hingegen stirbt 1956 mit 49 Jahren an Leukämie: ein bemerkenswerter Hinweis darauf, wie witzig die Vorsehung sein kann.

Ich entnehme diese Einzelheiten einem informativen Artikel von G. Herken und J. David in der New York Times vom 13. 1. 1994. Der Name des Arztes, dieses Opfers der in höheren Sphären herrschenden tödlichen Ironie, ist Dr. Joseph G. Hamilton; er war Neurologe am Spital der University of California in San Francisco. Er muß ein hartnäckiger Wissenschafter gewesen sein, denn er fand noch zwei an Knochenkrebs leidende »Patienten«, denen er Plutonium verabreichte, ob mit dem erhofften Erfolg, weiß ich nicht. Nicht genug daran, studierte er auch den Effekt von eingeatmeten radioaktiven Aerosolen; Arbeiten, an denen die Armee anscheinend sehr interessierten Anteil nahm, denn sie führte in Utah eine Reihe von Tests aus. Dr. Hamilton – sein Name steht wahrscheinlich für Hunderte mir unbekannter – ist ein gutes Beispiel dafür, wie schnell aus dem hippokratischen Eid der hypokritische werden kann, denn der soeben genannte Heiler der Menschheit scheint verliebt gewesen zu sein in die freudige Vorstellung von der verheerenden Wirkung, die das Einatmen von radioaktivem Rauch auf feindliche Stadtbevölkerungen ausüben könnte.

Der Glaube, daß die Niederträchtigkeit der Menschen politisch oder religiös gezügelt werden kann, ist eine Illusion. Sie bleibt, was sie immer war, gleichgültig, welche Fahne weht.

Ein weiterer Name, der häufig auftaucht, ist der von Dr. Robert S. Stone, einem Radiologen am selben Universitätsspital in San Francisco. Auch er wollte Strahlungswaffen entwickeln, die in einem radiologischen Krieg eingesetzt werden könnten, z. B. die Vergiftung des Feindes durch radioaktives Strontium in Wasser und Nahrung. Er hatte jedoch auch ein besonderes Steckenpferd: Röntgenstrahlen. So behandelte er, wahrscheinlich ohne vorherige Warnung, an Arthritis leidende Patienten durch Bestrahlung des ganzen Körpers, ein radikaler und zugleich stupider Schritt, der sogar den Protest der Atomenergiekommission zur Folge hatte.

Was man vorläufig weiß ist gewiß nur der Anfang. Versuche an Menschen, insbesondere an Strafgefangenen, scheinen bis in die siebziger Jahre fortgesetzt worden zu sein. Das Volk hat die Enthüllungen mit ziemlichem Interesse aufgenommen, aber es ist ein leicht abgelenktes Volk, das von seinen gegenwärtigen Forschern ohnedies keine sehr gute Meinung hat. Da es aber zugleich ein seiner||selbst sehr unsicheres Volk ist, gibt es für Forschung zwar nicht so viel Geld aus wie diese verlangt – das ist unmöglich –, aber sehr viel Geld.

IV

Obwohl Dr. Hamilton in einem seiner Ansuchen an die Atomenergiekommission selbst zugibt, daß seine Vorschläge »irgendwie an Buchenwald erinnerten«, kann man nicht sagen, daß was vorderhand über die in Amerika ausgeführten Experimente an Menschen bekannt geworden ist mit den pseudowissenschaftlichen KZ-Torturen vergleichbar ist, wie sie z. B. Müller-Hills ausgezeichnetes Buch *Tödliche Wissenschaft* beschreibt. Rücksichtslose Inkompetenz war beiden Ländern, Amerika und Deutschland, gemeinsam, aber den Amerikanern fehlte völlig das Aroma des Teuflischen, jener hinterwäldlerische Hautgout eines Hintertreppen-de-Sade, der dem Nationalsozialismus von Anfang an anhaftete. Der schlecht verdrängte Sexus der »Cherusker in Krems« kochte aus allen Poren. (Vgl. Karl Kraus, *Die letzten Tage der Menschheit*, III. Akt, 11. Szene.)

Darauf will ich jedoch nicht eingehen. Vielmehr möchte ich, wie der Titel dieses Textes ausdrückt, lieber die Frage stellen, ob wir den dummen und herzlosen Experimenten etwas entnehmen können, das uns die Richtung, in der sich die biologische und medizinische Forschung in den Nachkriegsjahren entwikkelt hat, verständlicher macht. Mir erscheint nämlich der Weg, den die Genetik und die Molekularbiologie, aber auch manche Branchen der Medizin, z. B. die obstetrische Technik, eingeschlagen haben, als voll von Entgleisungen und Überschreitungen. Um es kurz zu sagen, während bis zur Mitte unseres zu Ende gehenden Jahrhunderts die Aufgabe der Naturwissenschaften darin zu bestehen schien, die Welt zu begreifen, die Naturvorgänge zu beschreiben und die Weisheit des Universums zu bewundern, herrscht jetzt der Auftrag, die Welt zu verändern, die Naturvorgänge brutal auszunützen, und was das Weltall betrifft, wer schert sich schon darum? Es ist, als wenn ein heiliges Buch, woraus sich die Wissenschaften durch Jahrtausende Rat und Kraft holten, plötzlich verlorengegangen oder unlesbar geworden wäre. Der uralte Auftrag an die Medizin, Kranke zu heilen, wird jetzt so verstanden, als beinhalte er die *Pflicht* der Menschen, gesund zu sein, und als wäre die Medizin mit der Überwachung betraut. Das Pflichtenheft der Naturwissenschaften ist demnach neu redigiert, sozusagen amerikanisiert worden, so daß es jetzt als Hauptaufgabe den Kampf gegen das Schicksal vorschreibt.

Ich bin mir bewußt, daß ich mich damit auf metaphysisches Glatteis begebe, denn man könnte behaupten, daß die Menschen immer *gegen* ihr Schicksal gelebt haben, wenn sie ihm auch immer unterlegen sind. Jede Lenkung der Natur zum Vorteil des Menschen hat ein manichäisches Element, welches allerdings, solange die Menschen einer Religion *gläubig* angehörten, verborgen blieb. Wollte man dies mit naiver Einfachheit ausdrücken, müßte man sagen, daß die biologischen Wissenschaften jetzt ihre Aufgabe darin sehen, den Tod abzuschaffen. Alle Menschen leiden jedoch noch immer an der »Krankheit zum Tode« (Kierkegaards schöner und anders gemeinter Buchtitel), und so geht es mit den neuen Bestrebungen einher, daß für die Wissenschaft alle Menschen Kranke sein müssen. Jetzt spürt die Medizin im Gesunden den Kranken auf.

Die Geisteswissenschaften haben sich nicht weniger verändert als die Naturwissenschaften, aber die Formen ihrer Denaturierung sind verschieden. Mit dem Verschwinden des Bildungsbegriffs als Ideal haben sie ihr Publikum eingebüßt und reden nur mehr miteinander. Da ihre Tätigkeit im allgemeinen keine ethischen Fragen aufwirft, lasse ich sie außer Betracht.

V

Was ich mich hingegen fragen möchte ist, was eigentlich geschehen ist, um den heutigen Zustand herbeizuführen. Der Degenerationsprozeß hat, denke ich, mit dem Ersten Weltkrieg begonnen, dessen verheerende Bedeutung für die Menschheit und das Menschsein noch immer nicht gebührend anerkannt wird. Mir scheint, daß Karl Kraus der einzige war, der es mit geradezu Kierkegaardscher Gedankenschärfe gefühlt und ausgesprochen hat. Das war vielleicht auch der erste Krieg, der aus einem Feldzug einen Kreuzzug machte. Man könnte das auch vom Dreißigjährigen Krieg sagen, aber der beschränkte sich fast ausschließlich auf Deutschland, das er irreversibel ruinierte. Außerdem waren die Weltkriege, die mein ganzes Leben begleitet haben, wohl die ersten atheistischen Glaubenskriege, erfüllt von einem verzweifelten Fanatismus. Was mußte sich alles in den Menschen abgespielt haben, um Fritz Habers Giftgaskriege möglich zu machen! Das mit 1914 anhebende Zeitalter war auch das erste, das uns mit mörderischer Wissenschaft vertraut machte. Leider ist es ein Gemeinplatz geworden, daß es die eigentliche Aufgabe der Naturwissenschaften sei, die entscheidenden Waffen zur Menschenvernichtung beizustellen. Daß wir uns gewöhnt haben, den Beitrag der Naturforschung zum Ersten Weltkrieg als vergleichsweise unerheblich zu betrachten, zeigt nur, wie rapid der Fortschritt seit jener Zeit gewesen ist.

Wenn der Herzog von Wellington gesagt haben soll, daß die Schlacht von Waterloo auf den Sportfeldern des Eton College gewonnen wurde, so wurde der Zweite Weltkrieg in den Laboratorien von Los Alamos zu Ende gekämpft. Der einen Sache können wir gewiß sein: die Zukunft wird nicht milder verlaufen. Da die Bestialisierung der Naturwissenschaften in diesem Jahrhundert so schnell vor sich gegangen ist, läßt es sich gar nicht ermessen, was Forschung und Technik der Welt noch bringen werden.

Wie ist es dazu gekommen, was ich mit einem Wort, das mich gar nicht befriedigt, Bestialisierung genannt habe? Tatsächlich gibt es kein Raubtier, das nicht viel menschlicher ist als der Mensch. Ich denke nicht, daß man die radikale Veränderung, die viele – nicht alle – Naturwissenschaften zu meinen Lebzeiten erlitten haben, mit klaren Worten erklären kann. Die Tatsache, daß es bereits seit langem eine Soziologie der Naturwissenschaften gibt, ist nicht der Grund dieser Unfähigkeit, obwohl sie zu ihr beitragen mag. Moden, im weitesten Sinn des Wortes, sind ja auch unerklärlich, selbst wenn man sie, wie die Philosophen es jetzt tun, Paradigmen nennt. Viele Dinge sind in unsern Zeiten geradezu wild geworden: die Kriminalität, die Drogensucht, die Konsumiersucht, die Wegwerfmentalität, die sich in Amerika auch auf das Menschenleben erstreckt. Inwieweit die betroffenen Wissenschaften, hauptsächlich die zur

Biologie gerechneten, Opfer dieses geheimnisvollen Wechsels in Ziel und Atmosphäre waren, inwieweit sie selbst ihn ausgelöst haben, ist schwer zu sagen. Daß Amerika in fast allen Naturwissenschaften die führende Macht und das beneidete Vorbild aller anderen geworden ist, hat sicherlich etwas damit zu tun; aber warum ist Amerika das geworden, was es ist? Ich habe schon oft von diesen Fragen gesprochen und verweise insbesondere auf mein kleines Buch *Armes Amerika – Arme Welt* (Klett-Cotta).

VI

Es kann nicht geleugnet werden, daß die enge Zusammenarbeit zwischen Kriegsführung und Naturforschung, wie sie heute gang und gäbe ist, schreckenerregende Mißgeburten hervorbringen muß. Diese Zusammenarbeit geschieht fast immer unter dem Vorwand von seiten der Wissenschaft, die erwarteten Ergebnisse würden der Menschheit zum Wohl gereichen. Die Ärzte und Biophysiker, die die jetzt aufgedeckten Bestrahlungsversuche am Menschen ausführten, behaupteten, diese seien notwendig, um zu lernen, welche Schäden bei Katastrophen in Atomkraftwerken zu erwarten seien und wie man derartige Schäden medizinisch behandeln könne. Auch die sogenannten Forscher in den deutschen Konzentrationslagern verwendeten ähnliche Ausflüchte, nur war ihr Begriff von Menschheit etwas enger.

Der Titel des gegenwärtigen Textes spricht von der ethischen Kurzsichtigkeit der Naturwissenschaften; ethische Blindheit wäre vielleicht eine richtigere Bezeichnung. Dieser Vorwurf ist nicht im Einklang mit der Einschätzung, welche die Philosophie und die Soziologie der Wissenschaft und Forschung zuteil werden lassen. Max Webers Urteil, daß diese wertfrei seien, also ethisch neutral, ist berühmt geworden. Diese Einsegnung von erlauchter Seite erfolgte kurz nach dem Ende des Ersten Weltkriegs, also nach der Anwendung von Giftgasen, diesem bescheidenen Pandorageschenk der angewandten Chemie. Sie ist demnach ein frühes Beispiel für die rapid abnehmende Sehschärfe der Öffentlichkeit, wenn es sich um die Naturforschung handelt. Dann aber kam die Atomspaltung, es kamen Hiroshima und Nagasaki. Unter dem Eindruck dieses Triumphs der angewandten Physik schrieb Friedrich Wagner ein ausgezeichnetes Buch *Die Wissenschaft und die gefährdete Welt* (C. H. Beck). Daß dieses gewichtige und eindrucksvolle Werk so wenig Echo gefunden hat, mag der von der Industrie und den Medien unterstützten, überaus wirksamen Wissenschaftslobby zugeschrieben werden.

Gegenüber den wildgewordenen Wissenschaften benehmen sich die Menschen wie verwirrte Hennen; sie rennen im Kreis, flehentlich gackernd, in der Hoffnung, die Wissenschaft werde sie endlich vom Eierlegen dispensieren. Auch das wird einmal geschehen, aber unterdessen sind die mit der Etikette »molekular« ausgezeichneten biologischen Wissenschaften damit befaßt, den Menschen das normale Kinderkriegen abzugewöhnen und endlich den unverwüstlichen High-Tech-Menschen zu erzeugen. Dieser wird kein Bedenken haben, den mit der Atombombe eingeschlagenen Weg fortzusetzen.

Über das Fieber
der Vernunft

Kleine Menschen frisch geklont – bei Abnahme eines Dutzends 15 %/o Rabatt. – Michelangelos *Pietà* ist eine weltberühmte Skulptur, die in ungezählten Herzen Rührung und Bewunderung hervorgerufen hat. Ein Teil unserer Gefühle kommt auch daher, daß wir wissen, daß wir etwas Einmaliges betrachten, ein nicht wiederholbares Gebilde, auf dem vor langen Zeiten die Hände des Meisters selbst geruht haben, während er es entwarf und zur Vollendung führte. Nehmen wir nun an, daß es einem geschickten und schlauen Erfinder gelungen ist, eine Maschine zu konstruieren, die in einer Stunde 12 Kopien der *Pietà* erzeugt, Kopien, die in jeder Hinsicht nicht von dem Original unterschieden werden können. Die Maschine fabriziert also 96 Kopien in einem Tag. Wie würden wir diese Neuheit aufnehmen, würden wir herbeieilen, um eines dieser wunderschönen Standbilder zu erstehen, den Entrepreneur preisend, der das ermöglicht hat? Ich glaube, wir würden ganz anders reagieren, wir würden sagen, das sei ein kompletter Kitsch, gerade wegen seiner verblüffenden Ähnlichkeit mit dem Original, nur geeignet für die Leute, die ihre Gärten mit Gartenzwergen und ähnlichem Zeug anfüllten.

Wer die Einmaligkeit des Unwiederholbaren zu zerstören unternimmt, handelt abscheulich. Es wird ihm nichts nützen, wenn er sich damit ausredet, daß in sehr seltenen Fällen die Natur selbst es auch tue. Er ist wahrhaftig nicht die Natur.

Was ist aus dem Fortschritt geworden? – Es ist nicht so lange her, da waren wir alle jung – jetzt sind es nur mehr die Jungen – und wir sagten das eine und das andere und wir waren alle fortschrittlich. Besonders in den großen Demokratien, und damals auch in dem noch kommunistischen Osten, war man sicher, daß der Fortschritt der Menschheit unaufhaltsam sei und daß alles – man sprach von Wohlstand, Gesundheit, Kultur oder Zivilisation – bis auf kurze Unterbrechungen immer besser gehe. Die Bürger waren durchaus einverstanden, daß der Staat, d. h. sie selbst, die Kosten des Fortschritts tragen müsse. Insbesondere die naturwissenschaftliche Forschung genoß Privilegien, die vor 60 oder 70 Jahren undenkbar gewesen wären. Forscher früherer Generationen wären erstaunt gewesen zu erfahren, was jetzt alles zu den Wissenschaften gehöre.

Man besuchte den Mond und sagte bei dieser Gelegenheit ein paar dumme Worte; man transportierte mittels Raumfähre Teleskope, die Milliarden kosteten, in den Weltraum, wo sie, kaum aufgedreht, sich sofort abschalteten und das Weite suchten; man unterhöhlte ganze Staaten mit unendlich langen Tunnels, um den unseligen Atomkern durchzuhetzen, in der hoffnungsvollen Annahme, daß es noch nicht aller Nobelpreise Nacht war; man stellte Milliarden bereit, um das menschliche Genom buchstabengetreu abzulesen, obwohl es keineswegs klar war, daß man etwas damit werde anfangen können. Und warum nicht? Die Pyramiden stehen auch schon seit Jahrtausenden herum, ohne jemanden zu erfreuen, außer die Touristenindustrie. Was der Cheops kann, das können wir auch.

Diese »Wir«, die es auch können, wissen überhaupt nicht, worum es geht, und lassen sich das Geld aus der Nase ziehen. Sie verstehen nicht, daß mehr Geld für die Forschung nur Hast erzeugt und daß die wahre Wissenschaft niemals Eile hat. Wenn ein Zehntel der gegenwärtigen Unterstützung die Entdeckungen um zehn, ja um hundert Jahre verlangsamte, was macht das? Wir wissen doch alle, daß die in der heutigen Treibjagd erlegten Fakten immer wieder durch neue ebenso ersetzliche Fakten verdrängt werden müssen, damit die Forschung und die Forscher gedeihen.

Das Erzland der naturwissenschaftlichen Forschung sind jetzt zweifellos die Vereinigten Staaten. Amerika ist eine echte Demokratie, indem es von *lobbies, pressure groups* und von Meinungsmachern regiert wird. Die Wissensproduzenten haben bis jetzt eine sehr gut organisierte und wirksame Lobby besessen, aber gerade jetzt scheint die Öffentliche Meinung – ein weiteres kommerzielles Produkt der dunklen Mächte – ihre Gunst etwas zurückzuschrauben, vielleicht um das ersparte Geld für einen kleinen Krieg zwecks Ausbreitung der Freiheit zu verwenden.

Gesundheit ist die erste Bürgerpflicht. – Amerika ist ein wohlmeinendes Land, in dem die Übel ebenso gedeihen wie ihre Bekämpfer. Der Krebs nimmt zu, aber fast noch schneller wachsen die Krebsforschungsinstitute. So sagte einmal der verstorbene bedeutende Biochemiker Szent-Györgyi, daß im Land jetzt mehr Leute vom Krebs leben, als an ihm sterben. Reine Forschung, die nicht einmal behaupten will, daß sie nützlich ist außer zum Verständnis der Natur, war beim Volk niemals sehr populär und hatte es anfangs nicht leicht, finanzielle Unterstützung zu finden. Das änderte sich erst im Laufe des Zweiten Weltkriegs. Denn, siehe da, es war die reine Forschung, Physik und Chemie, die alle die Hunderttausende in Hiroshima und Nagasaki umgebracht hat. Mit diesem Beweis ihrer Nützlichkeit erwarben auch die reinen Wissenschaften die Gunst des Volks.

Als ich zum ersten Mal nach Amerika kam, war es das rauchendste Land der Welt. Camel, Lucky Strike, Chesterfield beherrschten das Land. Jedermann rauchte Zigaretten, die Prohibition Lords und die Mafia rauchten dicke Zigarren, und die Collegeprofessoren schafften sich sofort nach ihrer Anstellung eine Pfeife an. Als jedoch parallel zur Ausbreitung der Krebsforschung sich auch der Lungenkrebs vermehrte, setzte ein wahrer Kreuzzug gegen das Rauchen ein. Es hatte sich anscheinend unter den Leuten herumgesprochen, daß, wenn es nur keine Zigaretten gäbe, sie ewig leben würden. In allen öffentlichen Räumlichkeiten, in allen Verkehrsmitteln, in Ämtern und Restaurants darf man nicht rauchen. Selbst im Park, wenn ich auf einer Bank sitze, ruht der neidisch-scheele Blick all jener Exraucher tadelnd auf meiner Pfeife.

Den puritanischen, pietistischen Neigungen des Volks liegt es nahe, Krankheit für die von oben verhängte Bestrafung einer

Schuld zu halten. Wenn sie etwas tun, woran sie glauben, mag es auch das Dümmste sein, so tun sie es mit Feuereifer. Da man als guter Amerikaner verpflichtet ist, gesund zu sein, bringen sie auch ihren Ärzten, die ihnen dazu verhelfen sollen, eine ganz unberechtigte Verehrung entgegen. Da die biologische Forschung leider jetzt hauptsächlich in medizinischen Händen ist, genießt die Biologie viel mehr öffentliche Unterstützung als ihr gut ist. Und das bringt uns zur Genetik mit ihren vielen Schofeltaten.

Wieso die Genetik das menschliche Schicksal ersetzt hat. – Es muß bald nach der Menschwerdung geschehen sein, daß man über das Schicksal, das gewaltige Schicksal des Menschen nachzudenken begonnen hat. In den meisten Religionen, unter vielen Bezeichnungen, durch viele Tausende von Jahren war es immer die göttliche Vorsehung, die die Geschicke der Menschen beherrschte. Der eine starb jung, der andere lebte lang; der eine wurde krank, der andere blieb gesund; einer hatte Glück, ein anderer ging unter: unergründlich blieb, was Vorsehung hieß und – in aufgeklärteren Zeiten – auch Zufall. Erst die modernen Naturwissenschaften – so zwischen Darwin und Mendel – haben eine verhängnisvolle Klarheit geschaffen. Verhängnisvoll, denn sie haben das Leben verdinglicht; sie haben die Versatzstücke der Natur zum Hauptinhalt ihrer Weltanschauung gemacht; sie wollen uns vergessen lassen, daß der Körper, sei es Pflanze, Tier oder Mensch, mehr ist als Eiweiß, Fett und Zucker.

Ein quantitativ geringfügiger Bestandteil, der erst viel später gefunden und isoliert wurde, ist für alle lebenden Organismen unabkömmlich, nämlich die Nukleinsäuren, von denen es zwei Sorten gibt: die Desoxyribonukleinsäure (DNS) und die Ribonukleinsäure (RNS). Die aufregendste Entdeckung auf diesem Gebiet verdanken wir Avery und Mitarbeitern, die 1944 zeigten, daß die Gene, die Träger der Erbeigenschaften aller Lebewesen, aus DNS bestehen. Ein Konvolut des väterlichen und des mütterlichen Genoms ist demnach, um uns aufs oberflächlichste auf den Menschen zu beschränken, für die körperliche Konfiguration der Nachkömmlinge verantwortlich. Als Schulbub in Wien hörte ich zum Überdruß von der Habsburgerlippe und später auch von der Hämophilie der Romanows.

Wir sind alle – mit Ausnahme derer, die ich nicht leiden kann – Musterbeispiele von *homo sapiens*, und dabei doch so verschieden voneinander. Jeder Mensch, wir wissen es wohl, ist eine unersetzliche Individualität und kann durch keine andere dupliziert werden. Und doch gab es, bis vor kurzem, nur eine Art geboren zu werden, wenn auch viele Arten zu sterben. Dank den abscheulichen Innovationen der letzten Jahre gibt es jetzt mehrere Arten geboren zu werden, und aus Gründen der Symmetrie sollte es bald nur eine Weise des Abgangs geben, durch Hinrichtung. Glücklicherweise ist das noch nicht der Fall.

In dem Intervall unseres Lebens, also zwischen minus vier oder fünf Monaten und plus x Jahren, kann uns sehr viel Verschiedenes passieren. Frühere Zeiten haben das unser Schicksal genannt und es häufig der durch Gott oder durch die Götter verhängten Vorsehung zugeschrieben. Jetzt werden die meisten von glücklichen und unglücklichen Zufällen sprechen. Wenn einer fällt und sich das Bein bricht, so war das kaum in seinem Genom nachzulesen; wird einer herzkrank oder erliegt er einem Karzinom, so mag das meistens einem genetischen Unfall zuzuschreiben sein. Im Mittelalter hätte man vermutlich in beiden Fällen versucht, durch Flehen und Gebet Heilung oder Linderung zu erzielen, während die Medizin im Dunkel tappte und Lateinisch redete. Jetzt hingegen haben wir unsere Ärzte aufgerufen, mit offenem Visier gegen die Vorsehung zu kämpfen, das menschliche Geschick zu korrigieren. Ich glaube nicht, daß die heutigen Mediziner trotz Unkenntnis des Lateinischen erfolgreicher sind als ihre antiken Vorgänger. Tatsächlich habe ich den Eindruck, daß die Medizin besser war, als die Ärzte weniger wußten.

Der menschliche Embryo als Kopiergerät. – Wenig hat zur Verrohung der Menschheit so viel beigetragen wie der *Präzedenzfall*. Die Tugend ist immer neu und nie dagewesen, das Laster kann immer auf ähnliche und oft lang zurückliegende

Missetaten verweisen. Die Entschuldigung, man sei nicht der erste gewesen, wird bei den wirklich großen Gemeinheiten immer angenommen. (Manche Argumente im berühmten deutschen Historikerstreit, der vor wenigen Jahren die rasch abgekühlten Geister kurz erhitzte, sind eine gute Illustration dieses meines Wissens nicht betonten Umstands.) So wie sich jeder Brudermörder hinter Kain verstecken kann und jeder Muttermörder hinter Orest, kann auch jede genetische Scheußlichkeit auf geachtete Vorbilder hindeuten. In den Naturwissenschaften sind die Traditionen zwar kurz, aber aus Gummi, indem sie nach Belieben gestreckt werden können.

Der Anlaß zu den gegenwärtigen Zeilen ist ein gutes Beispiel für eine genetische Spezialscheußlichkeit. Vor ein paar Tagen ging die Nachricht in und um die Welt, irgendeinem oder irgendzweien in Washington sei es gelungen, den Menschen zu klonen. Da ich nur den recht oberflächlichen Bericht in den New York Times vor Augen habe, kann ich nicht behaupten, daß mir die Sache klar war. Was ich entnehmen konnte, war, daß aus einem befruchteten menschlichen Ei 48 Klone gewonnen wurden. Hätte dieses Experiment zur Vollendung gebracht werden können, so hätte man also mit identischen »Achtundvierzlingen« zu tun gehabt, auf die vermutlich das zugetroffen hätte, was man von identischen Zwillingen weiß. Ich müßte allerdings den hl. Thomas von Aquino fragen, ob es so etwas geben kann wie 48 identische Seelen. (Ich würde denken, daß von einer Seele – wenn dieses Wort überhaupt in der postmodernen Gesellschaft noch zugelassen ist – nichts derartiges behauptet werden kann, nicht einmal, daß sie sich selbst gleiche. Das sind Fragen, denen unser rohes Vokabular nicht gewachsen ist.)

Jetzt hat man also die 48 oder was immer Homunkuli in einem sehr frühen Stadium, vielleicht 16zellig. Was geschieht dann? Ich vermute, sie werden der entsprechenden Zahl von Uterustaxametern anvertraut, und wenn diese ihre neunmonatige Pflicht getan haben, erblickt die identische Horde das Licht der Welt. Es werden weniger sein als am Beginn des Experiments, denn ein Teil des Klonregiments wird tiefgefroren für einen späteren Start zurückbehalten werden. Weitere Perspektiven sind sowohl grauslich wie komisch. Hätte es diese Art von Kraftbiologen bereits im 18. Jahrhundert gegeben, so denke ich an die Möglichkeit, daß irgendeinmal im April 1755 das siebente und letzte »Kind« von Leopold und Anna Maria Mozart als wissenschaftlich korrekter Klon das Licht einer Petrischale hätte entdecken dürfen, zugleich mit, sagen wir, sieben weiteren Mozartklons, von denen nach dem ersten, geb. Januar 1756, die andern in Abständen von zehn Jahren in die Welt geschickt würden. Heißt das, daß alle zehn Jahre Figaro und Zauberflöte als völlig identische Werke komponiert würden? Natürlich nicht: ich denke, man kann die Hämorrhoiden klonen, nicht das Genie.

Das Ganze ist ein wilder Blödsinn, dazu geeignet, das ohnedies schon so ramponierte Menschenbild unserer Zeit noch mehr zu besudeln. Wenn es so weitergeht, werden wir bald die ersten patentierten Menschen haben, die natürlich einer Pharmafirma gehören werden. Schon in den ersten Berichten über die widerlichen Klonversuche war die Rede davon, daß einige Klons als Organspender für ihre glücklicheren Brüder dienen könnten. Die Medikamentenmacher brennen darauf, ihre neuen Produkte am Menschen testen zu können. Ich sehe grauenvolle Aussichten: den Beginn einer Molekularsklaverei, mit der verglichen die Grauslichkeiten der Vergangenheit verblassen werden.

Ich weiß, ich weiß, alle diese Forscher sind arme kleine Leute, die der Menschheit helfen zu wollen vorgeben müssen. Sie imitieren nur ihre zum Teil ärgeren und gewissenloseren Vorgänger. In einer Welt aufgewachsen, in der alles erlaubt ist, was gemacht wird, und alles gemacht, was gemacht werden kann, an wem sollen sie sich orientieren? An den offiziellen Bioethikern? Das Klonen von sogenannten Nutztieren ist eine weitverbreitete lukrative Technik. Ist der Mensch nicht das edelste Nutztier? Von der fatalen Ausrede des Präzedenzfalls habe ich schon gesprochen. Die schiefe Ebene, auf der wir hinuntergleiten, ist schon lange sehr schief gestellt.

Was können wir in dieser Walpurgisnacht gegen all diese Abscheulichkeiten unternehmen? Ich fürchte, nicht sehr viel, denn wir sind alle Sklaven des sogenannten Sachzwangs geworden. Vor der so lärmend aufgerollten Flagge der Forschungsfreiheit halten wir den Mund. Wenn irgendwo auf der Welt jede Art von Experiment am Menschen verboten würde, so würde die Drohung der biotechnischen Firmen und Forschungsinstitute, sich nach Amerika oder Neuseeland zu verlegen, hinreichen, um jede Regelung zum Scheitern zu bringen. Ein bescheidener Versuch der Regierung des Präsidenten Bush, die Unterstützung dieser Art von Versuchen durch Staatsgelder zu verbieten, veranlaßte einen lauten Protest von Klons des Marquis Posa. Ich habe den Eindruck, daß eine andere Route mehr Erfolg haben könnte, nämlich ein Gesetz, welches verbietet, wissenschaftliche Resultate, die mit Hilfe öffentlicher Gelder erzielt wurden, zu patentieren. In unsrer Zeit gehorchen selbst die Naturgesetze dem Geldnexus.

»Kannibal ante portas!«

*Gegen die übertriebene Förderung
der Naturforschung durch den Staat*

I

Wir leben in wahnsinnigen Zeiten. Die Warnung meines Titels kommt zu spät, die Menschenfresser stehen nicht mehr vor den Toren, sie sind in die Stadt eingedrungen und haben die Wirklichkeit abgeschafft. Diese ist ersetzt worden durch etwas, was sie *virtual reality* nennen, am ehesten übersetzbar durch »potentielle« oder »abrufbare« Wirklichkeit. Das Ganze stammt aus dem Schwulstgehirn der Science-fiction, dort wo der »Cyberspace« durch die »Atavars« bevölkert wird. Daß sich viele Hunderttausende durch diesen Unrat das Gehirn verkleben ließen, wird spätere Generationen, falls sie doch noch lesen können, mit Staunen erfüllen. Die Schamanisierung des Computers wird allerdings wahrscheinlich dafür sorgen, daß die kommenden Generationen noch viel dümmer sein werden, unfähig zu menschlichem Staunen.

Daß der Computer mit seinen windeseilig schnellen binären Hopsern sich an die Stelle menschlichen Denkens gesetzt hat, Unzähligen den Ausblick auf Dynamik und Dialektik geistiger Bewegung verstellend, sollte uns nicht verwundern, ist er doch die vorläufige Krönung einer mehrere Jahrhunderte währenden Attacke auf alles, was den Menschen ausmacht. Der Einwand, daß was hier gesagt ist, sich höchstens auf die Technik beziehen könne und nicht auf die Naturwissenschaft und die Naturforschung, ist nicht stichhaltig. Die Unterscheidung zwischen Wissenschaft und Technik mag für das 17. und 18. Jahrhundert gültig gewesen sein, sicherlich nicht für spätere Epochen. Ich habe jedoch das heimliche Gefühl, daß selbst in der Zeit des Galilei und Newton der Keim künftiger Sakrilegien bereits vorhanden war. Man mag schließen, daß ich wenig Sympathie empfinde für den dem Menschen angeblich innewohnenden faustischen Drang.

Es mag überraschen, daß diese Zeilen, die sich mit der Rolle der Naturforschung in unserem Leben befassen, mit einer Betrachtung der Lumpenmetaphysik des Computers und der von ihr angesteckten Science-fiction begonnen haben. Mir erscheint nämlich diese Maschine als sinnbildlich für den Zustand, in dem sich die sogenannte Erforschung der Natur jetzt befindet. Was sie Natur nennt ist nicht Natur, und die Forschung, beherrscht von Modell und Methode, ist genau so »virtual« wie die Wirklichkeit, die sie zu offenbaren vorgibt. Sie ist eine potentielle Wirklichkeit, die auf dem Schirm erscheint, wenn man auf den richtigen Knopf drückt, sie ist ein Schatten. Auch der Computer ist ein von ungefügen Zyklopenhänden zusammengeschmissener Friedhof von Schatten. Das gilt, scheint mir, für jene physikalischen und biologischen Disziplinen, die sich mit solchen Adjektiven oder Präfixen schmücken wie »Partikel-«, »Bio-« oder »molekular«.

II

Was hat zwei so verschiedene große Geister wie Kierkegaard und Peacock zur Vorhersage bewogen, daß die Naturwissenschaften den Untergang unserer Welt herbeiführen werden? War es die von ihnen so überaus früh erkannte Absicht und Fähigkeit dieser Wissenschaften, der Welt unter die Haut zu kriechen? Diese beiden ungewöhnlichen Männer wußten, daß es den Menschen verboten ist, die ihnen zugekehrte Oberfläche der Welt zu ritzen. Vor fast anderthalb Jahrhunderten hatten sie das erkannt, aber die Welt, fröhlich geschlitzt, ging weiter, ohne mit ihrer himmlischen Wimper zu zucken, denn der Fürst der Welt ist ein aufgeklärter Teufel.

Von verbotenen Experimenten zu sprechen ist natürlich verboten. *Fais ce que voudras,* »Mach was du willst« sagte das Schild über der Abtei von Thélème, die Rabelais errichtet hatte. Er stand am Beginn unsrer Zeiten, mit einem verschmitzten Lächeln die Tollheiten der Menschen betrachtend. »Springt nur aus dem fahrenden Zug«, rief er ihnen zu (Anachronist, der er war), »ihr werdet schon sehn was geschieht«. Und es geschah. Allerdings weiß ich nicht, ob selbst der weit offene Rabelais die Einführung von Tomaten oder Kartoffeln, die man mit menschlichen Genen begabt hatte, begrüßt hätte.

Wenn ein Versuch unternommen werden soll zu schildern, wie es dazu gekommen ist, so fängt man gewöhnlich mit dem Anfang an, und dann entsteht einer der üblichen Abrisse der Geschichte der Naturwissenschaften mit übereinander kullernden Namen von Philosophen, Forschern, Ingenieuren, gewürzt mit historischen und ökonomischen Schlagworten wie Frühkapitalismus oder industrielle Revolution. Ich möchte einmal zur Abwechslung den umgekehrten Weg versuchen. Nehmen wir an, Rip van Winkle sei im Jahre 1785 eingeschlafen und zweihundert Jahre später wieder aufgewacht. Er war ein durchaus gebildeter Mann – also eigentlich kein Amerikaner –, auf der Höhe seiner Zeit, Leser der großen *Encyclopédie;* er hat, wie sich gehört, Besuche gemacht, z. B. bei Diderot, Dr. Johnson, Buffon (Helvétius und Rousseau hat er vermieden); er hat große Universitäten kennen gelernt: Paris, Cambridge, Göttingen; und dann ist er eingeschlafen. Die während seines Schlafs erschienenen Bücher und Schriften kennt er natürlich nicht, aber das macht nichts: als er 1985 erwachte, waren sie alle bereits vergessen oder durch politisch korrektere ersetzt. Jetzt ist er also aufgewacht und kann seine Reise fortsetzen, als wäre nichts geschehen. Und die Wahrheit zu sagen, schien auch nicht viel geschehen zu sein; er war in Amerika eingeschlafen und dort wieder zu sich gekommen, und die Amerikaner sind kein sehr wissendes Volk, und Geschichte kennen sie überhaupt nicht. Aber sie kannten die Elektrizität und mißbrauchten sie. Diese war wirklich eine große Überraschung für den uralten Schläfer.

So sprach Rip einige dunkle Worte: »Man wird, was man geworden ist; man sucht, was man längst gefunden hat. Man entdeckt solche Dinge erst lange nachdem man es sich sehnlichst gewünscht hat, sie zu entdecken. Um so etwas Angenehmes zu finden wie das elektrische Licht, müssen die Menschen schon ganz hübsch entmenscht gewesen sein.«

Hier war also ein Mann, der alles neu lernen mußte: die Französische Revolution, Napoleon, den Aufstieg des westlichen Großkapitalismus und der gewaltigen Industriemächte, zwei riesenhafte Weltkriege, Kommunismus, Faschismus, und so viele Namen, Karl Marx und Darwin und unzählige andere. Wir wollen annehmen, daß er ein rascher Lerner war, und uns nicht weiter dabei aufhalten. Rip van Winkle war ein feinfühliger, aber nicht leicht aus der Fassung gebrachter Mensch, der trotz seiner historisch anerkannten Siebenundsiebzigschläferei die ganze Wachheit seines 18. Jahrhunderts behalten hatte. Das schützte ihn vor den sinnlosen Slogans, mit denen er Tag und Nacht beworfen wurde. Da er, wie gesagt, nicht nur ein aufgewachter, sondern auch ein sehr aufgeweckter Mann war, mußte was ihm zuerst auffiel die Müdigkeit der Menschen sein, die ihm in den Weg kamen, die verdrossene Verschlafenheit, die sie wie eine gedankenundurchlässige Haut umhüllte. Aufgewachsen in einer Zeit, in der viele Menschen fähig gewesen waren, starke Gedanken zu denken, erschien ihm alles, was sich als das Produkt des gegenwärtigen Intellekts ausgab, als verwaschenes Geschwätz.

Er war immer ein Freund der Jugend gewesen und hatte sich gern mit 16- oder 17jährigen Mädchen und Burschen unterhalten. Als er es aber jetzt, in seiner Wiedergeburt, abermals versuchte, erlebte er seine erste Überraschung. Keiner wußte, was er werden wollte, hatte aber die feste Absicht es zu werden. Sie wollten studieren, Naturwissenschaft, Medizin, Jus oder Ökonomie, und so schnell wie möglich viel Geld verdienen. Nur wenige wollten lernen, um zu wissen, und nur sehr selten kam einer, der seinen Nächsten helfen zu wollen vorgab. Dabei waren sie alle noch wacher als die Erwachsenen. Medizin, das kannte Rip und hatte keine hohe Meinung davon. »Wer will schon Barbier werden oder Knochenschuster?« rief er aus. Turgot oder Adam Smith fand er auch nicht besonders anziehend. (Es war in seinen ersten neuen Tagen.) Aber Naturgeschichte, war das überhaupt ein Beruf, und noch dazu einer, mit dem man viel Geld verdienen kann? Er hatte einen Physiker gekannt, den Professor Lichtenberg in Göttingen, und der ist wahrhaftig nicht in Geld geschwommen, aus welchem Grunde wahrscheinlich er einen so scharfen Federkiel führte.

Jetzt will ich aber, ohne meinen Redivivus aus den Augen zu lassen, auf eigenen Beinen weitergehen. Er wird mir jedoch immer zur Seite bleiben als später Zeuge einer zivilisierten Zeit.

III

Ich brauche keine 200 Jahre zurückzugehen, um mir klarzumachen, wie klein die Naturwissenschaften einmal gewesen sind, denn sie waren es noch in meiner Jugendzeit. Da man nicht vergessen darf, daß zu keiner Zeit alle Naturwissenschafter auch Naturforscher waren, war Forschung ein winziger Beruf. Er wäre noch kleiner gewesen, hätte sich nicht im vorigen Jahrhundert das fragwürdige Prinzip »Studium durch Forschung« durchgesetzt, besonders an den deutschen Universitäten. Um ein Doktorat zu erhalten, mußte eine Dissertation eingereicht werden, und diejenigen Universitätsprofessoren, die willig und manchmal auch fähig waren, zu forschen, taten dies als »Doktorväter«. Wenn ihre Mittel es erlaubten, konnten sie sich einen Laboranten leisten. Die Berühmteren unter ihnen erfreuten sich auch hie und da der Mitarbeit eines Gastes aus andern Gegenden. Dies waren meistens Stipendiaten oder bereits etablierte junge Wissenschafter. Gegen Ende der Epoche mag es auch vorgekommen sein, daß manche Professoren etwas Geld bekamen, um einen ausgebildeten Assistenten anzustellen.

Daß die Gehälter der nicht sehr zahlreichen Professoren aus

Staatsmitteln kamen, war bereits ein Schritt vorwärts. (Rip, mein Reisebegleiter, war gar nicht davon eingenommen. Der Staat solle seine Hand lassen von der höhern Erziehung. »Wie viel besser war es« sagte er, »als die Schüler ihre Lehrer selbst bezahlten.«) Anfangs war das nicht vorgesehen. Denn es bedurfte einer Gehirnmassage von Jahrhunderten, bevor das Volk, nicht zu reden von den assortierten Souveränen, überredet werden konnte, daß die Unterstützung reiner Forschung zu den Pflichten des Staates gehöre. Mit der Auszahlung der großenteils recht dürftigen Entlohnung hatte es auch sein Bewenden. Wenn Lichtenberg ein wissenschaftliches Gerät brauchte, mußte er es aus eigenen Mitteln kaufen.

Ganz so schlimm war es nicht mehr, als ich zwischen 1923 und 1928 an der Wiener Universität Chemie studierte. Aber je mehr ich über diese Dinge nachdenke und nachlese, um so klarer wird es mir, daß meine Studienzeit noch zur alten Observanz gerechnet werden muß. Allerdings mit der Einschränkung, daß, wäre Österreich nicht immer das personifizierte grundlos gute Gewissen, es schon damals ein schlechtes hätte haben sollen. An andern Orten war vieles längst verbessert worden.

Die wahre Bruchlinie muß mit dem Zweiten Weltkrieg angesetzt werden, mit dem *Manhattan Project* und den deutschen Raketenkonstruktionen. Seit jener Zeit konnte man von der »großen Wissenschaft« sprechen, von den enormen Instituten, die teils der sogenannten reinen Forschung gewidmet waren, teils aber zu den Universitäten, also zum Lehrbetrieb gehörten. Die Anzahl der Studenten, die sich zur Naturforschung drängten, nahm immer mehr zu, denn die Staaten waren überredet worden, daß die intensive Förderung der Forschung zu ihren hauptsächlichen Aufgaben gehörte. Als Präsident Eisenhower seine Abschiedsrede hielt, sah er sich zu allgemeinem Staunen veranlaßt, vor dem sehr verderblichen Einfluß dessen zu warnen, was er den »militärisch-industriellen Komplex« nannte. Wenn ich mich richtig entsinne, so betrugen in Amerika schon im Jahre 1960 die von der Regierung für die Kriegsforschung ausgelegten Mittel etwa 5 1/2 Milliarden Dollar. Bedeutende Universitäten, wie das Massachusetts Institute of Technology (MIT) oder die Stanford University in Kalifornien, verdanken ihre plötzliche Größe diesen oft unter falschen Vorwänden hineingepumpten Geldern.

Dieses wahnwitzige Aufblasen der Naturforschung – ein in der Geschichte, glaube ich, einmaliger Vorgang – hat in der Zwischenzeit auf die ganze Welt übergegriffen. Das Ausstopfen des Intellekts, als wäre er eine Straßburger Gans, hat sich als eine Weltmode mit epidemieartiger Rapidität verbreitet, vorangetrieben von einer neu konstituierten, sehr wirksamen Lobby, die sich listig-anheimelnd als *scientific community* bezeichnet. Selbst in Ländern, die wahrhaftig andere Sorgen haben sollten, gibt es ein Wissenschaftsministerium und einen Wissenschaftsrat. (Gerade USA hat seltsamerweise keinen Wissenschaftsminister, wahrscheinlich weil das Land so von Wissenschaft trieft, daß der fettige Glanz nicht konzentriert werden kann.)

Kein Mensch wagt etwas dagegen zu sagen, denn wer möchte schon als Dunkelmann verschrieen werden? Dabei ist das Ganze völlig absurd: wenn Naturforschung eine geistige Tätigkeit ist, vergleichbar, obwohl auf viel niedrigerem Niveau, mit Musik, Kunst, Dichtung, Philosophie oder Mathematik, so wird es einem jeden klar sein, daß eine Parforcejagd auf (meistens kleine) Fakten der Natur zu nichts Gutem führen kann. Der Versuch, die Entdeckung von Naturgesetzen zu industrialisieren, mußte scheitern. Wissen ohne Herz und Geist ist gefährlicher als Ignoranz, denn es verdirbt den Charakter.

IV

Bei dieser Gelegenheit möchte ich eine Vermutung erwähnen. Ich tue dies mit geziemender Schüchternheit, denn ich scheue mich, in das dialektische Labyrinth einzutreten, wo Denken und Entdecken, Reduktionismus und voreilige Verallgemeinerung einander jagen, ohne einen Ausweg zu finden. Ich habe nämlich dank meinem langen Aufenthalt in Amerika einen großen Respekt für die Macht des Geldes entwickelt. Mit Macht des Geldes denke ich an sehr viel Geld, zu viel Geld. Mit Geld konnten sich die Frauen in Amerika schlanke Gestalten, schöne Beine verschaffen und die ärgsten Blutsauger als Philanthropen in das Pappendeckelpantheon des Landes eingehen. Mit Geld kann man sich eine nachträgliche Vergangenheit kaufen. Held und Genie haben ihren Tarif, so wie Boxchampion und Filmstar. Dazu gehört auch die Penserosovisage des gängigen erfolgreichen Forschers. Ich bin sogar bereit zuzugeben, daß man mit viel Geld sogar Naturgesetze kaufen kann, wenn auch nicht die besten. Man versichert mir, daß die Naturforschung niemals so erfolgreich gewesen ist wie in den letzten 25 Jahren. Dem stimme ich nicht zu, denn, genau angeschaut, ist eigentlich sehr wenig Grundlegendes herausgekommen. Von Schaumgebäck kann man auf die Dauer nicht leben.

Dann kommt aber das unschlagbare Argument: der Forschung gehe es besser als je, massenhafter Forschungskredit; und auch den Forschern sei es nie zuvor so gut gegangen. Viel besser, gebe ich zu, als denen, die auf die Ergebnisse der Forschungen angewiesen sind. Man brauche nur die Krebs- und AIDS-Statistiken zu betrachten. Das sei doch eigentlich eine enorme Blamage. Auch der Einwand, es habe vor kurzem in der Zeitung gestanden, daß der Vorstand eines Krebsforschungsinstituts in USA – ein durchaus mediokrer Mann – ein jährliches Einkommen von 3/4 Millionen Dollar habe, kann mich nicht umstimmen. Geld geht nach Verdienst, ohne sich den Kopf zu zerbrechen, ob es sich dabei um ein Maskulinum oder ein Neutrum handelt. Wie alles was rinnt zieht es die schiefe Ebene vor. »Man sattle mir das buckligste meiner Kamele!«, ruft Nestroys Holofernes aus. Ebenso hat auch Amerika immer eine übermäßige Verehrung für Weltrekorde gezeigt, für das, was ich einmal den kategorischen Superlativ genannt habe.

Der Triumphzug der Naturwissenschaften, der mit dem Zweiten Weltkrieg begann, ist auch wirklich etwas Einmaliges in der

Geschichte, denn sogar die Weltreligionen haben viel mehr Zeit dazu gebraucht. Man kann das in den Vereinigten Staaten, dem Erzland voreiliger Verallgemeinerungen, grundloser Tatsucht, besonders gut erkennen. Es vergeht kein Tag, an dem die großen Zeitungen und Zeitschriften des Landes keine sehr ausführlichen, meistens schlecht und unwissend geschriebenen Berichte über »Durchbrüche« und lebenswichtige Entdeckungen und Erfindungen brächten. Die sogenannten Medien treiben es fast noch ärger. Daß die amerikanischen Forscher und die von ihnen angelernten Ausländer wahre Prachtkerle sind, wird den Lesern jeden Tag in die Ohren getrommelt, und sie glauben es, wie sie es von Coca-Cola glauben. Hätte es zur Zeit der Schamanen so etwas gegeben wie die *Thaumaturgic News* oder die *Acta miraculosa,* der Ton hätte nicht verschieden sein können.

Was die jetzt Lebenden nicht mehr zu verstehen scheinen ist, daß das Gute, das Edle, das Heilige sich aufhebt, wenn es sich verkündet. Im großen Haushalt der Ewigkeit wird nur angerechnet was schweigend geschieht. Nur das Verborgene wird uns angerechnet. Das hat selbst auf die Religionen nur in ihren Anfängen zugetroffen und ist völlig unvereinbar mit der geschwätzig galoppierenden Superlativitis unsrer Zeit.

Jedenfalls halte ich es für unwiderlegbar, daß der Glaube an die Naturwissenschaft den religiösen Glauben verdrängt hat. Man vertraut innig der von jener heftig verkündeten Heilsbotschaft, obgleich sie sich als ein Wechsel auf die Zukunft vorstellt. Vorläufig leben wir noch im Tal der Tränen, doch bemüht man sich, diese zu kanalisieren. Nur kann ich, wie so oft, nicht unterscheiden zwischen Ursache und Symptom. Sind die Naturwissenschaften ein Surrogat des Glaubens geworden, weil dieser schon kraftlos geworden war, oder haben jene die Infirmität der Religion verursacht?

V

Wie viele Kardinäle, Bischöfe, Priester und Akolythen hat also dieser Religionsersatz aufzuweisen? Selbst eine grobe Schätzung wird fehlgehen, um so mehr als es schwer ist zu sagen, wann der Mensch aufhört und der Naturwissenschafter beginnt. Wenn die diesem Beruf Nachgehenden eine Lizenz erlangen müßten, wie Ärzte, Baumeister usw., hätten wir Mindestzahlen. Vage Angaben waren manchmal zu lesen: 2 1/4 Millionen in der Sowjetunion, etwa ebensoviel in USA. Daraus kann ich keinen Schluß ziehen, außer daß es zu viele sind. Wichtiger wäre es für die Menschen zu entscheiden, wieviel Naturforschung sie wollen und in welchem Tempo. Sie werden es eventuell entscheiden müssen, denn sie zahlen dafür und, was noch wichtiger ist, sie haben begonnen, darunter zu leiden.

Das Graben nach Wissen ist in meiner Meinung ethisch nicht neutral, aber es nähert sich diesem Zustand, wenn es mit großer Mäßigung vor sich geht. Wenn ich an die mir »verboten« erscheinenden Versuchskomplexe denke, die Spaltung des Atomkerns und die genetische Manipulation des Zellkerns, so waren die grundlegenden Beobachtungen in beiden Fällen noch die Früchte der Kleinen Wissenschaft, aber was sie so gefährlich macht für die Menschheit war das Resultat einer übermäßig Großen. Hätte sich zu der Neugier im ersten Fall nicht die Mordgier und im zweiten nicht die Habgier gesellt, so hätte es Jahrzehnte oder länger gedauert, bis man so weit gekommen wäre wie man jetzt ist. Vielleicht hätten die Menschen unterdessen etwas dazugelernt. Wie aber unsere Zeit gebaut ist, schwappen alle Gierden und Süchte übereinander und es gibt keine reinen Absichten mehr, und auch nichts, woran jemand nicht reich werden kann.

Trotzdem finde ich es unmöglich, mir zu erklären, wie es gelungen ist, allen Völkern einzureden, daß eine massive und stetig wachsende Unterstützung der Naturforschung aus Steuergeldern in jedermanns Interesse ist. Daß wir alle das Gefühl haben, es uns nicht leisten zu können, auf das von Jahrhunder-

* Das sfenert kein einzelner.

ten beigetragene Wissen zu verzichten, ist verständlich. Aber warum die fieberhafte Erhöhung des Tempos? *Eine Tätigkeit von der man nie sagen kann, daß sie ihr Ziel erreicht hat, ist an sich suspekt. Der Einwand, das könne man eigentlich von allen geistigen Dingen sagen, z. B. von der Philosophie, überzeugt mich nicht. Die Naturwissenschaft besitzt eine eminent aggressive Komponente, die den anderen Wissenschaften fehlt. Mögen Historie, Soziologie, Nationalökonomie, Politologie auch noch so verblödend und verhetzend wirken, die davon Betroffenen sind sterblich, und andere Generationen, mit ihren eigenen Moden, lösen sie ab. Die Natur hingegen ist, am einzelnen gemessen, ewig, und der ihr zugefügte Schaden kann sich, wie die Natur eben ist, nur vermehren. Abgesehen davon, daß sie notgedrungen harmlos waren, hatten die alten Generationen von Naturwissenschaftern einen geradezu religiösen Respekt vor der Natur, die neuen betrachten sie teils als Mist-, teils als Goldgrube. Der Klondike-Geist, der besonders in der Molekularbiologie und der Genetik überhandgenommen hat, ist schwer zu beschreiben.

VI

Das Wissen belehrt uns, daß die Schlacht im Golf von Actium am 2. September 31 v. Chr. stattgefunden hat, den Sieg des Octavian besiegelnd. Das Wissen hat die Teilnehmer am *Manhattan Project* befähigt, die Atombombe zu konstruieren, welche Hiroshima und ungefähr 100 000 Menschen in wenigen Sekunden vernichtete. War es das gleiche Wissen? Oder hat uns die Dürftigkeit unseres Vokabulars irregeführt? Ich wage nicht mich zu entscheiden, denn ich bin überzeugt, daß das Gehirn, das das Johannesevangelium schrieb, anatomisch sehr ähnlich war dem Gehirn, das die bei der Uraniumspaltung freigesetzte Energie berechnete. Der banale Ausruf »Andere Zeiten, andere Sitten!« wird uns nicht helfen.

Galilei war ein großer Mann, er kämpfte für die Freiheit des menschlichen Geists, aber im Kardinalskollegium, das ihn verurteilte, saßen Männer, die tiefer sahen. Ihre Größe ist nicht vermindert dadurch, daß manche von ihnen wahrscheinlich ahnten, daß sie für eine verlorene Sache kämpften, denn Freiheit ist ein geflügeltes Wort. (So wie der Teufel ein geflügelter Engel a. D. ist.) Galileis Verurteiler hätten vielleicht gesagt, daß Freiheit etwas zu Großes sei für die Menschen. *Der* Mensch sei zu viel Gutem fähig, aber *die* Menschen, Gott bewahre!

Jedenfalls haben seit jenen alten Tagen die Marquis-Posa-Fanclubs der Welt nicht aufgehört, ihre Töpfe voller banaler Leitartikel über die längst verwesten Köpfe der Richter Galileis auszuschütten, nicht bedenkend, daß zur Gedankenfreiheit nicht nur Freiheit, sondern auch Gedanken nötig sind. Daran waren Kierkegaard und Peacock gewiß nicht arm; was hat sie also zu ihrer warnenden Vorhersage bewogen? Mir fehlt die Dreistheit, mich in ihre nicht wiederholbaren Gedanken zu wagen. Ich kann nur tastend versuchen, selbst und ohne mich auf jene Denker zu berufen, in den furchterregend tiefen Abgrund zu blicken. Ich will dies mit Hilfe einer Reihe teils wahrer, teils falscher Schlagworte tun.

1) *Wissen ist Macht* – Das ist, wenn allgemein vom Wissen gesagt, und nicht nur von der Wissenschaft, nicht wahr, denn oft hat der Nichtwissende den größeren Knüppel. Aber für die Naturforschung und die von ihr vorangetriebene und legitimierte Technik ist es wahr. Tatsächlich hat die Erforschung der Natur, sogar in ihren bescheidenen Anfängen, einen Angriff auf die Natur bedeutet, eine Verletzung der von religiöser Scheu bewachten, uns zugekehrten Oberfläche der Welt. Viele Jahrhunderte mögen sich die Forscher – das ist ein zu großer Name für Leute, die unter Beschwörungsformeln herumstocherten – als Hierodulen angesehen haben, die ein undurchdringliches Gewebe verehrend betrachteten. Jetzt aber hören schon die kleinen Buben von den unglaublichen Leistungen, die ihre Vorgänger, nicht viel größere Buben, im Kampf mit der Natur vollbracht haben. Mit unangebrachter Ehrfurcht nimmt man solche Dummheiten zur Kenntnis wie Ledermans »God

Particle« oder Hawkings Erwartung »to know the mind of God«. Die Molekulartheologie ist einer der grauslichsten Auswüchse machthungriger Naturwissenschaft. Daß jedoch schon von Anfang an die Naturwissenschaften ein sakrilegisches Element enthielten, ist für mich ohne Zweifel. Sie haben sich schon seit geraumer Zeit dazu verleiten lassen, die Natur zu vergewaltigen, und sind stolz darauf. Sie machen aus der Notzucht eine Tugend.

2) *Naturwissenschaft ist wertfrei* – Darüber kann man viel Langweiliges sagen, einschließlich dessen, daß wertfrei nicht dasselbe ist wie amoralisch. Jedenfalls habe ich zu meiner Zeit unter den Naturwissenschaftern nicht wenig Amoralisten kennengelernt, und sie sind gediehen wie der Goldregen im Frühling.

3) *Wissen hat niemandem geschadet* – Ich wiederhole meine alte Antwort: was der Fermi gewußt hat, hat den Leuten in Hiroshima sehr geschadet.

4) *Nur die Naturwissenschaften können die Welt verändern* – Seit uns von autoritativer Seite eingebleut worden ist, es handle sich darum, die Welt nicht nur zu begreifen, sondern auch zu verändern, haben die sozusagen postmodernen biologischen Wissenschaften einen philosophischen Unterbau für ihren angeblichen Auftrag erhalten, die zahlreichen Mängel, die der Schöpfer oder die Evolution übersehen haben, auszumerzen, d. h. die Natur auszubessern. Das wäre den Laien nicht eingefallen, denn sie hatten ja viele Hunderttausende von Jahren ganz zufrieden in der Natur gelebt, ohne zu verlangen, daß der Schleier der Maja kunstgestopft werde, wie ich es einmal ausgedrückt habe. Ich leugne die Notwendigkeit, ja auch die Möglichkeit solcher Verbesserungen und halte eine Kampagne gegen das menschliche Schicksal für wenig aussichtsreich.

5) *Ohne Forschung keine Technik* – Man könnte auch das Umgekehrte sagen. Im zutreffenden Sinn der beiden Wörter gingen die Erfindungen wahrscheinlich den Entdeckungen voraus, und der Begriff der Maschine entstammt der Handwerkspraxis. So ein Mann wie Archimedes vereinte beides, und es ist

schwer zu entscheiden, ob er ein Physiker war oder ein Ingenieur, ein Entdecker oder ein Erfinder.

6) *Unter allen menschlichen Tätigkeiten verzeichnen nur die Naturwissenschaften einen dauernden Anstieg* – »Alles« und »nur« sind sehr große Wörter, obwohl sie klein aussehen. Zum Beispiel fällt mir sofort die Umweltverwüstung ein, die eine eminent menschliche Tätigkeit ist und durch ihr permanentes Wachstum das soeben verwendete »nur« invalidiert. (Das gleiche gilt übrigens auch für die Kriminalität.) Wenn man jedoch den Titel auf geistige Tätigkeiten reduziert, erwarte ich die Frage, ob die Naturforschung wirklich eine geistige Tätigkeit sei, und die andere, was denn mit Anstieg gemeint sei.

7) *Nur durch die Naturforschung können wir die Wirklichkeit erfassen* – Diese Behauptung setzt eine viel zu enge Definition von Wirklichkeit voraus. Die Naturforschung, werde sie auch noch so weit vorangetrieben, kann uns nur ein sehr schmales und sich fortwährend veränderndes Segment der Wirklichkeit vermitteln.

Chargaff hat es auch mit der „7"?

VII

Da ich die warnenden Vorhersagen eines Kierkegaard und eines Peacock sehr ernst nehme, möchte ich in diesem Abschnitt die Gefahren erörtern, die sich für die Menschheit ergeben, wenn das übertrieben rasche Wachstum der wissenschaftlichen Forschung nicht gezügelt wird. Ich fürchte allerdings, daß es zu spät ist.

Ich will zuerst, schlagwortartig wie im vorigen Kapitel, einige Elemente besprechen, die zum starken Mißbehagen angesichts der Entwicklung der modernen Naturwissenschaften beitragen.

1) *Der Aufschwung ist ein Produkt des Zweiten Weltkriegs und des »Kalten Kriegs«* – Die überaus großen Geldmittel wären nicht so rapid bereitgestellt worden, wenn es sich nicht um die Atombombe und die Raumforschung gehandelt hätte. Jene sollte nach dem Sieg über Deutschland und Japan Sowjetruß-

land im Zaum halten, diese war nach den russischen Erfolgen mit Raumfähren dazu bestimmt sie zu überflügeln. Die Aufpulverung der »reinen« Forschung durch sehr viel Geld und Propaganda war, denke ich, der erste Fall in der Geschichte.

2) *Die modernen Wissenschaften sind überwiegend amerikanische Wissenschaften* – Europa war nach dem Krieg verwüstet und verblutet; Amerika hatte wissenschaftlich aufgerüstet, wie kein anderes Land jemals getan hatte, wobei die aus Europa geflüchteten Wissenschafter eine wichtige Rolle spielten. Seine großen Fähigkeiten in Propaganda und Reklame waren aufgerufen worden, um Naturforschung dem Volk nahezubringen. Eine ganze Generation, vom Krieg unberührt, stand bereit, sich dem Studium und der Praxis der Naturforschung zu widmen. Ein sehr bekannter Wissenschafter, Vannevar Bush, ursprünglich Elektroingenieur, schrieb damals ein Buch, dem ein großer Einfluß bestimmt war, über die Naturwissenschaft als die endlose Grenze. »Grenze«, *frontier,* hatte immer etwas unüberwindlich Anziehendes für die Ideologie der Amerikaner gehabt: sie waren als eine Nation der Grenzüberschreiter gegründet worden. Gab es ein höheres Ideal als die ganze Natur zu kolonisieren? Man werde mit den Rätseln des Weltalls so verfahren wie seinerzeit mit den Indianern. Nicht daß man es so ausgedrückt hätte, aber die Amerikaner sind nicht das nachdenklichste der Völker. Auch sind sie durch ihre ganze Geschichte gewöhnt, daß man mit hinreichender Reklame sogar vakuumgetrocknete Exkremente verkaufen kann. Das soll natürlich nicht heißen, daß die Amerikaner die einzigen sind, die die modernen Wissenschaften vertreten, aber es waren sie, die ihre Art von Forschung als eine herrschende Weltmode durchgesetzt haben. Sie haben bis jetzt nicht eingesehen, daß Wissenschaft, um zu wissen, und Wissenschaft, um zu verkaufen, nicht dasselbe sind.

3) *Die Naturforschung vertreibt die Geheimnisse der Welt, sie erklärt das Unerklärliche* – Die Mehrzahl der Menschen scheint ein Leben unter Geheimnissen unangenehm zu empfinden; sie sehnt sich nach einer Gewißheit, die, wie nur relativ

wenige Gläubige (oder Skeptiker) versichern, durch Herumgraben in der Natur nicht zu haben ist. Daher der Drang, aus allen Naturwissenschaften Erklärungswissenschaften zu machen. In den Wissenschaften ist jedoch fast jede Erklärung notwendigerweise voreilig, denn das ihnen auferlegte Fortschrittsgebot erfordert die periodische Ablösung einer jeden Erklärung durch eine neue. Ob die geradezu rührende Sucht, alles Unerklärliche auszurotten, mit der Furcht vor dem Tod zusammenhängt, bleibt zu untersuchen.

4) *Der Glaube an die Naturwissenschaft füllt das durch das Abflauen der Religiosität hinterlassene Loch* – Man kann sich allerdings fragen, ob dieser Glaube das Loch nur gefüllt und nicht auch erzeugt hat. Jedenfalls sind die Naturwissenschaften das einzige auf der Welt, an das man innig glauben kann, ohne zu irgendwelchen Folgerungen verpflichtet zu sein. Mir scheint, daß es ein gewohnheitsbildender Glaube ist, so daß man nie genug bekommen kann. Unter den großen Religionen scheint nur der Islam fähig zu sein, dem zu widerstehen.

5) *Unter den von den Staaten unterstützten Tätigkeiten bildet die Naturforschung eine große Ausnahme* – Sie ist satzungsgemäß ziellos und kann nie zu Ende sein. Ein Damm, eine Brücke, eine Straße werden fertiggebaut, aber die Natur ist immer weit offen, solang sich Hände ausstrecken, um Geld zu empfangen. Diese Hände können nur zahlreicher werden, denn unter allen geistigen Betätigungen der Menschheit sind die Naturwissenschaften die einzigen, die mit einer fortdauernden massiven Finanzierung durch die Völker rechnen können. Wenn zum Beispiel die Musik ähnlich gefördert würde, wären alle Menschen taub.

6) *Durchtränkung der Welt mit Wissenschaft* – Die Naturwissenschaft, die angeblich wertfrei ist, hat die von ihr Durchtränkten den Werten entfremdet. Sie ist ein bequemer Ausweg, eine alles entschuldigende Ausrede geworden. So haben sich Evolutionslehre und Genetik, zwei Wissenschaften, die ursprünglich ganz anders gedacht waren, unter die faulsten aller Entschuldigungen eingereiht. Man klingt pedantisch und man

sagt es ungern: seit dem Triumph der Naturwissenschaften ist die Welt immer unmoralischer und krimineller geworden.

7) *Zwei Flüche* – »Was gemacht werden kann muß gemacht werden.« »Was gemacht worden ist muß verwendet werden.« Der Fluch der Machbarkeit und der Fluch der Verwendbarkeit haben sich beide als pseudoreligiöse Dogmen konstituiert. Nichts hat unsere Welt so vergiftet – auch im wörtlichen Sinn – wie diese Unheilsbotschaften. Sie haben die Menschheit aus dem langsamen, zaghaften Trott der Jahrtausende hinausgerissen und sie in die dumpfe, öde Wüste ewiger Erwerbsgier getrieben. Die Überzeugung, daß alles Streben der Menschheit seine Erklärung, ja seine Erfüllung in der Naturwissenschaft finden wird, hat zu einer bedenklichen Verflachung des Denkens und Fühlens, zu einer Abspeisung aller Hoffnungen mit Schund geführt. Seit alles Machbare gemacht wird, ist die Domäne des Genies, das Unmachbare, verschwunden. Daß eine beträchtliche Vergrößerung der Quantität eine enorme Verschlechterung der Qualität bedeutet, drückt den berühmten alten Satz wahrscheinlich besser aus. So erkläre ich die sonst unerklärliche Senkung des geistigen Niveaus auf der ganzen Welt.

VIII

Man braucht nur eine große Zeitung durchzusehen, um zu erkennen, in welchem Maße die Naturforschung sich in das Zentrum der Aufmerksamkeit manövriert hat. Wenn sie auch nicht soviel Zeitungsraum beansprucht wie die für eine Majoritätsdiktatur, auch Demokratie genannt, typischen Bewegungen, wie politische Manöver, Bankrotte, Verbrechen, Korruption oder sexueller Schnickschnack, so ist sie dort doch die einzige Repräsentantin der als geistig angesehenen menschlichen Bestrebungen. Wieviel Geistigkeit in dem mit ungezählten Milliarden dotierten Unternehmen steckt, bliebe zu erörtern. Der Partikelzertrümmerer, das menschliche Genomprojekt usw. mögen mir und manchen anderen als Unfug erscheinen, besonders für ein Land mit sehr viel Elend und hoher Kindersterblichkeit; aber wenn man nur die Wahl hätte zwischen solchen Projekten, die in der Hauptsache nur unsere geistige Umwelt beschmutzen, und denen, die wie Pestizide und genetisch verschnittene Lebewesen die Umwelt irreversibel und direkt vergiften, so müßte man stumm bleiben oder mit Romeos Freund ausrufen »A plague o' both your houses!«. Meine Behauptung, es gebe immer noch ein drittes Haus, würde allerdings allgemeines Staunen hervorrufen. Dieses dritte Haus sind die Bürger, die Wähler oder deren Vertreter, die für die ungeheuren Geldmittel zur Aufrechterhaltung und periodischen Aufblähung der Forschung aufkommen müssen. Mit Geld oder dessen Entziehung kann man alles tun, manchmal auch das Richtige.

Zu dieser Aufblähung wäre es nicht gekommen, wenn die Forscher nicht begonnen hätten, Versprechungen zu machen, von denen sie wußten, daß sie sie nicht halten können. Ich habe den Eindruck, daß im Vergleich zu den Vereinigten Staaten die anderen zivilisierten Länder den in den letzten vierzig Jahren entfesselten Hexensabbat, besonders in Biologie, Physik, Chemie, mit viel größerer Zurückhaltung und geringerer Hingabe unterstützen.

Bevor ich mit meinem Vorschlag, die Naturforschung zu »privatisieren« hervortrete, muß ich vorausschicken, daß ich zwar ein Kritiker des gegenwärtigen Wissenschaftsbetriebs bin, aber beileibe kein Feind der Wissenschaft. Dies wäre auch absurd, denn zwischen den Jahren 1923 und 1978 habe ich wissenschaftlich gearbeitet – jeden Tag im Labor – und eine große Anzahl von Arbeiten auf dem Gebiet der Chemie und Biochemie veröffentlicht, alle zur Rubrik der Kleinen Wissenschaft gehörend. Als ich begann, hatte ich – naiv, wie ich war – keine philosophischen oder ethischen Beschwerden, außer daß die gedankliche Infrastruktur meiner Bemühungen eigentlich recht dürftig war. Erst im Jahr 1945, mit der blutigen Premiere der Atombombe, trat für mich eine Art von negativer Epiphanie ein: eine Gottheit war im Entschwinden. Ich habe das in meinem Buch *Das Feuer des Heraklit* ausführlicher besprochen.

Sichtlich hatte ein ethisch so feinfühliger Mensch wie Kierkegaard keiner solchen augenfälligen Demonstration wie Hiroshima bedurft.

Wir alle, und auch diejenigen, die eine halbe Generation jünger waren als ich, waren in die Wissenschaft eingetreten, als sie wahrhaft klein und auf den einzelnen zugeschnitten war. Natürlich waren die Motive, die die jungen Leute dazu bewogen, sehr verschieden: Wißbegierde, Ehrfurcht vor der Natur, Wunsch nach einem ruhigen und würdigen Leben, manchmal auch ein besonderes, alles andere ausschließendes Talent. ⌊Für Genies ist wenig Platz in der Naturforschung, mir fällt kein Name ein.⌉ In den Künsten muß man viel hineintun, um mehr herauszubekommen. In den Naturwissenschaften hat das Hineintun oft einen andern abfälligen Namen, und das Herausbekommen ist nur ein Ausgraben des Vorhandenen. Das eine Motiv, das kaum jemanden angetrieben hat, Forscher zu werden, war das Reichwerden. Es war der neuen Observanz, der Großen Wissenschaft, die um die Jahrhundertmitte begann, vorbehalten, das Element der Lukrativität deutlich in den Vordergrund zu schieben. Es ist kein tiefes Nachdenken erfordert, um einzusehen, daß dieser Umschwung den Charakter und die Zahl der in die Forschung Eintretenden verändert haben muß. Jener hat sich sehr verschlechtert, diese hat sich sehr erhöht, in manchen Fächern vielleicht um das Hundertfache.

Im Jahr 1943 hatte die große Entdeckung von Avery und Mitarbeitern, gefolgt von den Arbeiten meiner kleinen Gruppe, die Desoxyribonukleinsäuren (DNA) als Trägerin der genetischen Informationen identifiziert. Diese Entdeckungen – journalistisch Angehauchte würden sie revolutionär nennen – waren es jedoch nicht, die den recht plötzlichen numerischen Anstieg von Studenten und Praktikanten der Biologie veranlaßten. Dieser ist eher auf die viele Jahre später publizierten Arbeiten zurückzuführen, in welchen gezeigt wurde, daß es möglich ist, DNA-Moleküle oder -Fragmente aus verschiedenen Lebewesen miteinander zu verschmelzen. Denn von da an machte sich der Fluch der Verwendbarkeit geltend. Molekularbiologie, Genetik, Immunologie usw. wetteiferten in der Produktion abstruser Mischgestalten, Tier oder Gemüse mit z. B. menschlichen Genen. Und siehe da, alle Monstren und Chimären erwiesen sich als patentierbar! Diese Entscheidung des amerikanischen Patentamts betrachte ich als katastrophisch und stupid. Es ist sicherlich nur eine Frage von wenigen Jahren, und wir werden den ersten patentierten Menschen begrüßen können. Die meisten Naturwissenschaften sind nämlich auf den Blocksberg übersiedelt und tun wenig andres als die Instrumente zum Krieg gegen Schöpfung und Evolution zu wetzen.

Ich glaube, daß dieser Kampf zum Scheitern verurteilt ist. Dennoch ist zu fürchten, daß er großen Schaden hervorrufen wird, denn er repräsentiert einen neuen, sehr gefährlichen Angriff auf die Umwelt. Wir müssen lernen, irreversible Schäden zu verhindern, nicht nur direkt, sondern auch durch die Ausschaltung der Macht der Lobbies, deren höllische Heilsbotschaft die wissenschaftliche Korrektion von angeblichen Mängeln der Natur anfeuert.

IX

Hier meine Vorschläge: 1) *Unterbindung irreversibler Schäden* – Lern- und Lehrfreiheit mag zu den Menschenrechten gehören, aber diese umfassen nicht das Recht einiger weniger Generationen, die Welt für alle kommenden zu vergiften. Experimente, die zu nicht wiedergutzumachenden Schäden führen können, sind zu verbieten. Die Natur braucht einen Ombudsmann, der sie vor ihren Erforschern und Mißbrauchern beschützt.

2) *Aus öffentlichen Geldern finanzierte Forschungsresultate dürfen nicht patentiert werden* – Das war lange Zeit ein als selbstverständlich anerkanntes Prinzip, ist jedoch in USA seit dem Reagan-Regime völlig außer Kraft gesetzt worden. So hat z. B. eine große Schweizer Firma mit einem nicht sehr bedeutenden Forschungsinstitut in Kalifornien einen Vertrag gemacht, der dem Pharmaunternehmen für 30 Millionen Dollar

das Recht erteilt, alle im Laufe von zehn Jahren dort gemachten »Entdeckungen« zu patentieren.

3) *Abkühlung des überhitzten Forschungsbetriebs* – Die aus Steuergeldern stammenden Zuwendungen an die Naturforschung werden alljährlich um 10% (gegenüber dem Betrag des Vorjahrs) gekürzt, bis das Niveau von, sagen wir, 1938 erreicht ist (nach Korrektur für Bevölkerungszuwachs und Geldentwertung). Gleichzeitig müssen Vorkehrungen getroffen werden, um den Zustrom von Studierenden der überlaufenen Fächer entsprechend (oder noch mehr) herabzusetzen. Der »Bevölkerungsdruck« unter den Wissensproduzenten ist eine der hauptsächlichen Ursachen der Überhitzung, auch ist er mitschuldig an den immer zahlreicher werdenden Fällen von Schwindel und Korruption in der Forschung.

***

Zum ersten Punkt wäre noch zu bemerken, daß »irreversibel« hier so viel heißen muß wie »nicht widerrufbar«. Was immer man mit ihm anfängt, der Atommüll wird strahlen, bis sein Ende gekommen ist. Von genetisch veränderten fortpflanzungsfähigen Lebewesen kann man nicht einmal sagen, daß jemals ein Ende kommt. Das suffisante Lächeln der Wissenden macht überhaupt keinen Eindruck auf mich. Bei der Eröffnungsfeier der Kernkraftwerke von Czernobyl hat man sicher auch so gelächelt. Es ist die Ignoranz der Wissenden, der Irrsinn der Weisen, die uns zugrunde richten. Die Doppelhelix der DNA wird alltäglich durch alle Gebetsmühlen der Molekularbiologie gezogen, aber wir haben keine Ahnung davon, ob ein Gen, also ein DNA-Segment von ganz spezifischer Konstitution, gleichgültig an welcher Stelle des Chromosoms es sich befindet, immer dieselbe biologische Funktion ausübt, oder ob es sich verschieden benimmt, je nach den Nachbarsequenzen, zwischen denen es liegt. Wie unglaublich eindimensional – man könnte es auch monomanisch nennen – die Molekularbiologie verfährt angesichts der multidimensionalen Komplexität des

Erbapparats, wäre einem Bewunderer der jetzt anlaufenden »Gentherapie« gar nicht klarzumachen. Was die gentechnisch modifizierten Tiere, Pflanzen, Mikroorganismen betrifft, kann überhaupt nicht ausgemacht werden, was mit ihnen nach ihrer Freisetzung alles geschehen kann.

X

Hätte mein freundlicher Reisebegleiter, den ich früher vorgestellt habe, nicht 200 Jahre geschlafen, sondern nur 60, also bis zum Jahr 1845, er wäre gerade zu einer Zeit in die Welt aufgewacht, als sich die ersten Anzeichen großer Veränderungen andeuteten. Aus England, aus Frankreich kamen die ersten Berichte über die Schäden, die die aufsteigende Industrie der Umwelt - nur hieß sie noch nicht so - zufügte. Und vielleicht noch eindrucksvoller: die Forschung, nicht nur die Naturforschung, hatte sich als Lehrfach und Lebensberuf etabliert. Der gebildete Laie, der durch Wissen verschönerte Amateur waren im Verschwinden. Es begann eine grimmige Luft zu wehen, wenn auch anfangs als sanftes Säuseln verkleidet. Tiefsinnigen, scharfsinnigen Leuten mußte es auf die Nerven gehen, wenn so viele ihre Nasen in alles hineinsteckten, was Jahrtausende für numinos oder gar sakrosankt gehalten hatten. »Das kann nicht gut ausgehen«, dachte Kierkegaard, wenn auch in gewählteren Worten. Und ist es gut ausgegangen? Peacock müssen diese Zauberlehrlinge eher komisch vorgekommen sein, aber er kam zu dem gleichen Schluß.

Thomas Love Peacock (geb. 1785) und Sören Kierkegaard (geb. 1813) waren beide in der Zeit der Romantik geboren, des letzten authentischen und natürlich gescheiterten Versuchs, zu den Wurzeln des Menschseins zurückzukehren. Peacock war ein intimer Freund Shelleys gewesen, vertrat jedoch eine skeptisch-sarkastische Seite, die den Literaturen anderer Sprachen fehlte. Kierkegaard hingegen ist ein völlig einzigartiger Fall, der eines religiösen Genies in einer blasierten schläfrigen Gesellschaft. Was beiden gemeinsam gewesen sein mag ist der Haß gegen Gschaftlhuberei. Sie hatten sicher nie voneinander gehört und kamen dennoch innerhalb von zwölf Jahren zur gleichen Vorhersage. Ob diese eingetroffen oder auf dem Weg dazu ist, darüber werden die Meinungen auseinandergehen.

Auf mich jedenfalls hatten die Prophezeiungen, seit ich sie kennengelernt hatte, einen großen Eindruck gemacht, wahrscheinlich weil sie mit meinen eigenen Befürchtungen nach der Zerstörung von Hiroshima und Nagasaki übereinstimmten.

Es ist für mich außer Frage, daß die Naturforschung und die von ihr angetriebene Technik in der Form, in der sie sich seit dem Zweiten Weltkrieg entwickelt haben, besonders in Amerika, eine große Gefahr für die Welt vorstellen. Ich glaube, daß ein jeder, der für die Rettung unsrer Umwelt eintritt, die Vorteile erkennen muß, die erwachsen würden, wenn die so gefährlich aufgeblasene Naturforschung zur Kleinen Wissenschaft, wie sie vor dem Krieg bestanden hat, zurückgebracht würde. Mehr zu erwarten halte ich für unmöglich, es sei denn nach einer langen Entwöhnungskur.

Trotz gewaltigem Geschrei und Gestikulieren wird in unserer Welt nichts Wirksames ausgeführt, absolut nichts; nichts gegen Krebs und AIDS, nichts gegen Armut und Elend, nichts gegen die Vernichtung der Umwelt. Wenn die Volksweisheit, nachdem sie meine Vorschläge zur Kenntnis genommen hat, mir versichert: »Da lachen ja alle Hühner«, kann ich nur hoffen, daß es nicht alle sein werden, und daß einige, nachdenklich geworden, mir vielleicht recht geben. Viel Hoffnung, muß ich gestehen, habe ich nicht. Mit erhobenem Haupt ist einmal der Mensch in den Kosmos eingetreten, in »die ewige Zier«. Und was für eine Mist- und Mördergrube er daraus gemacht hat!

Lektüre beendet am 28.9.1995,

Register

Addison, Joseph 18
Aquino, Thomas von 248
Archimedes 263 ff.
Aretino, Pietro 74
Arndt, Ernst Moritz 188
Aristophanes 65
Augustinus 11, 20, 231
Avery, Oswald Theodore 246, 269

Bach, Johann Sebastian 105
Bacon, Francis 18, 86
Bahr, Hermann 114
Bandinelli, Bianchi 200
Barlach, Ernst 206, 209
Bartók, Béla 105, 127
Beccaria, Cesare 69
Beckett, Samuel 106
Beethoven, Ludwig von 105, 191
Benedikt, Moritz 136
Benjamin, Walter 106
Benesch, Otto 200
Benz, Karl 58
Berg, Alban 105
Berkeley, George 198
Bernanos, Georges 24 ff., 78, 105, 134 ff., 137–141, 142 ff., 145, 146, 148, 152
Bismarck, Otto Fürst von 205, 208
Bloy, Léon 77, 78, 137, 139, 152
Boccaccio, Giovanni 166

Boileau, Nicolas 67, 74
Böhme, Jacob 35, 87 ff.
Boie, Heinrich Christian 203, 208
Bosch, Hieronymus 64, 201, 229
Boswell, James 125
Brancusi, Constantin 105
Braque, Georges 105, 127
Brecht, Bertolt 105, 127, 163
Brentano, Bettina u. Clemens 208
Brod, Max 108
Brueghel, Pieter, d. Ä. 64, 200, 201
Brown, John 91
Bruck, Moeller van den 206
Büchner, Georg 154
Buffon, Comte Georges de 253
Bulgakow, Michail A. 106
Burke, Edmund 75
Bush, George 228, 250, 269
Bush, Vannevar 265
Byron, George Lord 182

Caesar, Julius 125
Cagliostro, Alessandro 90
Caligula, Gaius 159
Camus, Albert 135
Canetti, Elias 124
Careri, Gemelli 166
Catull, Gaius Valerius 66
Celano, Thomas von 28
Céline, Louis-Ferdinand 25, 78, 105

Cervantes, Miguel de 28
Chamfort, Nicolas 74
Christo 216
Claudel, Paul 105, 139
Cobbett, William 78
Conrad, Joseph 105, 127
Constable, John 201
Corneille, Thomas 48
Courbet, Gustave 201
Courier, Paul-Louis 25, 75
Crick, Francis Harry 14
Cruz, San Juan de la 98

Dante Alighieri 28, 66, 98, 148
Darwin, Charles 102, 122, 246, 254
Daumier, Honoré 64
Demokrit 118, 198
Descartes, René 87
Dickens, Charles 23
Diderot, Denis 78, 253
Donne, John 67, 86 ff.
Dryden, John 18, 67 ff.
Du Bois-Reymond, Emil 85
Dürer, Albrecht 200, 208, 216
Dürrenmatt, Friedrich 151–164

Eckermann, Johann Peter 24, 114, 202
Eichendorff, Joseph Freiherr von 66
Einstein, Albert 155, 156 ff.
Eisenhower, Dwight D. 256
Engels, Friedrich 144
Erasmus von Rotterdam 103
Euripides 114
Eyck, Jan van 200

Fermi, Enrico 263
Fielding, Henry 125
Flaubert, Gustave 182, 192 ff.
Fontane, Theodor 110
Fontenelle, Bernard de 48
Ford, Henry 45, 58, 80
Fragonard, Jean-Honoré 68
Franco Bahamonde, Francisco 137, 141
Fuchs, Albert 189

Galiani, Ferdinando 69
Galilei, Galileo 86, 252, 261 ff.
Gall, Franz Joseph 90
Gaulle, Charles de 78, 137
George, Stefan 105
Giacometti, Alberto 106
Gide, André 95, 105
Gillray, James 64
Goethe, Johann Wolfgang von 24, 28, 55, 66, 103, 110, 114, 182, 202 ff., 207, 208, 214
Gogh, Vincent van 201
Goldmann, Lucien 31
Görres, Joseph von 203, 208
Goya, Francisco de 64
Gresham, Thomas 171
Grimm, Jakob und Wilhelm 182, 197
Gropius, Walter 115
Grosz, George 64
Gryphius, Andreas 66
Guizot, François 110, 143, 144

Haber, Fritz 240
Hadrian 83
Hahn, Otto 118
Haller, Anton von 214

Hamann, Johann Georg 66, 88, 173
Hamilton, Joseph G. 236 ff.
Hamsun, Knut 105
Hayn, Elsa 52
Harun-al-Raschid 154
Hawking, Stephen 230 ff., 263
Hazlitt, William 18, 152
Hebbel, Friedrich 24, 209
Hebel, Johann Peter 25
Hegel, Georg Wilhelm Friedrich 168
Heine, Heinrich 220
Helvétius, Claude Adrien 253
Heraklit 198, 217
Herder, Johann Gottfried von 110, 114
Herken, G. und David, J. 236
Herodot 166
Herostrat 41
Hill, Aaron 68
Himmelheber, M. 20
Hitler, Adolf 17, 141, 144, 155, 177, 191
Hogarth, William 64
Hölderlin, Friedrich 22, 185 ff.
Hölty, Ludwig 110
Homer 66
Horaz 65, 67
Housman, A. E. 23
Hume, David 79

James, Henry 24, 105
Jean Paul 34, 90 ff., 125 ff., 183, 184
Jodl, F. 190
Johnson, Dr. Samuel 18, 56, 125, 253
Joyce, James 39, 73, 105, 112, 115
Jünger, Friedrich Georg 20
Jung-Stilling 24
Junius 78
Juvenal 65, 67, 68, 71, 78, 80

Kafka, Franz 25, 39, 84, 105, 107 ff., 112, 127, 135, 160
Kant, Immanuel 69
Keats, John 52
Keller, Gottfried 24
Kierkegaard, Sören 25, 30 ff., 77, 107, 109, 163, 239, 252, 262, 264, 269, 272 ff.
Kissinger, Henry 178
Kleist, Heinrich von 25, 188, 193
Köselitz 186
Kokoschka, Oskar 105, 115
Konfuzius 116
Kopernikus, Nikolaus 118
Kraus, Karl 11, 16, 17, 21, 24, 30, 64, 73, 79 ff., 102, 105, 127, 136, 137, 152, 156 ff., 162, 188 ff., 192, 238, 239

La Bruyère, Jean de 24, 74, 128, 152
La Mettrie, Julien de 55
Laotse 112, 132
La Rochefoucauld, François de 74
Lautréamont, Comte de 151
Laval, Pierre 138, 141
Léautaud, Paul 75
Le Corbusier 115
Lederman 262 ff.

Leibnitz, Gottfried Wilhelm 231
Lenau, Nikolaus 204, 208
Leopardi, Giacomo 66
Lessing, Gotthold Ephraim 66, 69, 70, 162, 210
Leukipp van Milet 118
Lichtenberg, Georg Christoph 24, 50 ff., 116, 120 ff., 122, 193, 212, 255
Liebig, Justus 205, 209
Liscow, Christian Ludwig 78
Logau, Friedrich Freiherr von 110
Loos, Adolf 189
Lorrain, Claude 201
Louis-Philippe, König 143
Lorca, Garcia 106
Lukrez 67, 199 ff.
Luther, Martin 78, 182

Machiavelli, Niccolò 140
Maistre, Joseph de 24, 69, 75 ff., 78, 142
Malebranche, Nicolas 88
Mandelstam, Ossip 65, 106
Martial 67
Marx, Karl 66, 77, 109, 144, 254
Matisse, Henry 105, 127
Maurras, Charles 137
Meister Eckhart 35, 49
Mendel, Gregor 246
Mendelssohn, Moses 69
Mesmer, Franz Anton 90
Michelangelo 243
Modersohn, Otto 206
Mohammed 154
Mondrian, Piet 105

Monet, Claude 105
Montague, Lady Mary Wortley 70
Montesquieu, Charles de 166
Molière, Jean Baptiste 21
Montaigne, Michel de 18, 152
Moravia, Alberto 135
Mörike, Eduard 52
Mozart, Leopold und Anna-Maria 249
Mozart, Wolfgang Amadeus 28
Müller-Hills 238
Mussolini, Benito 141

Nabokov, Vladimir 16, 106
Napoleon 125, 202, 254
Nestroy, Johann 28, 146, 258
Newton, Isaac 252
Nicolai, Christoph Friedrich 70
Nietzsche, Franziska und Elisabeth 186
Nietzsche, Friedrich 24, 25, 175 ff., 186 ff.
Novalis 35 ff., 66, 91, 142 ff.

Oktavian 261
O'Leary, Hazel R. 234
Opitz, Martin 83
Ovid 65

Paracelsus 114
Pascal, Blaise 31, 74, 78, 128, 163
Peacock, Thomas Love 252, 262, 264, 272 ff.
Péguy, Charles 78, 105, 137, 152

Persius 67
Pétain, Philippe 138, 141
Picasso, Pablo 64, 105, 115, 127
Platen, August Graf von 220
Platon 20
Pope, Alexander 67, 68–70, 71, 78
Poulenc, Francis 137
Prokofjew, Sergei 127
Proust, Marcel 105, 115, 127

Rabelais, François 73, 253
Rabener, Gottlieb Wilhelm 78
Racine, Jean 31
Regnier, Mathurin 67, 74
Rembrandt 201
Renoir, Auguste 105
Richardson, Samuel 125
Rilke, Rainer Maria 105, 206, 208 ff., 210 ff.
Rimbaud, Arthur 37 ff., 151
Ritter, Johann Wilhelm 92
Rivarol, Antoine de 74, 75
Rohe, Ludwig Mies van der 115
Ronsard, Pierre de 84, 105
Rossetti, Dante Gabriel 182
Rouault, Georges 105
Rousseau, Jean-Jacques 30, 69, 153, 167, 253
Rowlandson, Thomas 64
Rückert, Friedrich 111
Ruisdael, Jacob van 201
Rufus, Curtius 166

Saint-Simon, Claude Henry de 74
Salis, Meta von 186

Schiller, Friedrich 52, 114
Schlegel, August Wilhelm 114
Schlegel, Friedrich 66
Scholl, Sophie und Hans 80
Schönberg, Arnold 105
Schopenhauer, Arthur 77, 188
Schostakowitsch, Dimitri 106
Schottelius, Justus Georg 199
Schubert, Gotthilf 92
Sedlmayr, Hans 127, 128
Seneca 66
Seume, Johann Gottfried 184 ff., 188
Shakespeare, William 28
Shelley, Percy Bysshe 111, 272
Smith, Adam 255
Smollet, Tobias 125
Solschenizyn, Alexander 25
Spengler, Oswald 155, 190, 192
Spinoza 87
Stalin, Josef W. 141
Stauffenberg, Claus Graf Schenk von 80
Steele, Richard 18
Stein, Charlotte von 202
Stifter, Adalbert 24, 209 ff., 216
Stone, Robert S. 237
Strawinsky, Igor 105, 127
Strindberg, August 105, 118 ff., 192
Swedenborg, Emanuel von 90
Swift, Jonathan 18, 24, 67, 69, 70, 71–73, 78, 79, 80, 90
Szent-Györgyi, Albert von 245

Tacitus 20

Talleyrand, Charles Maurice
 de 110, 133
Tasso, Torquato 66
Tiepolo, Giovanni Battista
 105
Tintoretto 105
Tocqueville, Alexis de 19, 110
Tolstoi, Leon 23, 105, 148
Toulouse-Lautrec, Henry de
 64
Toynbee, Arnold 155, 190
Truman, Harry 141
Tschechow, Anton 136
Turgot, Robert Jaques de 255

Valéry, Paul 176 ff.
Vaughan, Henry 39
Verlaine, Paul 105
Vico, Giambattista 115
Voltaire, François M. 20, 69,
 74, 75, 78

Wagner, Friedrich 242
Wagner, Richard 190, 202
Watson, James Dewey 14
Watteau, Antoine 68
Weber, Max 241
Weil, Simone 138
Weininger, Otto 189–192
Weizmann, Chaim 144
Wellington, Arthur W.
 Herzog von 240
Wieland, Christoph Martin
 113 ff.
Wilamowitz-Moellendorff 42
Wittgenstein, Ludwig 112,
 146, 164, 189, 192
Wöhler, Friedrich 205, 209
Wolff, Kurt 108
Wright, Frank Lloyd 115

Yeats, William Butler 105

Zachariae, Just F. W. 78

Klett-Cotta
J. G. Cotta'sche Buchhandlung Nachfolger GmbH,
gegr. 1659,
Stuttgart 1995
Alle Rechte vorbehalten
© Erwin Chargaff, New York 1995
Fotomechanische Wiedergabe nur mit Genehmigung
des Verlags
Printed in Germany 1995
Umschlag Klett-Cotta Design
Im Bleisatz gesetzt aus der 10 Punkt Baskerville
von Alwin Maisch, Gerlingen
Auf säure- und holzfreiem Werkdruckpapier
gedruckt von Präzisdruck, Karlsruhe
und in Fadenheftung gebunden
von Lachenmaier, Reutlingen
Einbandstoff: Iris-Leinen

Die Deutsche Bibliothek – CIP-Einheitsaufnahme
Chargaff, Erwin:
Ein zweites Leben: autobiographische und andere Texte /
Erwin Chargaff. – Stuttgart: Klett-Cotta, 1995
ISBN 3-608-93313-1